新　初心者のための
サンスクリット
文法 I

NEW
SANSKRITGRAMMAR
PART 1
FOR　BEGINNERS

平岡昇修 著

Shoshu HIRAOKA

山喜房佛書林

ま　え　が　き

サンスクリットに親しみを覚えられる参考書を作成してみようとする企画は、１９８３年に始めたものである。１９９０年には『サンスクリット　トレーニング』の第１巻が、次いで１９９１年に第２巻が、１９９５年には第３巻が完成した。１９９７年には第４巻として発音編のＣＤを製作した。２００６年には第４巻の改訂版として３枚のＣＤとともに安価な『新サンスクリット　トレーニングⅣ』を出版し、遂に２０１６年会話編・文字練習編を加えて『耳から覚えるサンスクリット』を出版した。

２００４年に『サンスクリット　トレーニング』の最終巻として「トレーニング」と「応用トレーニング」の解答と語彙を集大成したサンスクリット解釈書『サンスクリット虎の巻』を出版したが、２００５年に『サンスクリット虎の巻』の後半部を独立した安価な辞典として『初心者のためのサンスクリット辞典』を出版し、改訂を加えて２０１５年『改訂新版　初心者のためのサンスクリット辞典』を出版した。

２００８年『サンスクリット　トレーニング』全３巻をまとめたＣＤ付きの文法書『初心者のためのサンスクリット文法Ⅰ』を出版した。新たに改善・訂正し、『新　初心者のための文法Ⅰ』を出版することにした。２０１２年にはより良く文法書を活用するために文法の総索引を『サンスクリット文法Ⅱ』を出版した。

作成に際しては、小生の未熟な文法知識のために、辻直四郎氏の『サンスクリット文法』と、菅沼晃氏の『新・サンスクリットの基礎［上・下］』に学ぶところが大きかった。また、本書のＤＴＰ処理には町田和彦氏と岡口典雄氏のソフトを活用させて頂いた。ここに記して深甚の謝意を表したい。

この度の出版に際して、御尽力を賜った山喜房佛書林の浅地康平氏に感謝の意を述べたい。校正・編集においては奈良女子大学大学院生の岡本千慧さん、学部生の渡邉翔子さん、深川千宙さん、渡邉莉紗さん、山本怜奈さん、水戸佳奈子さん、黒澤眞心さんとインドの Vinay.C.R さんと加藤なほさん、に衷心からの感謝の意を捧げたい。

誤植・誤記は努めて排除したつもりであるが、なお不十分なる箇所は、すべて筆者の不徳の致すところである故、お気づきの点があれば御叱正頂ければ幸いである。誤植は見つかり次第、私のＨＰに掲載いたします。

２０１７年1月１５日

６８歳の誕生日に　　　　　著　者

略字の説明

A.	**ātmanepada** (middle voice) 反射態／為自動詞
Ab.,abl.	ablative 従格／奪格
abs.	absolutive 絶対分詞／絶対詞 absolute 絶対句
Ac.,acc.	accusative 目的格
act.	active 能動態
adj.	adjective 形容詞
adv.	adverb 副詞
Aor., aor.	aorist アオリスト
Av.	**avyayībhāva** 不変化複合語
ben.	benedictive 祈願法 precative
Bv.	**bahuvrīhi** 所有複合語
caus.	causative 使役活用
comp.	compound 複合語
cond.	conditional 条件法
conj.	conjunction 接続詞
D.,dat.	dative 与格
den.	denominative 名詞起源の動詞
des.	desiderative 意欲活用
Dg.	**dvigu** 数詞限定複合語
du.	dual 両数／双数
Dv.	**dvandva** 並列複合語
f.	feminine 女性
Fut., fut.	future 未来
G.,gen.	genitive 属格
ger.	gerundive 動詞的形容詞／動形容詞
I.,inst.	instrumental 具格
impf.	imperfect 直説法過去／不定過去
interj.	interjection 間投詞
ind.	indeclinable 不変化辞
inf.	infinitive 不定詞
int.	intensive 強意活用 frequentative
ipv.	imperative 命令法
Kdh.	**karmadhāraya** 同格限定複合語

L.,loc.	locative 依格／処格／於格
m.	masculine 男性
N.,nom.	nominative 主格
n.	neuter 中性
num.	numeral ［数］ 数詞
opt.	optative 願望法 potential
P.	**parasmaipada** (active voice) 能動態／為他動詞
p.	past 過去
p.act.pt.	past active participle ［過能分］ 過去能動分詞
p.pass.pt.,(ppp.)	past passive participle ［過受分］ 過去受動分詞
pass.	passive 受動態、受動活用
periph.fut.	periphrastic future 複合未来
pf.	perfect 完了
pl.	plural 複数
prep.	preposition ［前］ 前置詞
prep.adv.	prepositional adverb ［前副］ 前置詞的副詞
pres.	present 現在
pres.A.pt.	present participle **ātmanepada** 現在分詞 (A.)
pres.act.	present active 直説法現在能動態 (P.)
pres.act.pt.	present active participle ［現能分］ 現在能動分詞
pres.pass.pt.	present passive participle ［現受分］ 現在受動分詞
pron.	pronoun 代名詞
pron.adj.	pronominal adjective 代名詞的形容詞
pt.	participle 分詞
sg.	singular 単数
Tp.	**tatpuruṣa** （格）限定複合語
V.voc.	vocative 呼格
/	斜線は［または］を意味する。
---	語形の一部省略を示す。
cf.	confer ［比較せよ］
+	格支配、または結合を表わす。
【関代】	関係代名詞
【関副】	関係副詞
【相関】	相関語
①②③④⑤	動詞の種類（第１類動詞〜第５類動詞）
⑥⑦⑧⑨⑩	動詞の種類（第６類動詞〜第１０類動詞）

目　次

第１章　文字・書法・発音

§　1　文字と発音と書き順

1．母音

a अ ［短母音］	ā आ ［長母音］	i इ ［短母音］	ī ई ［長母音］
日本語の「ア」と同じ	「アー」と同じ	「イ」と同じ	「イー」と同じ
u उ ［短母音］	ū ऊ ［長母音］	ṛ ऋ ［短母音］	ṝ ॠ ［長母音］
日本語の「ウ」と同じ	「ウー」と同じ	「ル」 or 「リ」と発音	「ルー」 or 「リー」と発音
ḷ ऌ ［短母音］	ḹ ॡ ［長母音］	e ए ［長母音］	ai ऐ ［長母音］
「ル」 or 「リ」と発音	実際には使われない	「エー」と発音	「アイ」と発音
o ओ ［長母音］	au औ ［長母音］		
「オー」と発音	「アウ」と発音		

激音＝息を激しく出しながら発音する子音

2．子音＋ a

ka क	kha ख	ga ग	gha घ	ṅa ङ
日本語の「カ」	激音の「カ」	濁音の「ガ」	激音の「ガ」	鼻音の「ンガ」
ca च	cha छ	ja ज	jha झ	ña ञ
日本語の「チャ」	激音の「チャ」	濁音の「ジャ」	激音の「ジャ」	鼻音の「ニャ」
ṭa ट	ṭha ठ	ḍa ड	ḍha ढ	ṇa ण
巻き舌音の「タ」	激音の「タ」	濁音の「ダ」	激音の「ダ」	巻き舌音の鼻音「ナ」
ta त	tha थ	da द	dha ध	na न
日本語の「タ」	激音の「タ」	濁音の「ダ」	激音の「ダ」	日本語の「ナ」
pa प	pha फ	ba ब	bha भ	ma म
日本語の「パ」	激音の「パ」	濁音の「バ」	激音の「バ」	日本語の「マ」
ya य	ra र	la ल	va व	
日本語の「ヤ」	巻き舌音の「ラ」	「ラ」の発音	日本語の「ワ」と同じ発音	
śa श	ṣa ष	sa स	ha ह	
「シャ」の発音	「シャ」の発音	日本語の「サ」	日本語の「ハ」と同じ発音	

3．発音上の注意点

(1) ā, ī, ū, ṝ は長音である。

例　महाराज mahārāja ［マハーラージャ］　（マハラジャではない）

(2) ṛ は［リ］のように発音されるが、南インドでは［ル］のように発音される。

例　कृष्ण kṛṣṇa ［クリシュナ］［クルシュナ］

(3) o, e は常に長音である。日本語の［オ、エ］のような短音の発音はない。

例　योग yoga ［ヨーガ］（ヨガではない）

(4) ṅ は「漫画（マンガ）」の［ンガ］のように発音する。

(5) ṭ は英語 little における t のように発音する。

(6) ś, ṣ は［シュ］のように発音され日本人にとって区別はむずかしい。

(7) ḥ は普通の h 音で、舌は直前に発音された母音の位置を保つ。

例
devaḥ デーヴァハ	devāḥ デーヴァーハ	agniḥ アグニヒ	nadīḥ ナディーヒ
śiśuḥ シシュフ	vadhūḥ ヴァドゥーフ	agneḥ アグネーヘ	devaiḥ デーヴァイヒ
devayoḥ デーヴァヨーホ	devābhyām デーヴァーブヤーム		nyāya ニヤーヤ

(8) 他の発音例

devam デーヴァム	devasya デーヴァスヤ	devau デーヴァウ
devāt デーヴァート	devān デーヴァーン	deveṣu デーヴェーシュ

アヌスワーラ

□̇　ṃ　saṃskṛtam　संस्कृतम्
サンスクリタム

ヴィサルガ

□ः　ḥ　duḥkham　दुःखम्
ドゥフカム

(9) 激音 kh, ch, th, ph の発音

kha［のどに引っかかったものを吐き出すように］
cha［舌で音を強く破裂させながら「チャ」と言う］
tha［舌と上あごが強く摩擦するように］
pha［上下の唇で音を破裂させるように］

4．結合文字

r が、子音に先立つ時

र्	+ क	=	□र्क		rka
र्	+ का	=	□र्का		rkā
र्	+ कि	=	□र्कि		rki
र्	+ के	=	□र्के		rke
र्	+ कै	=	□र्कै		rkai
र्	+ को	=	□र्को		rko
र्	+ कं	=	□र्कं		rkaṃ

r が、子音に続く時

क्	+ र	=	क्र	kra
ग्	+ र	=	ग्र	gra
त्	+ र	=	त्र	tra
द्	+ र	=	द्र	dra
ध्	+ र	=	ध्र	dhra
ब्	+ र	=	ब्र	bra
श्	+ र	=	श्र	śra

क् k	+ त ta	=	क्त	kta	द् d	+ व va	=	द्व	dva
क् k	+ ष ṣa	=	क्ष	kṣa	ग् g	+ द da	=	ग्द	gda
ज् j	+ ञ ña	=	ज्ञ	jña	च् c	+ य ya	=	च्य	cya
त् t	+ त ta	=	त्त	tta	ट् ṭ	+ ठ ṭha	=	ट्ठ	ṭṭha
द् d	+ य ya	=	द्य	dya	ङ् ṅ	+ ग ga	=	ङ्ग	ṅga
ग् g	+ न na	=	ग्न	gna	द् d	+ द da	=	द्द	dda
ष् ṣ	+ ट ṭa	=	ष्ट	ṣṭa	ष् ṣ	+ ठ ṭha	=	ष्ठ	ṣṭha
क् k	+ य ya	=	क्य	kya	क् k	+ त् t + व va	=	क्त्व	ktva

ङ्क	ṅka	ज्य	jya	प्य	pya
ङ्ख	ṅkha	ज्व	jva	प्य	pya
ङ्घ	ṅgha	ञ्च	ñca	प्स	psa
ट्ठ	ṭṭha	ञ्ज	ñja	ब्ज	bja
ड्ढ	ḍḍha	ण्ठ	ṇṭha	ब्द	bda
द्ध	ddha	ण्ठ	ṇṭha	ब्य	bya
द्व	dva	ण्य	ṇya	भ्य	bhya
ष्ण	ṣṇa	त्थ	ttha	य्य	yya
ह्न	hna	त्न	tna	ल्क	lka
ह्म	hma	त्म	tma	ल्त	lta
ह्य	hya	त्य	tya	ल्प्त	lpta
ह्ल	hla	त्व	tva	ल्म	lma
ह्व	hva	त्स	tsa	व्य	vya
ह्व	hva	ध्य	dhya	श्च	śca
क्य	kya	ध्व	dhva	श्छ	ścha
ग्ग	gga	न्त	nta	श्न	śna
ग्द	gda	न्त्र	ntra	ष्ट्व	ṣṭva
ग्ध	gdha	न्य	nya	स्त्र	stra
ग्य	gya	न्स	nsa	स्य	sya
घ्न	ghna	न्ह	nha	स्व	sva
च्छ	ccha	प्त	pta		

5．インド文字一覧表

次の表は、各母音記号が子音字 □ についた形で、実際に組合せがないのは空白になっている。

ṝ, ḷ, ḹ の母音は稀であるため、ここでは省略する。

□्	a	□ा ā	□ि i	□ी ī	□ु u	□ू ū	□ृ ṛ	□े e	□ै ai	□ो o	□ौ au
k क्	क	का	कि	की	कु	कू	कृ	के	कै	को	कौ
kh ख्	ख	खा	खि	खी	खु	खू	खृ	खे	खै	खो	खौ
g ग्	ग	गा	गि	गी	गु	गू	गृ	गे	गै	गो	गौ
gh घ्	घ	घा	घि	घी	घु	घू	घृ	घे	घै	घो	घौ
(ṅ ङ्	ङ	ङा	ङि	ङी	ङु	ङू	ङृ	ङे	ङै	ङो	ङौ)
c च्	च	चा	चि	ची	चु	चू	चृ	चे	चै	चो	चौ
ch छ्	छ	छा	छि	छी	छु	छू	छृ	छे	छै	छो	छौ
j ज्	ज	जा	जि	जी	जु	जू	जृ	जे	जै	जो	जौ
jh झ्	झ	झा	झि	झी	झु	झू	झृ	झे	झै	झो	झौ
(ñ ञ्	ञ	ञा	ञि	ञी	ञु	ञू	ञृ	ञे	ञै	ञो	ञौ)
ṭ ट्	ट	टा	टि	टी	टु	टू	टृ	टे	टै	टो	टौ
ṭh ठ्	ठ	ठा	ठि	ठी	ठु	ठू	ठृ	ठे	ठै	ठो	ठौ
ḍ ड्	ड	डा	डि	डी	डु	डू	डृ	डे	डै	डो	डौ
ḍh ढ्	ढ	ढा	ढि	ढी	ढु	ढू	ढृ	ढे	ढै	ढो	ढौ
ṇ ण्	ण	णा	णि	णी	णु	णू	णृ	णे	णै	णो	णौ
t त्	त	ता	ति	ती	तु	तू	तृ	ते	तै	तो	तौ
th थ्	थ	था	थि	थी	थु	थू	थृ	थे	थै	थो	थौ
d द्	द	दा	दि	दी	दु	दू	दृ	दे	दै	दो	दौ
dh ध्	ध	धा	धि	धी	धु	धू	धृ	धे	धै	धो	धौ
n न्	न	ना	नि	नी	नु	नू	नृ	ने	नै	नो	नौ

◌्	a	◌ा ā	◌ि i	◌ी ī	◌ु u	◌ू ū	◌ृ ṛ	◌े e	◌ै ai	◌ो o	◌ौ au
p प्	प	पा	पि	पी	पु	पू	पृ	पे	पै	पो	पौ
ph फ्	फ	फा	फि	फी	फु	फू	फृ	फे	फै	फो	फौ
b ब्	ब	बा	बि	बी	बु	बू	बृ	बे	बै	बो	बौ
bh भ्	भ	भा	भि	भी	भु	भू	भृ	भे	भै	भो	भौ
m म्	म	मा	मि	मी	मु	मू	मृ	मे	मै	मो	मौ
y य्	य	या	यि	यी	यु	यू	यृ	ये	यै	यो	यौ
r र्	र	रा	रि	री	रु	रू		रे	रै	रो	रौ
l ल्	ल	ला	लि	ली	लु	लू		ले	लै	लो	लौ
v व्	व	वा	वि	वी	वु	वू	वृ	वे	वै	वो	वौ
ś श्	श	शा	शि	शी	शु	शू	शृ	शे	शै	शो	शौ
ṣ ष्	ष	षा	षि	षी	षु	षू	षृ	षे	षै	षो	षौ
s स्	स	सा	सि	सी	सु	सू	सृ	से	सै	सो	सौ
h ह्	ह	हा	हि	ही	हु	हू	हृ	हे	है	हो	हौ

語中における anusvāra (ṃ) には、２種類ある。

1，真の anusvāra

ś, ṣ, s, h, の前に来る場合の anusvāra

aṃśa–, siṃha

2，鼻音の代わりとしての anusvāra

aṃga = aṅga,　aṃjali = añjali,　aṃḍa = aṇḍa,

aṃta = anta,　aṃbikā = ambikā

数　字

२०१७	०	१	२	३	४	५	६	७	८	९	१०
2017	0	1	2	3	4	5	6	7	8	9	10

・インド文字の書き方

a	ā	i	ī	u
अ	आ	इ	ई	उ
ū	ṛ	ṝ	ḷ	e
ऊ	ऋ	ॠ	ऌ	ए
ai	o	au	aṃ	aḥ
ऐ	ओ	औ	अं	अः
ka	kha	ga	gha	ṅa
क	ख	ग	घ	ङ
ca	cha	ja	jha	ña
च	छ	ज	झ	ञ

ṭa
ṭha
ḍa
ḍha
ṇa
ta
tha
da
dha
na
pa
pha
ba
bha
ma
ya
ra
la
va
śa
ṣa
sa
ha
kṣa
jña

7. インド文字の練習帳

サンスクリットの基本母音を書き順を参考にして書いて覚えよう。

अ a

आ ā

इ i

ई ī

उ u

ऊ ū

ऋ ṛ

ॠ ṝ

ऌ ḷ

ॡ ḹ

ए e

ऐ ai

ओ o

औ au

अं aṃ

अः aḥ

サンスクリットの基本子音を書き順を参考にして書いて覚えよう。

क् k + अ a = क ka

ख् kh + अ a = ख kha

ग् g + अ a = ग ga

घ् gh + अ a = घ gha

ङ् ṅ + अ a = ङ ṅa

च् c + अ a = च ca

छ् ch + अ a = छ cha

ज् j + अ a = ज ja

झ् jh + अ a = झ jha

ञ् ñ + अ a = ञ ña

ट् ṭ + अ a = ट ṭa

ठ् ṭh + अ a = ठ ṭha

ड् ḍ + अ a = ड ḍa

ढ् ḍh + अ a = ढ ḍha

ण् ṇ + अ a = ण ṇa

त् t + अ a = त ta

थ् th + अ a = थ tha

द् d + अ a = द da

ध् dh + अ a = ध dha

न् n + अ a = न na

प् p + अ a = प pa

फ् ph + अ a = फ pha

ब् b + अ a = ब ba

भ् bh + अ a = भ bha

म् m + अ a = म ma

य् y + अ a = य ya

र् r + अ a = र ra

ल् l + अ a = ल la

व् v + अ a = व va

श् ś + अ a = श śa

ष् ṣ + अ a = ष ṣa

स् s + अ a = स sa

ह् h + अ a = ह ha

子音＋母音の結合文字を ka を例にして書いて覚えよう。

（ ṝ, ḷ, ḹ の母音は稀であるため、ここでは省略する）

क् k + अ a = क ka

क् k + आ ā = का kā

क् k + इ i = कि ki

क् k + ई ī = की kī

क् k + उ u = कु ku

क् k + ऊ ū = कू kū

क् k + ऋ ṛ = कृ kṛ

क् k + ए e = के ke

क् k + ऐ ai = कै kai

क् k + ओ o = को ko

क् k + औ au = कौ kau

क ka + ◌ं ṃ = कं kaṃ

कि ki + ◌ं ṃ = किं kiṃ

क ka + ः ḥ = कः kaḥ

कि ki + ः ḥ = किः kiḥ

कु ku + ः ḥ = कुः kuḥ

その他の子音＋母音の結合例

र् r + उ u = रु ru

र् r + ऊ ū = रू rū

ह् h + ऋ ṛ = हृ hṛ

r が、子音に先立つ時の結合文字を書いて覚えよう。

र् r + क ka = □र्क rka

र् r + कः kaḥ =□र्कः rkaḥ

र् r + ग ga = □र्ग rga

र् r + घ gha = □र्घ rgha

र् r + च ca = □र्च rca

र् r + ज ja = □र्ज rja

र् r + घ्य ghya = □र्घ्य rghya

र् r + म ma = □र्म rma

r が、子音に続く時の結合文字を書いて覚えよう。

क् k + र ra = क्र kra

ग् g + र ra = ग्र gra

घ् gh + र ra = घ्र ghra

च्छ् cch + र ra = च्छ्र cchra

ज् j + र ra = ज्र jra

ट् ṭ + र ra = ट्र ṭra

त् t + र ra = त्र tra

द् d + र ra = द्र dra

न्ध् ndh + र ra = न्ध्र ndhra

प् p + र ra = प्र pra

ब् b + र ra = ब्र bra

भ् bh + र ra = भ्र bhra

म्प् mp + र ra = म्प्र mpra

म् m + र ra = म्र mra

व् v + र ra = व्र vra

श् ś + र ra = श्र śra
ष्ट् ṣṭ + र ra = ष्ट्र ṣṭra
ष्प् ṣp + र ra = ष्प्र ṣpra
स्त् st + र ra = स्त्र stra
स् s + र ra = स्र sra
ह् h + र ra = ह्र hra

その他の結合文字を書き順を参考にして書いて覚えよう。

क् k + क ka = क्क kka
क् k + त ta = क्त kta
क् k + त् t + व va = क्त्व ktva
क् k + न na = क्न kna
क् k + म ma = क्म kma
क् k + य ya = क्य kya
क् k + ल la = क्ल kla
क् k + व va = क्व kva
क् k + ष ṣa = क्ष kṣa
क् k + ष्ण ṣṇa = क्ष्ण kṣṇa
क् k + ष्म ṣma = क्ष्म kṣma
क् k + ष्य ṣya = क्ष्य kṣya
ख् kh + य ya = ख्य khya
ग् g + ग ga = ग्ग gga
ग् g + ण ṇa = ग्ण gṇa
ग् g + द da = ग्द gda
ग् g + ध dha = ग्ध gdha
ग् g + न na = ग्न gna
ग् g + म ma = ग्म gma
ग् g + य ya = ग्य gya

ग् g + ल la = ग्ल gla

ग् g + व va = ग्व gva

घ् gh + न na = घ्न ghna

ङ् ṅ + क ka = ङ्क ṅka

ङ् ṅ + ख kha = ङ्ख ṅkha

ङ् ṅ + ग ga = ङ्ग ṅga

ङ् ṅ + घ gha = ङ्घ ṅgha

ङ् ṅ + क्त kta = ङ्क्त ṅkta

च् c + च ca = च्च cca

च् c + छ cha = च्छ ccha

च् c + म ma = च्म cma

च् c + य ya = च्य cya

ज् j + ज ja = ज्ज jja

ज् j + ञ ña = ज्ञ jña

ज् j + व va = ज्व jva

ज् j + य ya = ज्य jya

ञ् ñ + च ca = ञ्च ñca

ञ् ñ + च्छ ccha = ञ्च्छ ñccha

ञ् ñ + ज ja = ञ्ज ñja

ट् ṭ + ट ṭa = ट्ट ṭṭa

ट् ṭ + ठ ṭha = ट्ठ ṭṭha

ड् ḍ + ढ ḍha = ड्ढ ḍḍha

ण् ṇ + ट ṭa = ण्ट ṇṭa

ण् ṇ + ठ ṭha = ण्ठ ṇṭha

ण् ṇ + ड ḍa = ण्ड ṇḍa

ण् ṇ + ढ ḍha = ण्ढ ṇḍha

ण् ṇ + ण ṇa = ण्ण ṇṇa

ण् ṇ + म ma = ण्म ṇma

ण् ṇ + य ya = ण्य ṇya

ण् ṇ + व va = ण्व ṇva

त् t + क ka = त्क tka

त् t + त ta = त्त tta

त् t + त्व tva = त्त्व ttva

त् t + थ tha = त्थ ttha

त् t + न na = त्न tna

त् t + प pa = त्प tpa

त् t + म ma = त्म tma

त् t + य ya = त्य tya

त् t + व va = त्व tva

त् t + स sa = त्स tsa

त् t + स्न sna = त्स्न tsna

त् t + स्य sya = त्स्य tsya

थ् th + न na = थ्न thna

थ् th + य ya = थ्य thya

द् d + द da = द्द dda

द् d + ध dha = द्ध ddha

द् d + भ bha = द्भ dbha

द् d + म ma = द्म dma

द् d + य ya = द्य dya

द् d + व va = द्व dva

ध् dh + न na = ध्न dhna

ध् dh + म ma = ध्म dhma

ध् dh + य ya = ध्य dhya

ध् dh + व va = ध्व dhva

न् n + त ta = न्त nta

न् n + द da = न्द nda

न् n + ध dha = न्ध ndha

न् n + न na = न्न nna

न् n + म ma = न्म nma
न् n + य ya = न्य nya
न् n + व va = न्व nva
प् p + त ta = प्त pta
प् p + न na = प्न pna
प् p + य ya = प्य pya
प् p + ल la = प्ल pla
प् p + स sa = प्स psa
ब् b + ज ja = ब्ज bja
ब् b + द da = ब्द bda
ब् b + ध dha = ब्ध bdha
भ् bh + य ya = भ्य bhya
म् m + न na = म्न mna
म् m + प pa = म्प mpa
म् m + ब ba = म्ब mba
म् m + भ bha = म्भ mbha
म् m + म ma = म्म mma
म् m + य ya = म्य mya
म् m + ल la = म्ल mla
य् y + य ya = य्य yya
ल् l + क ka = ल्क lka
ल् l + प pa = ल्प lpa
ल् l + म ma = ल्म lma
ल् l + य ya = ल्य lya
ल् l + ल la = ल्ल lla
ल् l + व va = ल्व lva
व् v + य ya = व्य vya
श् ś + च ca = श्च śca
श् ś + न na = श्न śna

श् ś + म ma = श्म śma
श् ś + य ya = श्य śya
श् ś + व va = श्व śva
श् ś + ल la = श्ल śla
ष् ṣ + क ka = ष्क ṣka
ष् ṣ + ट ṭa = ष्ट ṣṭa
ष् ṣ + ठ ṭha = ष्ठ ṣṭha
ष् ṣ + ण ṇa = ष्ण ṣṇa
ष् ṣ + प pa = ष्प ṣpa
ष् ṣ + म ma = ष्म ṣma
ष् ṣ + य ya = ष्य ṣya
ष् ṣ + व va = ष्व ṣva
स् s + क ka = स्क ska
स् s + ख kha = स्ख skha
स् s + त ta = स्त sta
स् s + त्य tya = स्त्य stya
स् s + त्व tva = स्त्व stva
स् s + थ tha = स्थ stha
स् s + न na = स्न sna
स् s + प pa = स्प spa
स् s + फ pha = स्फ spha
स् s + म ma = स्म sma
स् s + य ya = स्य sya
स् s + व va = स्व sva
ह् h + न na = ह्न hna
ह् h + म ma = ह्म hma
ह् h + य ya = ह्य hya
ह् h + ल la = ह्ल hla
ह् h + व va = ह्व hva

インド数字を書き順を参考にして書いて覚えよう。

० 0

१ 1

२ 2

३ 3

४ 4

५ 5

६ 6

७ 7

८ 8

९ 9

१० 10

२०१७ 2017

§ 2 音論

1. サンスクリットの音の分類

母音

単母音	a	i	u	ṛ	ḷ	(短母音)
	ā	ī	ū	ṝ	(ḹ)	(長母音)
二重母音	e	ai	o	au		(長母音)

> 起源的に e, o が ai, au から生じ、 ai, au が āi, āu から生じたことは、サンスクリット文法を理解する上で極めて重要である。

子音

	破裂音				鼻音	半母音	歯擦音	
	無声音		有声音				無声音	
	無気	帯気	無気	帯気				
喉 音(軟口蓋音)	k	kh	g	gh	ṅ			【kaṇṭhya】
口蓋音(硬口蓋音)	c	ch	j	jh	ñ	y	ś	【tālavya】
反舌音(巻舌音)	ṭ	ṭh	ḍ	ḍh	ṇ	r	ṣ	【mūrdhanya】
歯 音	t	th	d	dh	n	l	s	【dantya】
唇 音	p	ph	b	bh	m	v		【oṣṭhya】

有声気音 h　　**無声気音** ḥ 【visarga】 □:

> h はもともと有声喉頭音の1種であり、音論を理解するためには本来有声音であったことを記憶する必要がある。

特別鼻音 ṃ 【anusvāra】 □̇

母音および半母音の鼻音化を示す符号があり、【anunāsika】と呼ばれる。
しかし普通鼻音化された l すなわち l̐ のみを考慮すればよい。 □̐

2．音節の長短

韻律の規則、アクセントの位置、文法規則を理解する上で音節の長短を知る必要がある。

(1) 長母音は **元来長い音節** と言われる。

(2) 短母音を含む音節でも、母音の後に２個あるいは２個以上の子音が続くとき、

位置による長い音節 と言われる。

【音節の長短決定の注意点】

ch を除く帯気音、 ṃ, ḥ は、１個の子音として扱われる。

ch は、常に位置による長音節を作り、 cch と書かれる。

例　aṃśa-, duḥkha- の第１音節は位置によって長い音節である。

３、母音の階次（交替）

語源を同じくする１群の語形において、語根部分あるいは接尾辞の部分に規則正しい母音の交替が認められ、インドの文法家は母音の階次に関する理論を立てた。

a に基礎母音を加えた階次

（a ＋ i , ī ＝ e ; a ＋ u , ū ＝ o ; a ＋ ṛ , ṝ ＝ ar ; a ＋ ḷ ＝ al ）

をグナと呼び、さらに a にグナを加えた階次

（a ＋ a ＝ ā ; a ＋ e ＝ ai ; a ＋ o ＝ au ; a ＋ ar ＝ ār ）

をヴリッディと名付けた。

基礎母音	--	i ī	u ū	ṛ ṝ	ḷ
guṇa	a	e	o	ar	al
vṛddhi	ā	ai	au	ār	(āl)

第２章　連声法［外連声・内連声］（音の連結）　(sandhi rules)

サンスクリットにおいて、文中または語中に起こる音の連結【sandhi】に関する規則を総称して連声法（れんじょうほう）と呼ぶ。これには二種の区別がある。
もともと発音を円滑にし容易にすることをめざした結果で、母音に関してはその連続を避け、子音においては同化作用に重きを置いている。

外連声 (external sandhi)

文章中に連続する単語または複合語の構成要素をなし、単語の語末と語頭との間に起こるもの。

単 語 外 部 の 変 化　[単語・複合語][語末] ＋ [語頭][単語・複合語]

外連声

内連声 (internal sandhi)

単語の派生または名詞の格変化・動詞の人称変化に際して
語根部あるいは語幹部と接尾辞あるいは語尾との間に音変化が起こるもの。

単 語 内 部 の 変 化

[語根部（語幹部）＋接尾辞（語尾）]

内連声

これら２種の連声法には根本的な相違はなく、共通点も多いが、他の面においてその結果を異にする場合も少なくない。

§　3　外連声

1．子音の連声

(1) –m の変化

–m ＋ 母音– → 無変化　　kim　atra　→　kimatra

–m ＋ 子音– →　–ṃ ＋ 子音–　［子音の前では一般に【anusvāra】となる］

rāmam vīram bodhāmi → rāmaṃ vīraṃ bodhāmi → रामं वीरं बोधामि

(2) –ḥ【visarga】の変化

–s は、休止位置（文末）において常に –ḥ となる。

【無声音とは清音のことである】

● –ḥ が無声音の前では

–ḥ + k–, kh–, p–, ph– → 無変化

putraḥ khanati / janāḥ patanti

● –ḥ が無声音の前では

–ḥ + ś–, ṣ–, s– → 無変化　または ḥ が同化されてそれぞれ ś, ṣ, s となる。

bālaḥ sarati or **bālassarati**

rāmaḥ śaraṇam or **rāmaśśaraṇam**

● –ḥ が無声音の前では

–ḥ + c–, ch– → –ś + c–, ch–

janāḥ calanti → janāścalanti

● –ḥ が無声音の前では

–ḥ + ṭ–, ṭh– → –ṣ + ṭ–, ṭh–

paṭhataḥ ṭīkām → paṭhataṣṭīkām

● –ḥ が無声音の前では

–ḥ + t–, th– → –s + t–, th–

putraḥ tarati → putrastarati

● 母音・有声子音の前で、 a, ā 以外の母音に続く ḥ は、 r となる。

–(a, ā 以外の母音)ḥ + 母音・有声子音 → –(a, ā 以外の母音)r + 母音・有声子音

bālaiḥ dhāvati → bālairdhāvati

mitraiḥ aṭati → mitrairaṭati

● 代名詞 saḥ （かれは）は、文の終わりに来るときのみ ḥ を保持し、

a の前では、 so ' となり、その他すべての音の前では sa となる。

文末の s は、 visarga になる。 -- janas. = -- janaḥ. -- namathas. = -- namathaḥ.
文末の r も、 visarga になる。 -- netar. = -- netaḥ. -- mātar. = -- mātaḥ.
副詞の場合も同様である。 punar = punaḥ （再び） prātar = prātaḥ （早く）

–aḥ および –āḥ の –ḥ が、元来 –r をあらわす場合には、母音および有声子音の前では本来の r が再び現われる。

punaḥ api = punarapi
pitaḥ vadasi = pitarvadasi ［お父さん！話して］
mātaḥ induṃ paśyasi = mātarinduṃ paśyasi ［お母さん！月を見て］

この場合、語末の –r は、語頭の r– の前では消滅し、 –r の前にある短母音は延長される。

induḥ rājate = indur rājate = indū rājate ［月は輝く］
prātaḥ racayasi = prātar racayasi = prātā racayasi ［早く整えなさい］

(3) –aḥ の変化

[1] –aḥ ＋ 有声子音 → –o ＋ 有声子音

putraḥ dhāvati → putro dhāvati

[2] –aḥ ＋ a 以外の母音 → –a ＋ a 以外の母音

dhāvataḥ ākulau → dhāvata ākulau

[3] –aḥ ＋ a– → –o ’–

語頭の a が規則に従って省略される場合には【avagraha】符号【 ’ 】［ ऽ ］が用いられる。

dhāvataḥ aśvau → dhāvato’śvau धावतोऽश्वौ

(4) –āḥ の変化

【有声音とは濁音のことである】

–āḥ ＋ 有声音（母音、子音も含む） → –ā ＋ 有声音 （ ḥ は消滅する）

[1] （有声子音の場合） bālāḥ dhāvanti → bālā dhāvanti

[2] （母音の場合） janāḥ aṭanti → janā aṭanti

(5) 子音の sandhi 規則

[1] 外連声 −k, −ṭ, −p の変化

−k, −ṭ, −p ＋ 無声音 ＝ 無変化 samyak pṛṣṭam / tādṛk puruṣaḥ

（外連声）語末の無声子音は、母音と半母音（ y, r, l, v ）と有声子音の前で有声子音となる。

−k ＋ 母音／半母音／有声子音 → −g ＋ 母音／半母音／有声子音

−ṭ ＋ 母音／半母音／有声子音 → −ḍ ＋ 母音／半母音／有声子音

−t ＋ 母音／半母音／有声子音 → −d ＋ 母音／半母音／有声子音

−p ＋ 母音／半母音／有声子音 → −b ＋ 母音／半母音／有声子音

例 nṛpāt ＋ alabhata → nṛpādalabhata

grāmāt ＋ gacchāmi → grāmādgacchāmi

[2] 外連声 −k, −ṭ, −t, −p ＋ 鼻音 → −g, −ḍ, −d, −b ＋ 鼻音 ＝ 同系列の鼻音 ＋ 鼻音

−k ＋鼻音（n, m）→ −g ＋鼻音 ＝ −ṅ ＋鼻音 dik nāga ＝ dignāga ＝ diṅnāga

−ṭ ＋鼻音（n, m）→ −ḍ ＋鼻音 ＝ −ṇ ＋鼻音 ṣaṭ māsaḥ ＝ ṣaḍmāsaḥ ＝ ṣaṇmāsaḥ

−t ＋鼻音（n, m）→ −d ＋鼻音 ＝ −n ＋鼻音

−p ＋鼻音（n, m）→ −b ＋鼻音 ＝ −m＋鼻音 kakup na ＝ kakub na ＝ kakum na

(6) −n の sandhi 変化

休止位置には ñ を除くすべての鼻音が許される。

[1] 一般に語頭の母音の前では変化を受けないが、鼻音の前に短母音があるとき重複される。

（ただし、 −m を除く）

−短母音 −n ＋ 母音 ＝ −短母音 −nn− 母音

−短母音 −ṅ ＋ 母音 ＝ −短母音 −ṅṅ− 母音

−短母音 −ṇ ＋ 母音 ＝ −短母音 −ṇṇ− 母音

prahasan ＋ āgacchati ＝ prahasannāgacchati

balin ＋ ajayaḥ ＝ balinnajayaḥ

[2] 語末の −n は喉音（k, kh, g, gh）、脣音（p, ph, b, bh）、d, dh, y, v, r, ṣ, s, h の前では変化しない。

tān bhayavyākulitān / tān siṃhān

[3]	−n + j− → −ñ + j−	tān janān	→ tāñjanān
	−n + ḍ− → −ṇ + ḍ−	tān ḍambarān	→ tāṇḍambarān
	−n + ś− → −ñ + ś−	tān śatrūn	→ tāñśatrūn
	−n + ś− → −ñ + ch−	tān śatrūn	→ tāñchatrūn
	−n + l− → −l + l−	vṛkṣān lumpati	→ vṛkṣāllumpati

[4]	−n + c, ch− → −ṃś + c, ch−	tān ca	→ tāṃśca
	−n + ṭ, ṭh− → −ṃṣ + ṭ, ṭh−	dhīmān ṭīkām	→ dhīmāṃṣṭīkām
	−n + t, th− → −ṃs + t, th−	arīn tāḍayati	→ arīṃstāḍayati

(7) 語根末の −t の変化

[1] −t は語頭の口蓋破裂音（c, j）、反舌破裂音（ṭ, ḍ）および l に同化される。

−t + c− → −cc−	suhṛt calati → suhṛccalati
−t + j− → −jj−	ānayat jalam = ānayad jalam → ānayajjalam
−t + ṭ− → −ṭṭ−	apibat ṭaṅkam → apibaṭṭaṅkam
−t + ḍ− → −ḍḍ−	atāḍayat ḍiṇḍinam → atāḍayaḍḍiṇḍinam
−t + l− → −ll−	etat labhate = etad labhate → etallabhate
	tat līnaḥ = tad līnaḥ → tallīnaḥ

[2] −t + ś− → −cch−　　tat śrutvā → tacchrutvā

[3] −t + ṣ− = 無変化　　abhakṣayat ṣāḍavam

2．母音の連声

● 同種の母音が結合するときには、その長音となる。

-a,　-ā ＋ a-, ā- → ā　　muninā aṭāmi → munināṭāmi
-i,　-ī ＋ i-, ī- → ī　　namasi īśvaram → namasīśvaram
-u,　-ū ＋ u-, ū- → ū　　kintu uvāca → kintūvāca
-r̥,　-r̥̄ ＋ r̥-, r̥̄- → r̥̄　　kartr̥ r̥ṣiḥ → kartr̥̄ṣiḥ

● -a または -ā は異種の単母音と結合して、そのグナとなる。

-a,　-ā ＋ i-, ī- → e　　namatha īśvaram → namatheśvaram
-a,　-ā ＋ u-, ū- → o　　gacchatha udyānam → gacchathodyānam
-a,　-ā ＋ r̥-, r̥̄- → ar　　muninā r̥ṣiḥ → muninarṣiḥ

● -a または -ā は二重母音と結合して、そのヴリッディとなる。

-a,　-ā ＋ e- → ai　　tiṣṭhatha eva → tiṣṭhathaiva
-a,　-ā ＋ o- → au　　khādatha odanam → khādathaudanam
-a,　-ā ＋ ai- → ai　　ca airāvataḥ → cairāvataḥ
-a,　-ā ＋ au- → au　　paśyatha augham → paśyathaugham

● -i, -ī, -u, -ū, -r̥ は異種の母音の前に来るとき、半母音化が起こる。

-i, -ī ＋ 異種の母音- → -y ＋ 異種の母音-　　dhāvati aśvaḥ → dhāvatyaśvaḥ
-u, -ū＋ 異種の母音- → -v ＋ 異種の母音-　　nanu eva → nanveva
-r̥, -r̥̄ ＋ 異種の母音- → -r ＋ 異種の母音-　　kartr̥ iti → kartriti

● a 以外の母音の前において、 -e および -o は a となる。

-e ＋ a 以外の母音- → -a　a 以外の母音-　　kave icchasi → kava icchasi
-e ＋ a 以外の母音- → -ay ＋ a 以外の母音-　　kave icchasi → kavayicchasi
-o ＋ a 以外の母音- → -a　a 以外の母音-　　guro iti → gura iti
-o ＋ a 以外の母音- → -av ＋ a 以外の母音-　　guro iti → guraviti

● 語頭にある a– の前において、 –e および –o は変化をうけない。
このとき、 a は消滅し【avagraha】符号（ ' ）（ ऽ ）が記される。
–e ＋ a– → –e '　　munaye annam → munaye 'nnam → मुनये ऽन्नम्
–o ＋ a– → –o '　　prabho adhunā → prabho 'dhunā → प्रभो ऽधुना

● –ai は母音の前では、 –ā （希に –āy ）となる。
–ai ＋ 母音– → –ā　母音–　　tasmai iṣum → tasmā iṣum
–ai ＋ 母音– → –āy ＋ 母音–　　tasmai iṣum → tasmāyiṣum

● –au は母音の前では、 –āv （希に –ā ）となる。
–au ＋ 母音– → –āv ＋ 母音–　　agnau indhanam → agnāvindhanam
–au ＋ 母音– → –ā　母音–　　agnau indhanam → agnā indhanam

3．外連声の起こらない場合

● 名詞、動詞の両数の語尾 e は、どんな母音の前でも変化は受けない。
labhāvahe asim ; īkṣethe indum
te phale icchāmaḥ ［私達はこれら二つの果物を欲する］
vane (du. Ac.) atithiḥ (sg. N.) paśyati / vane (sg. L.) 'tithir (sg.N.) vasati
［二つの森（両数）を客は 見る］ / ［森（単数）の中に客は 住む］
kavī icchataḥ / bandhū atithiṃ nayataḥ

● 男性単数主格の指示代名詞 tat は sa と saḥ の二つの形を取る。
文の終わりに来る時のみ ḥ を保持する。
a の前では so となり、その他のすべての音の前では、 sa となる。
sa gajaḥ / sa śiṣyaḥ / sa ācāryaḥ
so 'śvaḥ(saḥ aśvaḥ) aśvaḥ saḥ

● ā, he, aho 等の間投詞の末尾の母音。

4．休止位置［絶対語末］（文の最後の位置）の子音

(a) 原則として休止位置には唯１個の子音のみ許される。
(b) 許される子音は k, ṭ, t, p, ṅ, n, m, ḥ （極めて希に ṇ, l ）

5．外連声表

語末子音　＋　語頭子音（母音）　のサンディ表

→　記号は、接続可能を意味する

（単語の語末）絶対語末の子音										
−k	−ṭ	−t	−p	−ṅ	−n	−m	−ḥ /−r	−āḥ	−aḥ	単語の語頭
k→	ṭ→	t→	p→	ṅ→	n→	ṃ	ḥ	āḥ	aḥ	k / kh
g→	ḍ→	d→	b→	ṅ→	n→	ṃ	r→	ā	o	g / gh
k→	ṭ→	c→	p→	ṅ→	ṃś→	ṃ	ś→	āś→	aś→	c / ch
g→	ḍ→	j→	b→	ṅ→	ñ→	ṃ	r→	ā	o	j / jh
k→	ṭ→	ṭ→	p→	ṅ→	ṃṣ→	ṃ	ṣ→	āṣ→	aṣ→	ṭ / ṭh
g→	ḍ→	ḍ→	b→	ṅ→	ṇ→	ṃ	r→	ā	o	ḍ / ḍh
k→	ṭ→	t→	p→	ṅ→	ṃs→	ṃ	s→	ās→	as→	t / th
g→	ḍ→	d→	b→	ṅ→	n→	ṃ	r→	ā	o	d / dh
k→	ṭ→	t→	p→	ṅ→	n→	ṃ	ḥ	āḥ	aḥ	p / ph
g→	ḍ→	d→	b→	ṅ→	n→	ṃ	r→	ā	o	b / bh
ṅ→	ṇ→	n→	m→	ṅ→	n→	ṃ	r→	ā	o	鼻音（n / m）
g→	ḍ→	d→	b→	ṅ→	n→	ṃ	r→	ā	o	y / v
g→	ḍ→	d→	b→	ṅ→	n→	ṃ	−−[1]	ā	o	r
g→	ḍ→	l→	b→	ṅ→	l̐ /ṃl/ṃ→[2]	ṃ	r→	ā	o	l
k→	ṭ→	c→ch	p→	ṅ→	ñ→ś/ch	ṃ	ḥ	āḥ	aḥ	ś
k→	ṭ→	t→	p→	ṅ→	n→	ṃ	ḥ	āḥ	aḥ	ṣ / s
g→gh	ḍ→ḍh	d→dh	b→bh	ṅ→	n→	ṃ	r→	ā	o	h[5]
g→	ḍ→	d→	b→	ṅ/ṅṅ→[3]	n/nn→[3]	m→	r→	ā	o ’	a
g→	ḍ→	d→	b→	ṅ/ṅṅ→[3]	n/nn→[3]	m→	r→	ā	a[4]	a 以外の母音
−k	−ṭ	−t	−p	−ṅ	−n	−m	−ḥ	−āḥ	−aḥ	文末

–ḥ /–r は –āḥ /–aḥ 以外の –ḥ /–r　　　例　–i, īḥ –u, ūḥ –e, aiḥ –o, auḥ

1 –ḥ または –r は、脱落する。 i /u が –ḥ , –r に先行するならば ī /ū と延長される。

raviḥ rūḍhaḥ = ravī rūḍhah / punar rakṣati = punā rakṣati

2 例　tān + labhasva = tāl̐labhasva or tāṃllabhasva, tāṃlabhasva

3 語末の ṅ, ṇ, n が短母音に先立たれ、次の単語が母音で始まるとき、鼻音は重複されて

–ṅṅ, –ṇṇ, –nn となる。 gāyan āgacchati = gāyannāgacchati

4 –aḥ + a– = o '、 –aḥ + a– 以外の母音 candraḥ iva = candra iva

5 –k, –ṭ, –t, –p + h– = –g-gh–; –ḍ-ḍh–; –d-dh–; –b-bh–

samyak hutaḥ = samyagghutaḥ, dviṭ hasati = dviḍḍhasati, etat hi = etaddhi

kakub ha = kakubbha

注意すべきサンディ規則

例

āgacchannṛpasya = āgacchan (3.pl.past.) nṛpasya ○

āgacchannṛpasya = āgacchat (3.sg.past.) nṛpasya ○

upāviśannarayaḥ = upāviśan narayaḥ ×

upāviśannarayaḥ = upāviśann arayaḥ = upāviśan (3.pl.) arayaḥ ○

sevanta iti = sevante (3.pl.) iti ○

sevanta iti = sevantaḥ iti ×

sevanta iti = sevanto iti ×

reṇvā aliḥ = reṇvai (D.sg.) aliḥ ○

reṇvā aliḥ = reṇvāḥ (Ab.sg.) aliḥ ○

reṇvā aliḥ = reṇvāḥ (G.sg.) aliḥ ○

vanasya cchāyāyām ← vanasya chāyāyām ○

一般に ch は、母音の後に来ることは許されないので、母音の後では cch となる。

cicchūdrayoḥ = cit śūdrayoḥ ○

gajāñchūdrāḥ = gajān śūdrāḥ ○

語末母音 ＋ 語頭母音 のサンディ表

→ 記号は、接続可能を意味する

単語の語末								
−a −ā	−i −ī	−u −ū	−ṛ	−e	−ai	−o	−au	単語の語頭
ā	y→a	v→a	r→a	e ’	ā a	o ’	āv→a	a−
ā	y→ā	v→ā	r→ā	a ā	ā ā	a ā	āv→ā	ā−
e	ī	v→i	r→i	a i	ā i	a i	āv→i	i−
e	ī	v→ī	r→ī	a ī	ā ī	a ī	āv→ī	ī−
o	y→u	ū	r→u	a u	ā u	a u	āv→u	u−
o	y→ū	ū	r→ū	a ū	ā ū	a ū	āv→ū	ū−
a→r	y→ṛ	v→ṛ	ṝ	a ṛ	ā ṛ	a ṛ	āv→ṛ	ṛ−
ai	y→e	v→e	r→e	a e	ā e	a e	āv→e	e−
ai	y→ai	v→ai	r→ai	a ai	ā ai	a ai	āv→ai	ai−
au	y→o	v→o	r→o	a o	ā o	a o	āv→o	o−
au	y→au	v→au	r→au	a au	ā au	a au	āv→au	au−

§ 4 内連声

1. -n- の反舌音化（n → ṇ）

a 語幹・中性名詞の複数 (pl.) の主格 (N.) と目的格 (Ac.) に この内連声の規則が適用される。
単数 (sg.) ・具格 (I.) と複数 (pl.) ・属格 (G.) にも注意が必要である。

先行すべき音	介在を許される音		n に続く音
ṛ, ṝ, r, ṣ	母音 , k, kh, g, gh, ṅ p, ph, b, bh, m y, v, h, ṃ	n ↓ ṇ	母音 , n, m, y, v

例　vanam (n.sg.N.)→ vanāni (n.pl.N.) 変化なし
śarīram (n.sg.N.) → śarīrāṇi (n.pl.N.) / patrāṇi / nareṇa (m.sg.I.)
rāmāyaṇa

2. -s- の反舌音化（s → ṣ）

先行すべき音	介在を許される音		s に続く音
a, ā 以外の母音 k, r, l	ḥ ṃ	s ↓ ṣ	ṛ を除く母音 t, th, n m, y, v

例　nadī ＋ su ＝ nadīṣu　　anu ＋ saṅga ＝ anuṣaṅga
dhanuḥ ＋ su ＝ dhanuḥṣu　　abhi ＋ seka ＝ abhiṣeka

3. その他の場合

(1) 語根または語幹の終わりにある子音は、通則として母音、半母音（y, r, l,v ）および鼻音で始まる接尾辞または語尾の前では変化しない。子音の外連声の規則は、適用されない。

√語根　＋　母音、半母音、鼻音で始まる接尾辞または語尾　＝　無変化
語幹末の子音　＋　母音、半母音、鼻音で始まる接尾辞または語尾　＝　無変化

例 √pat + anti = patanti (3. pl.)

√kṣip + ya + te = kṣipyate (Pass. 3. sg.)

marut + e = marute (D. sg. m.) / tapas + vin = tapasvin

(2) 半母音、鼻音以外の子音で始まる接尾辞または語尾の前でも外連声の規則に従うことが多く、ことに格語尾 bhyām, bhiḥ, bhyaḥ, su の前では外連声の規則が適用される。

例 marut + bhiḥ = marudbhiḥ (I. pl. m.) sudṛś + bhiḥ = sudṛgbhiḥ

agnimath + bhiḥ = agnimadbhiḥ suhṛd + bhiḥ = suhṛdbhiḥ

(3) 有声子音は無声子音の前で無声子音になる。

suhṛd + su = suhṛtsu (L. pl. m.) ; etad + patati = etatpatati

(4) 以前の規則に反して

√有声帯気音（ gh, jh, ḍh, dh, bh で終わる語根） + t–, th–

⇒ √有声無気音（ g, j, ḍ, d, b ） + dh–

√–gh + t–, th– → –gdh

√–jh + t–, th– → –jdh

√–ḍh + t–, th– → –ḍdh

√–dh + t–, th– → –ddh √budh + ta = buddha (past. p. pt.)

√–bh + t–, th– → –bdh √labh + ta = labdha (past. p. pt.)

(5) 反舌音（ ṣ を含む） + 歯音（ n を含む） = 反舌音 + 反舌音

（ṭ, ṭh, ḍ, ḍh, ṇ, r, ṣ,） + （t, th, d, dh, n, l, s,） = 歯音が反舌音となる。

puṣ + ta = puṣṭa īḍ + te = īṭṭe

iṣ + ta = iṣṭa dviṣ + dhi = dviḍḍhi

mṛḍ + nāti = mṛḍṇāti

第３章　名詞・形容詞の格変化

§５　数・性・格

広い意味での名詞 (Noun) は実名詞 (Substantive) と形容詞 (Adjective) を含み、特に必要のある場合以外は両者を区別する必要はない。

１．数

数 動詞と同じように単数 (sg.)・両数 (du.)・複数 (pl.) の区別がある。

単　数 １つの物と１つの群れを表わす。 **aśvaḥ** は、［１頭の馬］と［馬の群れ］を意味する。

両　数 ２つの物を表わす。 **aśvau** は、［２頭の馬］を意味する。

両数のみの名詞、 **aśvinau** ［アシュヴィン双神］ **rodasī** ［天地］

jāyāpatī, jampatī, dampatī ［夫婦］ **dyāvābhūmī** ［天と地］

男性と女性を意味する並列複合語は、両数で表わす。

pitarau ［父母］ **bhrātarau** ［兄弟姉妹］ **haṃsau** ［つがいの白鳥］

常に２つあるものは、両数で表わす。

hastau ［両手］ **pādau** ［両足］ **nayane** ［両眼］ **karṇau** ［両耳］

１対（ペア）を表わす言葉 **dvayam, dvitayam, yugalam** は、単数で用いる。

複　数 ２つ以上の数を表わし、また全ての集まりを表わす時もある。

siṃhāḥ ［多くのライオン］［ライオンの群れ全て］

複数形で用いるが、意味は単数を表わす単語。

āpaḥ (f.) ［水］ **varṣāḥ** (f.) ［雨季］ **akṣatāḥ** (m.) ［米］ **sikatāḥ** (f.) ［砂］

asavaḥ, prāṇāḥ (m.) ［生命］ **gṛhāḥ** (m.) ［家］ **dārāḥ** (m.) ［妻］

しかし、 **samāḥ** (f.) ［年］ は複数の意味で用いる。

apsaras (f.) ［天女］は稀に単数で用いる。

地方に住んでいる人達は、その地方名の複数形で表わされる。

kaliṃgāḥ (m.) ［カリンガ地方の住人］

しかし、 **kaliṃgadeśaḥ** と **deśa** ［地方］が地名に付加されるときは、単数形を用いる。

固有の子孫を表わす言葉は、複数形を用いる。

raghavaḥ ［ラグの子孫］ **janakāḥ** ［ジャナカの子孫］

2．性

性 名詞には、すべて男性 (m.) ・女性 (f.) ・中性 (n.) の区別がある。

名詞の性別は必ずしも自然の性別とは一致しないので、一つ一つ覚えていく。

> 名詞の性を覚えるいちばんの早道は「単数・主格 (sg.N) の活用形で覚えること」

男性形 語根に a を付された名詞に多い。

karaḥ ［作ること］ nayaḥ, bhavaḥ, jīvaḥ, sparśaḥ

中性形 語根に ana を付された名詞に多い。

karaṇam ［行動］ nayanam, bhavanam, jīvanam, sparśanam

女性形 語根に ti(dhi, ḍhi, ṭi) を付された名詞に多い。

kṛtiḥ ［動作］ nītiḥ, bhūtiḥ, sṛṣṭi, rūḍhiḥ, buddhiḥ

しかし bhayam ［恐怖］ は中性形、 ramaṇaḥ ［愛人］ nandanaḥ ［息子］は男性形である。

ā, ī で終わる名詞はほぼ女性形の形をとる。

(1) 母音で終わる形容詞の女性形の変化規則

–ā で終わる女性の形容詞は senā の変化に従う。

–ī で終わる女性の形容詞は nadī の変化に従う。

–māna を添えて作られる ātmanepada の現在分詞 labhamāna → labhamānā

–māna を添えて作られる受動活用の現在分詞 jīyamāna → jīyamānā

–ta(na) を添えて作られる過去受動分詞 nīta → nītā

–tara, –tama を添えて作られる形容詞の比較級・最上級

śucitara → śucitarā ／ śucitama → śucitamā

–iṣṭha を添えて作られる形容詞の最上級 gariṣṭha → gariṣṭhā 等の女性形は –ā となる。

(2) –a で終わる若干の名詞と形容詞は女性形の変化において特別の規則に従う。

–ka で終わる名詞と形容詞の女性形は –ikā の形をとる。

例 gāyakaḥ (m.) ［歌手］ → gāyikā (f.) ［女歌手］

bālaka (m.) ［少年］ → bālikā (f.) ［少女］

–a で終わる次の形容詞の女性形は –ī の形をとる。

例 kiśora (m./n.) ［若い］ → kiśorī (f.) ［若い］
gaura (m./n.) ［白い、黄色い］ → gaurī (f.) ［白い、黄色い］
taruṇa (m./n.) ［若々しい］ → taruṇī (f.) ［若々しい］
tādṛśa (m./n.) ［そのような］ → tādṛśī (f.) ［そのような］
sadṛśa (m./n.) ［～に似た、同様な］→ sadṛśī (f.) ［～に似た、同様な］

生物の種族を示す –a で終わる名詞の女性形は、 –ī の形をとる。

例 mayūra (m.) ［孔雀］ → mayūrī (f.) ［雌孔雀］
vyāghra (m.) ［虎］ → vyāghrī (f.) ［雌虎］
siṃha (m.) ［ライオン］ → siṃhī (f.) ［雌ライオン］
haṃsa (m.) ［白鳥］ → haṃsī (f.) ［雌白鳥］
hariṇa (m.) ［鹿］ → hariṇī (f.) ［雌鹿］
kukkuṭa (m.) ［にわとり］ → kukkuṭī (f.) ［雌にわとり］

例外 aja (m.) ［山羊］ → ajā (f.) ［雌山羊］
aśva (m.) ［馬］ → aśvā (f.) ［雌馬］
kokila (m.) ［カッコウ］ → kokilā (f.) ［雌カッコウ］
caṭaka (m.) ［燕］ → caṭakā (f.) ［雌燕］
balāka (m.) ［鶴］ → balākā (f.) ［雌鶴］
mūṣika (m.) ［鼠］ → mūṣikā (f.) ［雌鼠］

接尾辞 –maya ［～からなる、～に属する、～で満ちた］と
–tana ［～に属する］で終わる形容詞は –ī で終わる女性形の形をとる。

例 carmamaya (m./n.) ［皮製の］ → carmamayī (f.) ［皮製の］
cinmaya (m./n.) ［精神的な］ → cinmayī (f.) ［精神的な］
purātana (m./n.) ［老齢の］ → purātanī (f.) ［老齢の］
mṛnmaya (m./n.) ［土製の］ → mṛnmayī (f.) ［土製の］

–maya ［～からなる、～に属する、～で満ちた］
(made of, entirely consisting of, full of) は、複合語の後に置かれる。

意味が同じで性が異なる名詞

	m.	f.	n.
[身体]	kāyaḥ	tanuḥ	śarīram
[欲望]	kāmaḥ	icchā	īpsitam
[命令]	ādeśaḥ	ājñā	śāsanam
[年]	saṃvatsaraḥ	samāḥ	varṣam

性が異なると意味が変化する名詞

	m.	f.	n.
harit	[速い馬]	[天空の方位]	[草]
vasu	[太陽]	[光]	[富]
arcis	[火]	[クリシャーシュヴァの妻の名]	[炎]

3．格

格 7種の区別があり呼格（Vocative、V.）を加えて8種となる。

主格	Nominative	N. (nom.)	主語、述語 [～が]
目的格	Accusative	Ac. (acc.)	動詞の目的語、方向（～へ to, towards）、[～を、に] 時間の継続（during）距離
具格	Instrumental	I. (inst.)	用具、手段（～をもって、～によって by means of）、 動作者（by）、原因、理由、同伴、結合（一緒に with）
与格	Dative	D. (dat.)	間接目的語、利害、目的（～のために for the sake of）、 方向（～へ向かって to）
従格	Ablative	Ab. (abl.)	分離、反発（～から from） 原因、理由、比較（～より than）
属格	Genitive	G. (gen.)	所属、所有（～の of）、動作者（～にとって for, as for） また受動態の I. あるいは間接目的語的 D. のように用いられる
依格	Locative	L. (loc.)	空間、時間における広義の位置（at, in, on, among）[～に]
呼格	Vocative	V. (voc.)	呼び掛け [～よ]

§6　格の用法

述語動詞は、主語の人称と数に一致して用いる。

bālaḥ	patati	［少年一人が］	＝	主語 (m.N.sg.)	［落ちる］	＝	述語 (√pat .3.sg.)
bālau	patataḥ	［少年二人が］	＝	主語 (m.N.du.)	［落ちる］	＝	述語 (√pat .3.du.)
bālāḥ	patanti	［少年達が］	＝	主語 (m.N.pl.)	［落ちる］	＝	述語 (√pat .3.pl.)

1．主格

主　格 (Nominative case ＝ N. / nom.)

(1) 文の主語 (subject) として

janakaḥ (m.N.sg.) nayati (√nī 3.sg.) ［父が導く］

(2) 文の述部（主格補語） (predicate) として

putrāḥ (m.N.pl.) bhavanti (√bhū 3.pl.) vīrāḥ (m.N.pl.) ［息子達は英雄になる］

(3) 同格語 (apposition) として

rāmaḥ (m.N.sg.) vīraḥ (m.N.sg.) jayati (√jī 3.sg.) ［英雄ラーマは勝つ］

(4) 題目、表題として

prajñāpāramitā-hṛdaya-sūtram (n.N.sg.) 『般若波羅蜜多心経』

サンスクリット語では、定冠詞と不定冠詞の区別は無いが、あえて必要な場合は
指示代名詞 saḥ で表現される。

citram etat ［これは、絵です］

tat etat citram ［これは、その絵です］

動詞はそれ自体、人称と数の区別を備えているが、人称代名詞の主格が表現される時は強調の
意味が含まれる。

praviśāmi ［私は、入るでしょう］

aham api praviśāmi ［私も、入るでしょう］

2．目的格

目的格 (Accusative case ＝ Ac. / acc. / accus.)

(1) 他動詞の直接目的語と目的格補語として用いられる。

mama bhrātaraṃ (Ac.) netāraṃ (Ac.) nyayunak
［私の兄を指導者に彼は任命した］

動詞の目的語として

janakaḥ putrān (Ac.pl.) nayati ［父は息子達を導く］

目的格補語として

rāmam (Ac.sg.) vīram (Ac.sg.) bodhāmaḥ (√budh 1.pl.)
［ラーマを英雄として我々は、知っている］

(2) 移動・運動を示す動詞の到着点・方向

√gam, √yā, √i 等の運動の動詞と共に用いられて運動の目的地・目標を示す。

grāmaṃ gacchāmi ［私は村に向って行く］

dāsaḥ (N.sg.) kūpam (Ac.sg.) gacchati (√gam 3.sg.) ［召使いは井戸に行く］

実際の移動のほか比喩的表現にも用いられる。

√nī は、２つの目的格を取る事がある。

nagaraṃ tvāṃ nayāmi ［村にあなたを私は、連れていく］

(3) 目的語に抽象名詞（–tā, –tvā）が用いられ、［行く、来る］という運動を示す動詞が比喩的・慣用的語法として［（～の状態）になる］の意味を示す。

sa kīrtiṃ yāti ［彼は名声を博する］

amaralokatāṃ vrajati ［彼は不滅の人となる］

(4) 目的格を支配する前置詞 (prepositions) ならびに前置詞的副詞 (prepositional adverbs) と共に用いられる。これらは前置詞として使われる場合と後置詞 (post-position) として使われる場合があるが広い意味で前置詞という名で使用する。

ati (＋Ac.) ［～を越えて、～の上に］

anu (＋Ac.) ［～に沿って along 、～に従って、～に続いて、～の後に］ (open , along)

(Ac.＋) anu ［～の後、（空間・時間について）、～の方へ、～に対して、～ごとに（配分）］

abhi (＋Ac.) ［～の近くに、～の方へ（方向）、～ごとに（配分）］

upa (＋Ac.) ［～近くに、～の下に、～の後に］

abhitaḥ (＋Ac.) ［～両側に、回って、～の前に、～近くに］ (near , in front of)

paritaḥ (＋Ac.) ［～回って、～の周りに］ (around)

sarvataḥ (＋Ac.) ［いたる所から、回って］ (on all sides of)

ubhayataḥ (＋Ac.) ［両側に、両方から］ (on both sides of)

samayā , nikaṣā (＋Ac.) ［～の近くに］

vinā (＋Ac.) ［～なしに、除いて］ (without)

antareṇa (＋Ac.) ［～の間に、なしに、除いて、～に関して］ (without , concerning)

antarā (＋Ac.) ［～に関して、なしに、の間に］ (between)

(Ac.＋) prati ［～方に、～に向かって、対して、関して（使用範囲が極めて広い）］ (to , towards)

uparyupari (＋Ac.) ［～の上に］

adhodhaḥ, adhyadhi (＋Ac.) ［～の下に］

古典期において前置詞あるいは前置詞的機能をもつ副詞の位置は、原則として自由であるが厳格な散文では通例後置される。 vinā のような言葉は、両方の位置をとるが少なくとも散文において vinā は通常後置される。

(5) 間投詞 **dhik** は、 Ac. または G. と共に用いられて不満・非難・悲嘆を表わす。

dhik ［おや おや、まあ、何とこれは、こら！］ (+Ac.)

(6) いくつかの自動詞は目的格をとる場合がある。

(7) L. 格の代わりに Ac. 格が用いられる。

adhi-√śī ［～の上に横たわる、に住む］

śilāpaṭṭam adhiśete ［石板の上に彼は横たわる］

adhi-√sthā ［～を占有する、に住む］

pātālam adhitiṣṭhati ［彼は地獄に住む］

adhi-√ās ［～の中にはいる］

parṇaśālām adhyāste ［庵に彼は住む］

adhi-ni-√viś ［～の中にはいる］

sanmārgam abhiniviśate ［正しい道に彼は入る］

adhi-√vas ［～に住む］

girim adhivasati ［彼は山に住む］

anu-√vas ［～の近くに住む］

nadīm anuvasāmi ［私は河の近くに住む］

ā-√vas ［～に住む］

purīm imām āvasati ［彼はこの町に住む］

upa-√vas ［～に住む］

vanam upavasanti ［彼らは森に住む］

しかし、 upa-√vas が［断食する］の意味では Ac. をとらない。

(8) 時間の継続と距離は目的格で表わされる。 (during)

bahūn māsān ［何ヵ月の間も］ **dve yojane** ［２ヨージャナの間］

sa vane trīn divasān abhramat ［彼は森の中を３日間歩き回った］

aśvo yojanaṃ dhāvet ［馬は１ヨージャナの距離を走るべきである］

(9) ［運ぶ、導く、派遣する］等の意味する動詞と共に目的語と目標の Ac. とが同一文中に用いられる。

√**kṛṣ** ［〜へ引き寄せる］

dhenuṃ gṛhaṃ karṣati ［彼は牛を村に引いてくる］

√**nī** ［導く、運ぶ］

atithiṃ grāmaṃ naya ［客を村に連れて来い］

√**vah** ［運ぶ］

vadhūr ghaṭaṃ kūpaṃ vahati ［若い女が壷を井戸に運ぶ］

√**hṛ** ［〜へ持ち去る］

pustakāni gṛhaṃ haratu ［本を家に持ち帰りなさい］

(10) 次の１２の他動詞と同意語は二重目的語をとる。

一次目的語 [1] は直接目的語である。

二次目的語 [2] は本来 Ac. 以外の格で置かれるべき語である。

√**ci** ［〜を〜から集める］

phalāni[1] **vṛkṣaṃ**[2] **cinoti** ［彼は果実を [1] 木から [2] 集める］

√**ji** ［〜を〜から勝ち取る］

śataṃ[1] **bhrātaraṃ**[2] **jayati** ［彼は１００ルピーを [1] 兄から [2] かちとる］

√**daṇḍ** ［罰する］

stenaṃ[1] **śataṃ**[2] **daṇḍayati** ［彼は泥棒に [2] １００ルピーの罰金を [1] 科す］

√**duh** ［〜から乳を搾る］

payo[1] **gāṃ**[2] **dogdhi** ［彼女は乳牛から [2] ミルクを [1] 搾る］

√**pac** ［を調理する］

taṇḍulān[1] **odanaṃ**[2] **pacati** ［彼は米粒を [1] 粥の中で [2] 調理する］

√**pracch** ［問う、尋ねる］

panthānaṃ[1] **bandhuṃ**[2] **pṛcchati** ［彼は道を [1] 友に [2] 尋ねる］

√**brū** ［話す］

nītiṃ[1] **śiṣyān**[2] **brūte** ［彼は道徳を [1] 生徒たちに [2] 語る］

√**manth** (**math**) ［〜をかき混ぜることによって生み出す］

sudhāṃ[1] **samudraṃ**[2] **mathnāti** ［彼は不死の妙薬を [1] 大海を [2] かき混ぜることで生み出す］

√muṣ ［～を奪う］

hāraṃ^{1} rājānaṃ^{2} muṣṇāti ［彼は首飾りを ^{1} 王から ^{2} 奪う］

√yāc ［求める、乞う］

dayāṃ^{1} pitaraṃ^{2} yācate ［彼は父の ^{2} 哀れみを ^{1} 乞う］

√rudh ［閉じ込める］

śatruṃ^{1} kārāgāraṃ^{2} ruṇaddhi ［彼は敵を ^{1} 獄舎のなかに ^{2} 閉じ込める］

√śās ［教える］

dharmaṃ^{1} janān^{2} śāsti ［人々に対して ^{2} 法を ^{1} 彼は教える］

二次目的語 ^{2} を強調する時は本来の格が用いられる。

dhenoḥ (Ab.) **payo^{2} dogdhi** ［彼女は（山羊ではなく）牛から (Ab.) ミルクを ^{2} 搾る］

(11) √kṛṣ, √nī, √vah, √hṛ の他動詞では一次目的語 ^{1} が受動態の主語になり二次目的語 ^{2} はそのままである。

atithiṃ^{1} grāmaṃ^{2} naya ［客を村に連れて来い］

atithir grāmaṃ nīyatām ［客が村に連れて来られる］

(12) √ci, √ji, √daṇḍ, √duh, √pac, √pracch, √brū, √manth(√math), √muṣ, √yāc, √rudh,√śās の他動詞では二次目的語 ^{2} が受動態の主語になり、一次目的語 ^{1} はそのままである。

sudhāṃ^{1} samudraṃ^{2} mathnāti ［彼は不死の妙薬を大海をかき混ぜることで生み出す］

sudhāṃ^{1} samudro^{2} mathyate ［大海はかき混ぜられて不死の妙薬を生み出す］

3．具格

具 格 (Instrumental case = I. / inst.)

基本的には、用具 (instrument) と動作者 (agent) と随伴 (concomitance) を表す。

(1) 受動動詞の動作主（行為者）を示す。

受動的表現の動作主として「誰々によって」（定動詞の受動態・過去分詞・未来義務分詞等）

mayā śrutam ［私によってそれは聞かれた］（私は聞いたのだ）

(2) 用具・手段「～によって」 (by)

bālo mukhaṃ hastābhyāṃ gūhati ［少年は顔を両手で覆う］

hastena pāṣāṇaṃ kṣipa ［手で石を投げろ］

(3) 同伴・付随

結合を表す前置詞的副詞 saha, sārdham, samam, sākam (with ～と共に)、

dāsena saha gacchāmi [召使いと一緒に私は行く]

saha mitreṇa (saha) krīḍāmi [友人と共に私は遊ぶ]

反対に分離・喪失を表す語 vinā (without ～なしに) と共に用いられる。

jalena vinā kamalaṃ naśyati [ハスは水がなければ枯れる]

(4) 原因・理由「～の故に」 (owing to, on account of, out of, because of)

duḥkhena grāmaṃ tyajāmi [苦しみの故に村を私は去る（捨てる）]

tena–aparādhena kupyati pitā [この行儀の悪さが原因で父は怒る]

(5) 具格の副詞化

sukhena [楽しそうに] ātmanā [自ら]

svabhāvena rāmo vīro bhavati [生まれながらにしてラーマは英雄である]

(6) 不必要・禁止（もう十分だ） (enough) の意味

alam, astu, kṛtam と共に用いられて禁止・中止・停止への勧告。

[やめなさい！] [もうたくさんだ！] を示す。

alaṃ vilāpena [なげき悲しむな！]

alaṃ duḥkhena [苦しむなかれ！ 苦しみは、もう御免だ！]

(7) 行為が起こる空間および時間の経過を示す。[（ある時間）で、のうちに、たった時に] (within)

dvādaśabhir varṣair vyākaraṇaṃ śrūyate [１２年間で文法は学ばれる]

tribhir yojanaiś catvāri nagarāṇy apaśyam

[３ヨージャナの範囲内に４つの町を私は見た]

tribhiḥ saptāhaiḥ [三週間の間に] ekena krośena [１クローシャの間に]

(8) 価値・対価・価格を示す。

pustakaṃ pañcabhī rūpakaiḥ krīṇāmi [本を５ルピーで私は買う]

ṣaḍbhī rūpyaiḥ krītaḥ [６ルピーで買った]

(9) 人の習慣的態度や話し方を示す。

prakṛtyā dayāluḥ [生来、哀れみ深い]

(10) 行動がなされる通路（通過場所）あるいは手段を示す。

kena mārgeṇa gataḥ? [どの道を通って彼は行ったか？]

aśvena prāsādam acalat [馬に乗って宮殿を彼は出て行った]

(11) 同等・類似・同一を意味する形容詞 sama, samāna, sadṛśa, tulya と共に用いる。

maγā sadṛśaḥ ［私と同等に］

rājñā tulyaḥ ［王に匹敵する］

(12) 身体部分の欠陥箇所を表わす。

akṣṇā kāṇaḥ ［一眼が盲の人、独眼の］

(13) 「～を所有している、～を賦与する、～を授ける、～を奪う」の意味の言葉と一緒に用いる。

sarvair guṇaiḥ samāyuktaḥ ［全ての美徳を授けられた］

mitrair hīnaḥ ［友達を奪った］

(14) 有効、無効を意味する表現と共に kiṃ と共に用いられて、

［何の役に立つか？］［何の用があるか？］［どうしたらよいのか？］の意味を表わす。

kiṃ dhanena? ［財産（富）が何になるか？］

dhanena kiṃ kriyate? ［財産（富）が何の役に立つのか？］

kaḥ te dhanena-arthaḥ? ［あなたにとって富は何の役に立つのか？］

mama tava-upadeśena na prayojanam ［私はあなたの助言を必要としない］

na prayojanam と共に「構わない」「問題ではない」を意味する。

kim prayojanam, ko'rthaḥ, kaścid arthaḥ

［どのような利益があろうか？］［何の関係があろうか？］を意味する。

4．与格

与格 (Dative case = D. / dat.)

他動詞の間接目的語となり、また広い意味における目的を表す。

(1) 間接目的語「～のために」 (for)

「与える」「放す」「 prati-√jñā 約束する」「示す」「派遣する」「投げつける」等を意味する動詞と共に用いられる。

√dā ［～に～を与える］

ācāryaḥ śiṣyebhyaḥ pustakāni yacchati ［先生は、学生達に本を与える］

daridrebhyo (D. pl.) dhanaṃ (Ac. Sg.) dehi (ipv. 2. sg. P. √dā)

［貧しきものたちに富を与えよ］

√brū, √kath ［～に～を話す、告げる］

pitre (D. sg.) vṛttāntam (Ac. sg.) akathayat (impf. 3. sg. P. √kath)

［父にその事件を彼は話した］

prati-√śru, ā-√śru, prati-√jñā ［～に～を約束する、請合う］

viprāya (D. sg.) gāṃ pratyajānīthāḥ (impf. 2. sg. A. prati-√jñā)

［バラモンに牝牛を約束した］

vi-√sṛj ［～に送る、～に派遣する］

rājñe (D. sg.) dūto (N. sg.) visṛṣṭaḥ (ppp. N. sg. vi-√sṛj)

［王の所に使者が送られた（派遣された）］

√dhṛ (caus.) ［負う、負債がある］

mitrāya (D. sg.) dve pustake (Ac. du.) dhārayāmi (caus. 1. sg. P. √dhṛ)

［友人に２冊の本を私は借りている］

(2) 特定の動詞と共に用いる。

激情に関する動詞、例えば「 √spṛh 熱望する」「 √kup 怒る」「妬む」「羨む」等の動詞

janakaḥ putrāya kupyati ［父は息子を叱る］

janakaḥ putrāya spṛhayati ［父は息子を熱望する］

√svad, √ruc (1A.) ［～を気にいる、満足を与える］

etan (N. sg.) me (D. sg.) na rocate (pres. 3. sg. A. √ruc)

［私はこれを好まない］

√ruc【rocate】「気に入る，満足を与える」 は、気に入る物は N. 格、気に入られる人は D. 格をとる。文の前後関係から「好む」（ like ）の意味で用いられる。

yuddhaṃ (N.) vīrāya (D.) rocate ［戦闘は、英雄に 好まれる（英雄は戦闘を好む）］

phalāni bālebhyo rocante ［少年達は果物を好む］

√spṛh (10P.A.) ［～を熱望する、あこがれる、～をねたむ］

yaśase (D. sg. yaśas) na spṛhayāmi (pres. 1. sg. √spṛh)

［名声を私は熱望しない］

√īrṣy (1P.) ［～をねたむ、～に嫉妬する］

dhanine (D. sg.) īrṣyati ［お金持ちを彼はねたむ］

(*) √krudh (4P.) ［～を怒る、～に怒っている］

mitrāya (D. sg.) na krudhyeḥ (opt. 2. sg. √krudh)

［友に対して腹を立てるべきでない］

(*) √asūy (Den.) ［～をうらやむ、～に不平をいう、不満だ］

gunine (D. sg.) ’sūyati ［徳のある人を彼はうらやむ］

(*) √druh (4P.) ［～に敵意を抱く、害を加えようとする、はむかう］

bālebhyo (D. pl.) druhyati ［少年たちに彼は害をくわえようとする］

(*) 注意 √krudh, √asūy, √druh は動詞接頭辞を伴うとき、 Ac. 格を目的語にとる。

√kḷp 「～に適する、～に役立つ」

「～に適する」、「～に助力する」、「～に導く」を意味する動詞と共に用いる。

bhaktiḥ jñānāya (D. sg.) kalpate ［神への信愛は知識をもたらす］

√jan, √ās, √bhū, √as も上記の意味で用い、帰着するところを示す。

sukhāya (D. sg.) bhavati vinayaḥ ［ひかえめは、幸福をもたらす結果となる］

(3) 広義の目的

行為の目的を表す。

yuddhāya gacchati ［戦い（のため）に彼は出かける］

puṣpebhyo (D. pl.) vanaṃ (Ac. sg.) gaccheḥ (opt. 2. sg. √gam)

［花を摘むために森へあなたは行くべきだ］

(4) 利益・関与 （利害のＤ格）

ある事がある人のため、あるいはある人に関連して行われるとき、利益を得る人と関与する人は与格で表される。

putrebhyo (D. pl.) dhanaṃ (Ac. sg.) saṃcinoti (pres. 3. sg. P. sam-√ci)

［息子たちのためにお金を彼は集める］

kūpaṃ putrebhyaḥ khanati ［井戸を息子達のために彼は掘る］

(5) 運動・移動の動詞と共に用いられて方向・目標・目的地を示す。目的格と同じ働きをする。

dāso grāmaṃ gacchati ［召使いは村へ行く］

(6) 不変化詞と共に敬礼・祝福・挨拶

namaḥ 「～に敬礼する、頂礼あれ、南無」 svasti, svāhā 「～に幸あれ」

svāgatam 「～に歓迎」 kuśalam 「～に健康」 alam 「～に匹敵する」

と共に用いられる

nṛpāya svasti, nṛpāya namaḥ ［王に幸あれ！（王様万歳！）］

alaṃ mallaḥ mallāya ［１人の力士は他の１人の力士に匹敵する］

(7) 匹敵を表わす語と共に、［～に相応しい］を意味する形容詞と共に用いる。

samartha, alam, pra-√bhū ［～に匹敵する、かなう］

śatrave (D. sg.) samartho vīraḥ ［英雄は敵にたちうちできる］

bhrātre (D. sg.) gopālo' lam ［ゴーパーラは兄に匹敵する］

daityebhyo (D. pl.) hariḥ prabhavati ［悪魔たちにハリ神はたちうちできる］

全ての格の中でD格は最も使用範囲が狭く、時代が進むに従ってG格およびL格に代わっていく。訳に関しては英語の不定詞（副詞的用法）の様に訳せばよい。

5．従格（奪格）

従格（Ablative = Ab. / abl.）

基本的に出発点を示す。「～から、～より」

(1) 行動が出発する場所を表わす。

nagarāt āgacchāmi ［町から私は来る］

munir vanāt gacchati ［賢者は森からでる］

(2) 恐怖・嫌悪・抑制・防止・除外・防護を意味する動詞と共に用いられ、その対象を示す。

īśvaro narān duḥkhāt rakṣati ［王は人々を苦しみより守る］

vyāghrāt bibheti hariṇaḥ ［鹿はトラを恐れる］

pāpāt māṃ rakṣa ［罪より私をまもれ］

adhikārāt pramattaḥ ［職権を無視して］

krodhāt virama ［腹を立てるな］（おこるな！）

(3) 起源・出身・原因・理由をあらわす。

krodhāt bālaṃ tudati ［怒りより少年を彼は打つ］

lobhāt dhanaṃ muṣṇāti ［貪欲が原因で彼らは財産を盗む］

(4) 前置詞ならびに前置詞的副詞と共に時間的にも空間的意味でも用いられる。

（時間・空間）	ārabhya	「～から以来」	prabhṛti	「～から、～以来」
	ūrdhvam	「後に」	prāk	「～の東に、前」
	pūrvam	「の前に」	anantaram	「直後に、の後で」
	ā	「～から、～まで、以来」		
（除外）	bahis	「外に、から」	vinā, ṛte	「～なしに、を除いて」

Ab. 格支配の形容詞および前置詞

pūrvam	［～から］	ārāt	［～から遠くに］
ṛte	［～以外］	pṛthak	［～なしに、除いて］
apa	［～を除いて］	bahiḥ	［外に、～から］

prati ［～と交換に、～にほとんど等しい］

anya, itara, bhinna ［他の、異なった、別の］

etasmāt anya upāyah na asti ［これより他の意味はない］

(5) 距離を測定する起点の場所および時間をあらわす。

vanāt gṛhaṃ yojanam ［森から家へは１ヨージャナの距離である］

(6) 動作が行なわれてからの経過時間 (after)

daśabhyaḥ varṣebhyaḥ ［１０年後に］

(7) 独立して副詞として

balāt ［無理に、力づくで］ acirāt ［間もなく］ kṛcchrāt ［努力して］

dūrāt ［遠くに］ sākṣāt ［眼前に、明白に、真に、実に］

(8) parā-√ji が［～に飽きる、～に疲れる］を意味するとき

adhyayanāt parājayate ［彼は学習に飽きる］

(9) 形容詞の比較級で［～より］の意味で用いる。

bhīmāt balīyān 「ビーマより強い］

６．属格

属格 (Genitive case = G. / gen.)

人または物相互の関連、特に所属・所有の関係を示し、

他の格の表し得ない領域を含む。「～の」 (of)

(1) 所属・従属・所有

hareḥ putrāya nṛpo ratnāni yacchati ［ハリの息子に王は宝石を与える］

(2) √as, √bhū, vidyate ［存在する］と一緒に用いられて、所有の主体を表わし、

動詞は［～を持っている］という意味を示す。

サンスクリットでは「～を持つ」 (have) のような所有を表す動詞はない。

(The enemies have chariots.) ［敵は戦車を持っている］

(Of the enemies [there] are chariots.) ［ 敵にとっては、戦車がある］

arīṇāṃ rathā bhavanti ［ 敵にとっては、戦車がある］（敵は戦車を持っている）

tava putrāṇāṃ dhanaṃ na bhavati ［あなたの息子達はお金を持っていない］

asti ca-asmākam anyat api mitram ［そして私達も他の友をもつ］

śrutam / asaṃtoṣas tu hṛdayasya ［と聞いたが、（私の）心は満たされない］

G. 格は「〜にとっては」「〜に関しては」と訳し、存在を表す √as 、 √bhū と共に用いられるが、動詞は省略される場合が多い。

(3) 次の動詞の目的語となる。

pra-√bhū (1P.) √īś (2A.) ［所有する、支配する、意のままにする、精通している］

putrāṇāṃ (G.) prabhavati ［彼は息子たちに言うことを聞かせる］

√smṛ (1P.) ［記憶、想起］を意味する動詞

mātuḥ (G.) smarāmi ［私は母を憶えている］

√day ［哀れむ、慈悲をいだく］を意味する動詞

śatror (G.) dayate ［彼は敵に憐れみをいだく］

√prasad ［恩恵をほどこす］を意味する動詞

bhaktasya (G.) prasīda ［汝は献身者に恩寵をほどこしなさい］

√viśvas ［信頼する］を意味する動詞

tasya (G.) na viśvasimi ［私は彼を信頼していない］

(4) D. 格の代わりに［与える、話す、許す、示す、送る］を意味する動詞の間接目的語になる。

teṣāṃ (G.) dīyatāṃ śaraṇam ［避難場所を彼に与えなさい］

vṛttāntaṃ me kathaya ［（何が起きたか）事件を私に話せ］

(5) 第一接尾辞（kṛt suffixes）によって派生した名詞と共に用いる。

senāyā netā ［軍隊の指令官］

(6) I. 格の代わりに、現在の意味を表わす過去受動分詞と共に用いる。

rāmasya (G.) pūjitaḥ ［彼は、ラーマによって崇められる］

rāmeṇa (I.) pūjitaḥ ［彼は、ラーマによって崇められる］

(7) 形容詞の最上級と共に用いる。

narāṇāṃ śreṣṭhaḥ ［人間の中で最高のものは］

(8) 次の形容詞と共に用いる。

priya ［気に入る、好きな］

sa rājñaḥ priya āsīt ［彼は王に気に入られていた］

āyatta ［次第だ、～に依存した］

muneḥ āyattaṃ mama jīvanam ［私の人生は聖者に依存している］

abhijña ［精通した、熟練した、慣れた、詳しい］

śāstrāṇām abhijñaḥ asi ［あなたは聖典に精通している］

tulya ［類似の、等しい、匹敵する］

tasya tulyaḥ na kaḥ api asti ［彼に匹敵する者はだれもいない］

(9) 次の前置詞的副詞と共に用いる。

upari ［上に］
adhaḥ ［下に］
paścāt ［背後に］
agre ［前に］
samakṣam ［眼前に］
samīpam ［～の付近に］
adhaḥ ［の下に］
puraḥ, purataḥ ［の前に］
agataḥ ［眼前に］
artham, arthāya, arthe, kāraṇāt, hetoḥ, kṛte ［～のために、故に］

(10) 方向を示す **–tas, –stāt** の副詞と共に使われる。

agrataḥ, purataḥ, purastāt ［～の前に］
upariṣṭāt ［～の上に］
parataḥ, parastāt ［～を越えて］
adhastāt ［～の下に］

(11) 多少本来の意味を失って前置詞化した近隣、周辺を示す名詞と共に使われる。

antika ［近く］　**sakāśa** ［付近］　**saṃnidhi** ［付近］
samīpa ［近く］　**pārśva** ［付近］

これらの名詞は、Ac. 格、Ab. 格、L. 格においても用いる。

rājñaḥ samīpaṃ gaccha ［王の近くに行きなさい］
rājñaḥ sakāśāt āgataḥ ［彼は、王のところから来た］
mama pārśvaṃ tiṣṭha ［私のそばに立ちなさい］

(12) 時間の G. 格

ある決った時間内の回数を示す副詞の後で L. 格として用いる。

saṃvatsarasya triḥ kāsiṃ gacchāmi ［私は年に3回ベナレスへ行く］

ある時間の後またはある時以来の意味を表わす。

過去分詞によって修飾された G. 格の名詞が、時の表現との関係で用いる場合

［～以来］を意味する。

muneḥ āgatasya pañcamaḥ divasaḥ ［聖者の到着の5日目である］（聖者は5日前に到着した）

(13) 間投詞 **dhik** は、 Ac. または G. と共に用いられて不満・非難・悲嘆を表わす。

dhik ［おや おや、まあ、何とこれは、こら！］（＋Ac.）

7．属格（絶対分詞）

Genitive absolute 「～けれども、～にもかかわらず、～する間、～する一方では」

Genitive absolute		主文	
［分詞の主語≠主文の主語］	**主語＋分詞**	主語	述語
（分詞の主語＝性・数・ G. 格＝分詞）	(G.)　(G.)		

絶対句が無視・軽蔑を暗示する譲歩文である場合、 **api** が付加されて使用される。

主語は人に限られ、分詞は現在分詞に限定される。

pituḥ　paśyato 'pi bālaḥ kanīyāṃsaṃ bhrātaraṃ tāḍayati

(G.sg.m.)(G.sg.m.)

［父親が見ているにもかかわらず、少年は幼い弟を叩く］

8．依格

依格 (Locative case = L. / loc.)

動作の遂行される場・状況を表す。広範囲に D. 格の領域と重複する。

「～において」「～のなかで」

(1) 行動が起る場所を示す。

in, at, on, upon, among 「～の中に、上に、於いて、近くに、間に」に相当する。

複数の格は「～の中に、の間に」

udyāne krīḍāmi ［庭に於いて私は遊ぶ］

taruṣu ［木々の間に］

(2) 行動が起る時点を示す。

grīṣme ［夏に］（ In summer ）

(3) 運動・移動を示す動詞「落ちる、置く、投げる、入る、行く、出発する、導く、送る」と共に用いられて目標・到着点を示す。

「〜へ向かっていく」意味には Ac. が多く用いられる。

「送る、差し向ける」意味には L. が多く用いられる。

「落ちる（ √pat ）、投げる（ √kṣip ）、置く（ ni-√dhā ）」を意味する動詞と共に、専ら L. が用いられる。

vṛkṣo hrade patati ［木が 湖に 落ちる］

(4) 関係「〜に関しては、の点で、のために」

vinaye hariḥ prathamas tiṣṭhati

［礼儀正しさに関してハリは 第一に位置する］

(5) 感動・感情・情緒の対象を示す。

harau snihyati ［ハリに対して彼は愛情を感じる］

(6) 行動が向けられ、言及される目的を意味する。

mātari snihyāmi ［私は母を愛している］

mūlye vivadete ［価格について二人は口論している］

(7) 権利・支配・保証を意味する名詞と共に用いる。

grāme (L.) svāmī ［村の主人は］

aṃśe (L.) dāyādaḥ ［分け前の相続人は］

vyavahāre sākṣī ［訴訟の証人は］

(8) 「精通している、好都合な」等を意味する形容詞と共に用いる。

yuddhe nipuṇaḥ ［戦いに通じている］

mayi hitaḥ ［私に好都合な］

(9) まれに D. 格と同様に「与える、語る、約束する、売買する」の動詞の対象を示す。

dhanaṃ daridreṣu vitarati ［彼はお金を貧乏な人に与える］

tvayi pratijāne ［私はあなたに約束する］

(10) 特に最上級において「〜の中で」を意味する。

nareṣu tvaṃ śreṣṭhaḥ ［あなたは人々の中で最も優れている］

9．依格（絶対分詞）

サンスクリットにおいて二つの絶対句の形式がある。最も普通の形式はＬ格の絶対句 (Locative absolute) であり、Ｇ格の絶対句 (Genitive absolute) は稀である。

二つの絶対句において **分詞とその主語は性・数・格において一致** しなければならない。

忘れてはならないのは **絶対句の主語と主文の主語が一致する場合は絶対分詞** を使うことである。

Locative absolute		主文	
［分詞の主語≠主文の主語］	**主語＋分詞**	主語	述語
（分詞の主語＝性・数・ L. 格＝分詞）	(L.) (L.)		

● Locative absolute の文例

L. 格の絶対句で表現される行為は主文の動詞の行為を限定する。

絶対句の行為が主文の行為と同時であれば、現在分詞 を用いる。

絶対句の行為が主文の行為に先行するものであれば、過去分詞 を用いる。

絶対句における分詞の態によって、受動・能動分詞が使い分けられる。

sainikeṣu iṣūn kṣipatsu, senāpatir aśvam ārūḍhaḥ

(L.pl.m.) (L.pl.m.)

［現能分］ **主文の動作と同時進行の動作を表わす現在能動分詞**

［兵士たちは矢 (pl.) を放ちながら、将軍は馬に乗った］

kiṃkareṇa-uhyamāne bhāre vayaṃ kṣipram acarāmaḥ

(L.sg.m.) (L.sg.m.)

［現受分］ **主文の動作と同時進行の動作を表わす現在受動分詞**

［召使いによって荷物が運ばれている最中に、私たちは速く歩いた］

bhrātari jalaṃ pītavati pāṭhān aham apaṭham

(L.sg.m.) (L.sg.m.)

［過能分］ **主文の動作に先行する動作を表わす過去能動分詞**

［兄が水を飲んだ後で、本を私は朗読した］

mālāyāṃ dattāyāṃ bālā agāyan

(L.sg.f.) (L.sg.f.)

［過受分］ **主文の動作に先行する動作を表わす過去受動分詞**

［花輪が贈られた後で、少年たちは歌を歌った］

● Locative absolute において √as の現在能動分詞 sant の L. 格 sati は、省略される時が多い。

mayi rājñi (sati) sa kathaṃ yuddhaṃ kuryāt

［私が王である間、彼がどのように戦うというのだ！］

tvayi rakṣitari (sati) mama bhayaṃ na-asti

［あなたが守護者であるかぎり、私は恐れを抱かないであろう］

● 主語相当語を欠く場合

evam ukte ［こういわれたときに、このようにいわれて］

evaṃ sati ［この事情のもとに、そうだとして］

tathā-anuṣṭhite ［その通り実行されたときに、そのように事がすすむと］

● 文脈によって状況・原因・条件・譲歩・反意などを表わす。 **api** を付加することによって譲歩「～にもかかわらず、～であるとしても」を表わす。

evam ukte 'pi ［このように言われたにもかかわらず］

aparādhe kṛte 'pi ［罪を犯したにもかかわらず］

１０．呼格

呼 格 (Vocative case = V. / voc.)

呼び掛けとして用いられ、しばしば、その前に間投詞をともなう。
呼格は文頭に多く用いられる。

he śiśo ［おお、赤ん坊よ！］

bāla kiṃ vadasi ［少年よ！何を言っているのか］

vayasya tat kiṃ śocasi ［友よ！その時、なぜあなたは悲しいのか？］

１１．基本的格語尾

名詞の変化は原則として語幹に格語尾を添えて作られる。基本的格語尾の使用は、
子音語幹において明瞭に認められるが、母音語幹はこれに従わない。
格語尾に対する注意点として、 (N.sg. m./f.) の –s は子音語幹において脱落する。
–s は絶対語末において ḥ となり、本書活用表では –ḥ, –aḥ, –oḥ, –bhiḥ, –bhyaḥ となる。
男性、女性形は、同一の変化を行うが、中性形は、 N. V. Ac. sg. du. pl. においてこれと異なる。

男性形・女性形

	sg.	du.	pl.
N.	–s	–au	–as
Ac.	–am	〃	〃
I.	–ā	–bhyām	–bhis
D.	–e	〃	–bhyas
Ab.	–as	〃	〃
G.	〃	–os	–ām
L.	–i	〃	–su
V.	––	–au	–as

中性形

	sg.	du.	pl.
N.	––	–ī	–i
Ac.	––	〃	〃
I.	–ā	–bhyām	–bhis
D.	–e	〃	–bhyas
Ab.	–as	〃	〃
G.	〃	–os	–ām
L.	–i	〃	–su
V.	––	–ī	–i

§7 母音語幹の名詞・形容詞

母音語幹は特徴ある変化をなして格語尾はしばしば基本形と異なる。

また語幹の末音と語尾とが融合して特別の形をとることがある。 ※内連声

1. –a 語幹

(1) –a で終わる男性・中性名詞

–a 語幹の男性、中性名詞は主格・目的格・呼格以外、同じ変化をする。

deva（m.）［神］

	sg.	du.	pl.
N.	devaḥ	devau	devāḥ
Ac.	devam	〃	devān
I.	devena	devābhyām	devaiḥ
D.	devāya	〃	devebhyaḥ
Ab.	devāt	〃	〃
G.	devasya	devayoḥ	devānām
L.	deve	〃	deveṣu
V.	deva	devau	devāḥ

phala（n.）［果実］

	sg.	du.	pl.
N.	phalam	phale	phalāni
Ac.	〃	〃	〃
I.	phalena	phalābhyām	phalaiḥ
D.	phalāya	〃	phalebhyaḥ
Ab.	phalāt	〃	〃
G.	phalasya	phalayoḥ	phalānām
L.	phale	〃	phaleṣu
V.	phala	phale	phalāni

(2) –a で終わる特殊男性名詞（ m.* ） **[* マークは、特殊活用名詞を表します]**

若干の –a で終わる男性名詞は規則的変化に加えて子音で終わる語幹の変化形式をとる。

pāda（ m.* ）［足］

任意の語幹： pad–

	sg.	du.	pl.
N.	pādaḥ	pādau	pādāḥ
Ac.	pādam	〃	pādān / padaḥ
I.	pādena / padā	pādābhyām / padbhyām	pādaiḥ / padbhiḥ
D.	pādāya / pade	〃	pādebhyaḥ / padbhyaḥ
Ab.	pādāt / padaḥ	〃	〃
G.	pādasya / padaḥ	pādayoḥ / padoḥ	pādānām / padām
L.	pāde / padi	〃	pādeṣu / patsu
V.	pāda	pādau	pādāḥ

māsa(mās)（ m.* ）［暦月 (month) ］

任意の語幹： mās–

	sg.	du.	pl.
N.	māsaḥ	māsau	māsāḥ
Ac.	māsam	〃	māsān / māsaḥ
I.	māsena / māsā	māsābhyām / mābhyām	māsaiḥ / mābhiḥ
D.	māsāya / māse	〃	māsebhyaḥ / mābhyaḥ
Ab.	māsāt / māsaḥ	〃	〃
G.	māsasya / māsaḥ	māsayoḥ / māsoḥ	māsānām / māsām
L.	māse / māsi	〃	māseṣu / māḥsu / māssu
V.	māsa	māsau	māsāḥ

dos (m.*) ［腕］、 danta (m.*) ［歯］、 niśā (f.*) ［夜］、 asṛj (n.*) ［血］、 pāda (m.*) ［足］、 māsa (m.*) ［月］、 hṛdaya (n.*) ［心臓］には、
複数の N. 格と単数・両数の N. 格と Ac. 格において子音で終わる語幹変化がない。
しかし、任意の変化として複数 Ac. 格と単数・両数・複数 I. 格から L. 格までは
doṣan, dat, niś, asan, pad, mās, hṛd に子音語尾変化をつけて活用される。

danta (m.*) ［歯］

任意の語幹： dat-

	sg.	du.	pl.
N.	dantaḥ	dantau	dantāḥ
Ac.	dantam	〃	dantān / dataḥ
I.	dantena / datā	dantābhyām / dadbhyām	dantaiḥ / dadbhiḥ
D.	dantāya / date	〃	dantebhyaḥ / dadbhyaḥ
Ab.	dantāt / dataḥ	〃	〃
G.	dantasya / dataḥ	dantayoḥ / datoḥ	dantānām / datām
L.	dante / dati	〃	danteṣu / datsu
V.	danta	dantau	dantāḥ

yūṣa (m.*) ［スープ］

	sg.	du.	pl.
N.	yūṣaḥ	yūṣau	yūṣāḥ
Ac.	yūṣam	〃	yūṣān / yūṣṇaḥ
I.	yūṣeṇa / yūṣṇā	yūṣābhyām / yūṣabhyām	yūṣaiḥ / yūṣabhiḥ
D.	yūṣāya / yūṣṇe	〃	yūṣebhyaḥ
Ab.	yūṣāt / yūṣṇaḥ	〃	〃
G.	yūṣasya / yūṣṇaḥ	yūṣayoḥ / yūṣṇoḥ	yūṣāṇām
L.	yūṣe / yūṣṇi / yūṣaṇi	〃	yūṣeṣu / yūṣasu

nirjara (m.*) [年をとらない者、神]

	sg.	du.	pl.
N.	nirjaraḥ	nirjarau / nirjarasau	nirjarāḥ / nirjarasaḥ
Ac.	nirjaram / nirjarasam	〃	nirjarān / nirjarasaḥ
I.	nirjareṇa / nirjarasā	nirjarābhyām	nirjaraiḥ / nirjarasaiḥ
D.	nirjarāya / nirjarase	〃	nirjarebhyaḥ
Ab.	nirjarāt / nirjarasaḥ	〃	〃
G.	nirjarasya / nirjarasaḥ	nirjarayoḥ / nirjarasoḥ	nirjarāṇām / nirjarasām
L.	nirjare / nirjarasi	〃	nirjareṣu
V.	nirjara	nirjarau / nirjarasau	nirjarāḥ / nirjarasaḥ

ajara (m.*) [年をとらない者]

	sg.	du.	pl.
N.	ajaraḥ	ajarau / ajarasau	ajarāḥ / ajarasaḥ
Ac.	ajaram / ajarasam	〃	ajarān / ajarasaḥ
I.	ajareṇa / ajarasā	ajarābhyām	ajaraiḥ / ajarasaiḥ
D.	ajarāya / ajarase	〃	ajarebhyaḥ
Ab.	ajarāt / ajarasaḥ	〃	〃
G.	ajarasya / ajarasaḥ	ajarayoḥ / ajarasoḥ	ajarāṇām / ajarasām
L.	ajare / ajarasi	〃	ajareṣu
V.	ajara	ajarau / ajarasau	ajarāḥ / ajarasaḥ

(3) −a で終わる特殊中性名詞（ n.* ）

udaka（ n.* ）［水］

	sg.	du.	pl.
N.	udakam	udake	udakāni
Ac.	〃	〃	udakāni / udāni
I.	udakena / udnā	udakābhyām / udabhyām	udakaiḥ / udabhiḥ
D.	udakāya / udne	〃	udakebhyaḥ / udabhyaḥ
Ab.	udakāt / udnaḥ	〃	〃
G.	udakasya / udnaḥ	udakayoḥ / udoḥ	udakānām / udām
L.	udake / udni / udani	〃	udakeṣu/ udasu

āsya（ n.* ）［口］

	sg.	du.	pl.
N.	āsyam	āsye	āsyāni
Ac.	〃	〃	āsyāni / āsāni
I.	āsyena / āsnā	āsyābhyām / āsabhyām	āsyaiḥ / āsabhiḥ
D.	āsyāya / āsne	〃	āsyebhyaḥ / āsabhyaḥ
Ab.	āsyāt / āsnaḥ	〃	〃
G.	āsyasya / āsnaḥ	āsyayoḥ / āsnoḥ	āsyānām / āsām
L.	āsye / āsni / āsani	〃	āsyeṣu / āsasu
V.	āsya	āsye	āsyāni

māṃsa (n.*) ［肉］

	sg.	du.	pl.
N.	māṃsam	māṃse	māṃsāni
Ac.	〃	〃	māṃsāni / māṃsi
I.	māṃsena / māṃsā	māṃsābhyām / mānbhyām	māṃsaiḥ / mānbhiḥ
D.	māṃsāya / māṃse	〃	māṃsebhyaḥ / mānbhyaḥ
Ab.	māṃsāt / māṃsaḥ	〃	〃
G.	māṃsasya / māṃsaḥ	māṃsayoḥ / māṃsoḥ	māṃsānām / mānām māṃsām
L.	māṃse / māṃsi	〃	māṃseṣu / mānsu / māntsu
V.	māṃsa	māṃse	māṃsāni

hṛdaya, hṛd (n.*) ［心臓］

	sg.	du.	pl.
N.	hṛdayam / hṛt	hṛdaye / hṛdī	hṛdayāni / hṛndi
Ac.	〃	〃	〃
I.	hṛdayena / hṛdā	hṛdayābhyām / hṛdbhyām	hṛdayaiḥ / hṛdbhiḥ
D.	hṛdayāya / hṛde	〃	hṛdayebhyaḥ / hṛdbhyaḥ
Ab.	hṛdayāt / hṛdaḥ	〃	〃
G.	hṛdayasya / hṛdaḥ	hṛdayayoḥ / hṛdoḥ	hṛdayānām / hṛdām
L.	hṛdaye / hṛdi	〃	hṛdayeṣu / hṛtsu
V.	hṛdaya / hṛt	hṛdaye / hṛdī	hṛdayāni / hṛndi

ajara (n.*) ［年をとらない］

	sg.	du.	pl.
N.	ajaram	ajare / ajarasī	ajarāṇi / ajarāṃsi
Ac.	ajaram / ajarasam	〃	〃
I.	ajareṇa / ajarasā	ajarābhyām	ajaraiḥ
D.	ajarāya / ajarase	〃	ajarebhyaḥ
Ab.	ajarāt / ajarasaḥ	〃	〃
G.	ajarasya / ajarasaḥ	ajarayoḥ / ajarasoḥ	ajarāṇām / ajarasām
L.	ajare / ajarasi	〃	ajareṣu
V.	ajara	ajare / ajarasī	ajarāṇi / ajarāṃsi

2. –ā 語幹

(1) –ā で終わる女性名詞

senā (f.) ［軍隊］

	sg.	du.	pl.
N.	senā	sene	senāḥ
Ac.	senām	〃	〃
I.	senayā	senābhyām	senābhiḥ
D.	senāyai	〃	senābhyaḥ
Ab.	senāyāḥ	〃	〃
G.	〃	senayoḥ	senānām
L.	senāyām	〃	senāsu
V.	sene	sene	senāḥ

例外　ambā, akkā, allā 母の変化において amba, akka, alla (V.sg.) 以外は規則的である。

(2) –ā で終わる特殊男性名詞 (m.*)

gopā (m.*) ［牛飼い 牧牛者 牧夫］

	sg.	du.	pl.
N.	gopāḥ	gopau	gopāḥ
Ac.	gopām	〃	gopaḥ
I.	gopā	gopābhyām	gopābhiḥ
D.	gope	〃	gopābhyaḥ
Ab.	gopaḥ	〃	〃
G.	〃	gopoḥ	gopām
L.	gopi	〃	gopāsu
V.	gopāḥ	gopau	gopāḥ

viśvapā (adj. m.*) ［一切を守護する（者）］、 śaṅkhadhmā (m.*) ［螺貝を吹く者］、somapā (m.*) ［ソーマ汁を飲み干す者］、 dhūmrapā (m.*) ［煙を吸い込む者］、baladā (m.*) ［力を与える者］等も同様に活用する。

例外　hāhā (m.*) ［ガンダルヴァ神の名］は、 hāhān (Ac.pl.), hāhai (D.sg.), hahauḥ (G,L.du.), hāhāḥ (Ab,G.sg.), hāhe (L.sg.) と変化する。

(3) –ā で終わる特殊女性名詞 (f.*)

niśā (f.*) ［夜］

任意の語幹： niś–

	sg.	du.	pl.
N.	niśā	niśe	niśāḥ
Ac.	niśām	〃	niśāḥ / niśaḥ
I.	niśayā / niśā	niśābhyām / nijbhyām niḍbhyām	niśābhiḥ / nijbhiḥ / niḍbhiḥ
D.	niśāyai / niśe	〃	niśābhyaḥ / nijbhyaḥ / niḍbhyaḥ
Ab.	niśāyāḥ / niśaḥ	〃	〃
G.	〃	niśayoḥ / niśoḥ	niśānām / niśām
L.	niśāyām / niśi	〃	niśāsu / nicsu / niṭsu / niṭtsu
V.	niśe	niśe	niśāḥ

若干の –ā で終わる女性名詞は規則的変化に加えて子音で終わる語幹の変化形式をとる。

jarā (f.*) ［老年、老齢、老い］

任意の語幹： jaras–

	sg.	du.	pl.
N.	jarā	jare / jarasau	jarāḥ / jarasaḥ
Ac.	jarām / jarasam	〃	〃
I.	jarayā / jarasā	jarābhyām	jarābhiḥ
D.	jarāyai / jarase	〃	jarābhyaḥ
Ab.	jarāyāḥ / jarasaḥ	〃	〃
G.	〃	jarayoḥ / jarasoḥ	jarāṇām / jarasām
L.	jarāyām / jarasi	〃	jarāsu
V.	jare	jare / jarasau	jarāḥ / jarasaḥ

jarā では、母音ではじまる語尾変化の前にのみ任意の変化形式をとる。

nāsikā (f.*) ［鼻］

	sg.	du.	pl.
N.	nāsikā	nāsike	nāsikāḥ
Ac.	nāsikām	〃	nāsikāḥ / nasaḥ
I.	nāsikayā / nasā	nāsikābhyām / nobhyām	nāsikābhiḥ / nobhiḥ
D.	nāsikāyai / nase	〃	nāsikābhyaḥ / nobhyaḥ
Ab.	nāsikāyāḥ / nasaḥ	〃	〃
G.	〃	nāsikayoḥ / nasoḥ	nāsikānām / nāsikām
L.	nāsikāyām / nasi	〃	nāsikāsu / naḥsu / nassu
V.	nāsike	nāsike	nāsikāḥ

pṛtanā（ f.* ）［軍隊］

	sg.	du.	pl.
N.	pṛtanā	pṛtane	pṛtanāḥ
Ac.	pṛtanām	〃	pṛtanāḥ / pṛtaḥ
I.	pṛtanayā / pṛtā	pṛtanābhyām / pṛdbhyām	pṛtanābhiḥ / pṛdbhiḥ
D.	pṛtanāyai / pṛte	〃	pṛtanābhyaḥ / pṛdbhyaḥ
Ab.	pṛtanāyāḥ / pṛtaḥ	〃	〃
G.	〃	pṛtanayoḥ / pṛtoḥ	pṛtanānām / pṛtanām pṛtām
L.	pṛtanāyām / pṛti	〃	pṛtanāsu / pṛtsu
V.	pṛtane	pṛtane	pṛtanāḥ

3．－i 語幹

(1) －i で終わる男性名詞

agni（ m. ）［火］

	sg.	du.	pl.
N.	agniḥ	agnī	agnayaḥ
Ac.	agnim	〃	agnīn
I.	agninā	agnibhyām	agnibhiḥ
D.	agnaye	〃	agnibhyaḥ
Ab.	agneḥ	〃	〃
G.	〃	agnyoḥ	agnīnām
L.	agnau	〃	agniṣu
V.	agne	agnī	agnayaḥ

(2) –i で終わる中性名詞

vāri（ n. ）［水］

	sg.	du.	pl.
N.	vāri	vāriṇī	vārīṇi
Ac.	〃	〃	〃
I.	vāriṇā	vāribhyām	vāribhiḥ
D.	vāriṇe	〃	vāribhyaḥ
Ab.	vāriṇaḥ	〃	〃
G.	〃	vāriṇoḥ	vārīṇām
L.	vāriṇi	〃	vāriṣu
V.	vāri / vāre	vāriṇī	vārīṇi

(3) –i で終わる女性名詞

mati（ f. ）［思考］

	sg.	du.	pl.
N.	matiḥ	matī	matayaḥ
Ac.	matim	〃	matīḥ
I.	matyā	matibhyām	matibhiḥ
D.	matyai / mataye	〃	matibhyaḥ
Ab.	matyāḥ / mateḥ	〃	〃
G.	〃	matyoḥ	matīnām
L.	matyām / matau	〃	matiṣu
V.	mate	matī	matayaḥ

–i で終わる男性名詞と活用語尾変化において、多くの共通点をもつ。

男性名詞の I. sg.　Ac. pl. は –ī で終わる女性名詞の活用語尾と同じである。

D. Ab. G. L. sg. は、それぞれ２つの語形を有し、１つは nadī の変化に準じ、他は agni の変化に準じる。

(4) –i で終わる特殊男性名詞（ m.* ）

pati（ m.* ）［夫］

	sg.	du.	pl.
N.	patiḥ	patī	patayaḥ
Ac.	patim	〃	patīn
I.	patyā	patibhyām	patibhiḥ
D.	patye	〃	patibhyaḥ
Ab.	patyuḥ	〃	〃
G.	〃	patyoḥ	patīnām
L.	patyau	〃	patiṣu
V.	pate	patī	patayaḥ

pati (m.*) ［夫］ は sg.(I; D; Ab; G; L;) 以外 agni の変化と同じである。

［主］ を意味するときおよび、 bhūpati 等の複合語の終わりにあるときは agni の変化に従う。

sakhi（ m.* ）［友人］

	sg.	du.	pl.
N.	sakhā	sakhāyau	sakhāyaḥ
Ac.	sakhāyam	〃	sakhīn
I.	sakhyā	sakhibhyām	sakhibhiḥ
D.	sakhye	〃	sakhibhyaḥ
Ab.	sakhyuḥ	〃	〃
G.	〃	sakhyoḥ	sakhīnām
L.	sakhyau	〃	sakhiṣu
V.	sakhe	sakhāyau	sakhāyaḥ

sakhi (m.*) ［友人］ の変化は pati の変化と同じであるが N. / Ac. で異なる。

例 susakhi (m.*) ［善い友］、 atisakhi (m.*) ［親友］、 paramasakhi (m.*) ［偉大なる友］ 等の複合語は、 agni の変化に従う。

(5) -i で終わる特殊中性名詞（ n.* ）

akṣi（ n.* ）［眼］

	sg.	du.	pl.
N.	akṣi	akṣiṇī	akṣīṇi
Ac.	〃	〃	〃
I.	akṣṇā	akṣibhyām	akṣibhiḥ
D.	akṣṇe	〃	akṣibhyaḥ
Ab.	akṣṇaḥ	〃	〃
G.	〃	akṣṇoḥ	akṣṇām
L.	akṣṇi / akṣaṇi	〃	akṣiṣu
V.	akṣi / akṣe	akṣiṇī	akṣīṇi

akṣi (n.*) ［眼］、 asthi (n.*) ［骨］、 dadhi (n.*) ［ヨーグルト］、 sakthi (n.*) ［腿］の弱語幹はそれぞれ akṣan-, asthan-, dadhan-, sakthan- から作られる。

asthi（ n.* ）［骨］

	sg.	du.	pl.
N.	asthi	asthinī	asthīni
Ac.	〃	〃	〃
I.	asthnā	asthibhyām	asthibhiḥ
D.	asthne	〃	asthibhyaḥ
Ab.	asthnaḥ	〃	〃
G.	〃	asthnoḥ	asthnām
L.	asthni / asthani	〃	asthiṣu
V.	asthi / asthe	asthinī	asthīni

dadhi (n.*) ［ヨーグルト］

	sg.	du.	pl.
N.	dadhi	dadhinī	dadhīni
Ac.	〃	〃	〃
I.	dadhnā	dadhibhyām	dadhibhiḥ
D.	dadhne	〃	dadhibhyaḥ
Ab.	dadhnaḥ	〃	〃
G.	〃	dadhnoḥ	dadhnām
L.	dadhni / dadhani	〃	dadhiṣu
V.	dadhi / dadhe	dadhinī	dadhīni

sakthi (n.*) ［腿］

	sg.	du.	pl.
N.	sakthi	sakthinī	sakthīni
Ac.	〃	〃	〃
I.	sakthnā	sakthibhyām	sakthibhiḥ
D.	sakthne	〃	sakthibhyaḥ
Ab.	sakthnaḥ	〃	〃
G.	〃	sakthnoḥ	sakthnām
L.	sakthni / sakthani	〃	sakthiṣu
V.	sakthi / sakthe	sakthinī	sakthīni

4． –ī 語幹

(1) –ī で終わる女性名詞

nadī （ f. ）［河］

	sg.	du.	pl.
N.	nadī	nadyau	nadyaḥ
Ac.	nadīm	〃	nadīḥ
I.	nadyā	nadībhyām	nadībhiḥ
D.	nadyai	〃	nadībhyaḥ
Ab.	nadyāḥ	〃	〃
G.	〃	nadyoḥ	nadīnām
L.	nadyām	〃	nadīṣu
V.	nadi	nadyau	nadyaḥ

(2) –ī で終わる特殊男性名詞（ m.* ）

sudhī （ m.* ）［賢明な人］

	sg.	du.	pl.
N.	sudhīḥ	sudhiyau	sudhiyaḥ
Ac.	sudhiyam / sudhi	〃	〃
I.	sudhiyā / sudhinā	sudhībhyām / sudhibhyām	sudhībhiḥ / sudhibhiḥ
D.	sudhiye / sudhine	〃	sudhībhyaḥ / sudhibhyaḥ
Ab.	sudhiyaḥ / sudhinaḥ	〃	〃
G.	〃	sudhiyoḥ / sudhinoḥ	sudhīyām / sudhīnām
L.	sudhiyi / sudhini	〃	sudhīṣu / sudhiṣu
V.	sudhīḥ	sudhiyau / sudhinī	sudhiyaḥ / sudhīni

母音で始まる人称語尾の前で、子音で終わる名詞のように変化する。

sudhī と senānī では、(L.sg.) において異なった形をとる。

senānī (m.*) ［将軍］

	sg.	du.	pl.
N.	senānīḥ	senānyau	senānyaḥ
Ac.	senānyam	〃	〃
I.	senānyā	senānībhyām	senānībhiḥ
D.	senānye	〃	senānībhyaḥ
Ab.	senānyaḥ	〃	〃
G.	〃	senānyoḥ	senānyām
L.	senānyām	〃	senānīṣu
V.	senānīḥ	senānyau	senānyaḥ

例　durdhī (m.*) ［愚か者］ agraṇī (m.*) ［指揮官］ grāmaṇī (m.*) ［村長］

vātaṃ pramimīte asau vātapramīḥ ［風と同じ速さのカモシカ］

vātapramī (m.*) ［カモシカ］ (vāta + pramā + ī)

	sg.	du.	pl.
N.	vātapramīḥ	vātapramyau	vātapramyaḥ
Ac.	vātapramīm	〃	vātapramīn
I.	vātapramyā	vātapramībhyām	vātapramībhiḥ
D.	vātapramye	〃	vātapramībhyaḥ
Ab.	vātapramyaḥ	〃	〃
G.	〃	vātapramyoḥ	vātapramyām
L.	vātapramī	〃	vātapramīṣu
V.	vātapramīḥ	vātapramyau	vātapramyaḥ

例　yayī (m.*) ［道、馬］ papī (m.*) ［太陽、月］

(3) –ī で終わる単音節語幹の女性名詞（ f. ）

dhī（ f. ）［思慮］

	sg.	du.	pl.
N.	dhīḥ	dhiyau	dhiyaḥ
Ac.	dhiyam	〃	〃
I.	dhiyā	dhībhyām	dhībhiḥ
D.	dhiye / dhiyai	〃	dhībhyaḥ
Ab.	dhiyaḥ / dhiyāḥ	〃	〃
G.	〃	dhiyoḥ	dhiyām / dhīnām
L.	dhiyi / dhiyām	〃	dhīṣu
V.	dhīḥ / dhi	dhiyau	dhiyaḥ

格語尾は基本形に従うが D. 格以下は任意に nadī の女性語尾が用いられる。

母音語尾の前で ī は、 iy となる。

例　śrī (f.) ［富、繁栄、美］ hrī (f.) ［恥］ suśrī (f.) ［輝かしい］

(4) –ī で終わる単音節語幹の特殊女性名詞（ f.* ）

strī（ f.* ）［女］

	sg.	du.	pl.
N.	strī	striyau	striyaḥ
Ac.	striyam / strīm	〃	striyaḥ / strīḥ
I.	striyā	strībhyām	strībhiḥ
D.	striyai	〃	strībhyaḥ
Ab.	striyāḥ	〃	〃
G.	〃	striyoḥ	strīṇām
L.	striyām	〃	strīṣu
V.	stri	striyau	striyaḥ

多音節語幹の nadī の変化に従うが、 Ac. sg. / pl. において任意の形をとる。

(5) –ī で終わる多音節語幹の特殊女性名詞（ f.* ）

lakṣmī（ f.* ）［幸福、女神ラクシュミー］

	sg.	du.	pl.
N.	lakṣmīḥ	lakṣmyau	lakṣmyaḥ
Ac.	lakṣmīm	〃	lakṣmīḥ
I.	lakṣmyā	lakṣmībhyām	lakṣmībhiḥ
D.	lakṣmyai	〃	lakṣmībhyaḥ
Ab.	lakṣmyāḥ	〃	〃
G.	〃	lakṣmyoḥ	lakṣmīṇām
L.	lakṣmyām	〃	lakṣmīṣu
V.	lakṣmi	lakṣmyau	lakṣmyaḥ

tantrī（ f.* ）［楽器の絃］

	sg.	du.	pl.
N.	tantrīḥ	tantryau	tantryaḥ
Ac.	tantrīm	〃	tantrīḥ
I.	tantryā	tantrībhyām	tantrībhiḥ
D.	tantryai	〃	tantrībhyaḥ
Ab.	tantryāḥ	〃	〃
G.	〃	tantryoḥ	tantrīṇām
L.	tantryām	tantryoḥ	tantrīṣu
V.	tantri	tantryau	tantryaḥ

avī (f.*) ［生理中の女性］、 starī (f.*) ［煙］、
lakṣmī (f.*) ［幸福、女神］、 tantrī (f.*) ［楽器の絃］、 tarī (f.*) ［舟］ は nadī の変化に従うが、
N. sg. では語末の s（ ḥ ）が落ちない。

tarī （ f.* ） ［舟］

	sg.	du.	pl.
N.	tarīḥ	taryau	taryaḥ
Ac.	tarīm	〃	tarīḥ
I.	taryā	tarībhyām	tarībhiḥ
D.	taryai	〃	tarībhyaḥ
Ab.	taryāḥ	〃	〃
G.	〃	taryoh	tarīṇām
L.	taryām	〃	tarīṣu
V.	tari	taryau	taryaḥ

5． –u 語幹

(1) –u で終わる男性名詞

guru （ m. ） ［先生］

	sg.	du.	pl.
N.	guruḥ	gurū	guravaḥ
Ac.	gurum	〃	gurūn
I.	guruṇā	gurubhyām	gurubhiḥ
D.	gurave	〃	gurubhyaḥ
Ab.	guroḥ	〃	〃
G.	〃	gurvoḥ	gurūṇām
L.	gurau	〃	guruṣu
V.	guro	gurū	guravaḥ

(2) –u で終わる中性名詞

madhu（n.）［蜂蜜］

	sg.	du.	pl.
N.	madhu	madhunī	madhūni
Ac.	〃	〃	〃
I.	madhunā	madhubhyām	madhubhiḥ
D.	madhune	〃	madhubhyaḥ
Ab.	madhunaḥ	〃	〃
G.	〃	madhunoḥ	madhūnām
L.	madhuni	〃	madhuṣu
V.	madhu / madho	madhunī	madhūni

(3) –u で終わる女性名詞

dhenu（f.）［雌牛］

	sg.	du.	pl.
N.	dhenuḥ	dhenū	dhenavaḥ
Ac.	dhenum	〃	dhenūḥ
I.	dhenvā	dhenubhyām	dhenubhiḥ
D.	dhenvai / dhenave	〃	dhenubhyaḥ
Ab.	dhenvāḥ / dhenoḥ	〃	〃
G.	〃	dhenvoḥ	dhenūnām
L.	dhenvām / dhenau	〃	dhenuṣu
V.	dheno	dhenū	dhenavaḥ

例　cañcu (f.)［嘴］ tanu (f.)［身体］ rajju (f.)［綱］
　　reṇu (f.)［ほこり、花粉］ hanu (f.)［顎］

–i，–u で終わる男性名詞と活用語尾変化において、多くの共通点をもつ。男性名詞の I. sg. Ac. pl. は –ī で終わる女性名詞の活用語尾と同じである。 D. Ab. G. L. sg. は、それぞれ２つの語形を有し、１つは nadī の変化に準じ、他は guru の変化に準じる。

(4) –u で終わる特殊男性名詞（ m.* ）

kroṣṭu（ m.* ）［キツネ］

	sg.	du.	pl.
N.	kroṣṭā	kroṣṭārau	kroṣṭāraḥ
Ac.	kroṣṭāram	〃	kroṣṭūn
I.	kroṣṭunā / kroṣṭrā	kroṣṭubhyām	kroṣṭubhiḥ
D.	kroṣṭave / kroṣṭre	〃	kroṣṭubhyaḥ
Ab.	kroṣṭoḥ / kroṣṭuḥ	〃	〃
G.	〃	kroṣṭvoḥ / kroṣṭroḥ	kroṣṭūnām
L.	kroṣṭau / kroṣṭari	〃	kroṣṭuṣu
V.	kroṣṭo	kroṣṭārau	kroṣṭāraḥ

kroṣṭu (m.*) ［キツネ］は du. / pl. sg. N. と du. sg. Ac. では netṛ の変化と同じである。pl. Ac. / G. 以外の母音で始まる人称語尾の前では、任意に netṛ のように変化する。

(5) –u で終わる特殊中性名詞 (n.*)

sānu（ n.* ）［山の背、頂上］

	sg.	du.	pl.
N.	sānu	sānunī	sānūni
Ac.	〃	〃	sānūni / snūni
I.	sānunā / snunā	sānubhyām / snubhyām	sānubhiḥ / snubhiḥ
D.	sānune / snune	〃	sānubhyaḥ / snubhyaḥ
Ab.	sānunaḥ / snunaḥ	〃	〃
G.	〃	sānunoḥ / snunoḥ	sānūnām / snūnām
L.	sānuni / snuni	〃	sānuṣu / snuṣu
V.	sānu / sāno	sānunī	sānūni

sānu (m.*) ［山の背、頂上］

	sg.	du.	pl.
N.	sānuḥ	sānū	sānavaḥ
Ac.	sānum	〃	sānūn / snūn
I.	sānunā / snunā	sānubhyām / snubhyām	sānubhiḥ / snubhiḥ
D.	sānave / snave	〃	sānubhyaḥ / snubhyaḥ
Ab.	sānoḥ / snoḥ	〃	〃
G.	〃	sānvoḥ / snvoḥ	sānūnām / snūnām
L.	sānau /snau	〃	sānuṣu / snuṣu
V.	sāno	sānū	sānavaḥ

6. -ū 語幹

(1) -ū で終わる単音節語幹の女性名詞 (f.)

格語尾は基本形に従うが D. 格以下は任意に **vadhū** の女性語尾が用いられる。

母音語尾の前で **ū** は、 **uv** となる。

bhū (f.) ［大地］

	sg.	du.	pl.
N.	bhūḥ	bhuvau	bhuvaḥ
Ac.	bhuvam	〃	〃
I.	bhuvā	bhūbhyām	bhūbhiḥ
D.	bhuve / bhuvai	〃	bhūbhyaḥ
Ab.	bhuvaḥ / bhuvāḥ	〃	〃
G.	〃	bhuvoḥ	bhuvām / bhūnām
L.	bhuvi / bhuvām	〃	bhūṣu
V.	bhūḥ	bhuvau	bhuvaḥ

例 **bhū**【**bhūḥ**】(f.) ［大地］ **bhrū**【**bhrūḥ**】(f.) ［眉毛］

(2) –ū で終わる多音節語幹の女性名詞（ f. ）

vadhū（ f. ）［嫁、妻］

	sg.	du.	pl.
N.	vadhūḥ	vadhvau	vadhvaḥ
Ac.	vadhūm	〃	vadhūḥ
I.	vadhvā	vadhūbhyām	vadhūbhiḥ
D.	vadhvai / vadhve	〃	vadhūbhyaḥ
Ab.	vadhvāḥ	〃	〃
G.	〃	vadhvoḥ	vadhūnām
L.	vadhvām	〃	vadhūṣu
V.	vadhu	vadhvau	vadhvaḥ

–ū で終わる女性名詞は nadī と同様の形式で変化する。

nadī の i, ī, y は –ū で終わる女性名詞では、 u, ū, v と変化する。

例　camū (f.)［軍隊］　　śvaśrū (f.)［義母］

(3) –ū で終わる特殊男性名詞 (m.*)

母音で始まるすべての人称語尾の前で、子音で終わる名詞のように変化する。

pratibhū（ m.* ）［保証人］

	sg.	du.	pl.
N.	pratibhūḥ	pratibhuvau	pratibhuvaḥ
Ac.	pratibhuvam	〃	〃
I.	pratibhuvā	pratibhūbhyām	pratibhūbhiḥ
D.	pratibhuve	〃	pratibhūbhyaḥ
Ab.	pratibhuvaḥ	〃	〃
G.	〃	pratibhuvoḥ	pratibhuvām
L.	pratibhuvi	〃	pratibhūṣu
V.	pratibhūḥ	pratibhuvau	pratibhuvaḥ

khalapū (m.*) ［掃除夫］

	sg.	du.	pl.
N.	khalapūḥ	khalapvau	khalapvaḥ
Ac.	khalapvam	〃	〃
I.	khalapvā	khalapūbhyām	khalapūbhiḥ
D.	khalapve	〃	khalapūbhyaḥ
Ab.	khalapvaḥ	〃	〃
G.	〃	khalapvoḥ	khalapvām
L.	khalapvi	〃	khalapūṣu
V.	khalapūḥ	khalapvau	khalapvaḥ

例　svayaṃbhū (m.*) ［独立自存の神、最高我、ブラフマー神］ manobhū (m.*) ［愛、愛の神］ svabhū (m.*) ［自力存在］ dṛgbhū (m.*) ［インドラ神の金剛杵、夜摩天、太陽］

(4) –ū で終わる多音節語幹の特殊女性名詞

punarbhū (f.*) ［再婚した未亡人］

	sg.	du.	pl.
N.	punarbhūḥ	punarbhvau	punarbhvaḥ
Ac.	punarbhvam	〃	〃
I.	punarbhvā	punarbhūbhyām	punarbhūbhiḥ
D.	punarbhvai	〃	punarbhūbhyaḥ
Ab.	punarbhvāḥ	〃	〃
G.	〃	punarbhvoḥ	punarbhūṇām
L.	punarbhvām	〃	punarbhūṣu
V.	punarbhu	punarbhvau	punarbhvaḥ

例　prasū (f.*) ［母、芽］　vīrasū (f.*) ［英雄の母］ varṣābhū (f.*) ［カエル］

7. -(t)ṛ 語幹

(1) -(t)ṛ で終わる男性名詞（行為者）　　行為者名詞の語末 ṛ は、【vṛddhi】 ār をとる。

dātṛ（m.）［与える者］

	sg.	du.	pl.
N.	dātā	dātārau	dātāraḥ
Ac.	dātāram	〃	dātṝn
I.	dātrā	dātṛbhyām	dātṛbhiḥ
D.	dātre	〃	dātṛbhyaḥ
Ab.	dātuḥ	〃	〃
G.	〃	dātroḥ	dātṝṇām
L.	dātari	〃	dātṛṣu
V.	dātar(ḥ)	dātārau	dātāraḥ

(2) -(t)ṛ で終わる男性名詞（親族）　　親族名詞の語末 ṛ は、【guṇa】 ar をとる。

pitṛ（m.）［父］

	sg.	du.	pl.
N.	pitā	pitarau	pitaraḥ
Ac.	pitaram	〃	pitṝn
I.	pitrā	pitṛbhyām	pitṛbhiḥ
D.	pitre	〃	pitṛbhyaḥ
Ab.	pituḥ	〃	〃
G.	〃	pitroḥ	pitṝṇām
L.	pitari	〃	pitṛṣu
V.	pitar(ḥ)	pitarau	pitaraḥ

bhartṛ［夫］や naptṛ［孫］は、親族名詞であるが dātṛ のように活用する。

たとえば Ac.sg. においては bhartāram , naptāram となる。

-(t)ṛ で終わる男性名詞の例

kartṛ (m.)［行為者］ netṛ (m.)［支配者、指導者］ śrotṛ (m.)［聴衆］ savitṛ (m.)［太陽］

jetṛ (m.)［征服者、勝利者］ naptṛ (m.)［孫］ bhrātṛ (m.)［兄弟］ jāmātṛ (m.)［養子、婿］

(3) –(t)r̥ で終わる中性名詞

dhātr̥ (n.) ［創造神］

	sg.	du.	pl.
N.	dhātr̥ / dhātā	dhātr̥ṇī / dhātārau	dhātr̥̄ṇi / dhātāraḥ
Ac.	〃 / dhātāram	〃	〃 / dhātr̥̄n
I.	dhātr̥ṇā / dhātrā	dhātr̥bhyām	dhātr̥bhiḥ
D.	dhātr̥ṇe / dhātre	〃	dhātr̥bhyaḥ
Ab.	dhātr̥ṇaḥ / dhātuḥ	〃	〃
G.	〃	dhātr̥ṇoḥ / dhātroḥ	dhātr̥̄ṇām
L.	dhātr̥ṇi / dhātari	〃	dhātr̥ṣu
V.	dhātr̥ / dhātar(ḥ)	dhātr̥ṇī / dhātārau	dhātr̥̄ṇi / dhātāraḥ

(4) –(t)r̥ で終わる女性名詞

すべて親族名詞である。

–r̥̄ḥ で終わる Ac. pl. 以外は pitr̥ と同様に活用する。しかし、 svasr̥ ［姉妹］は、Ac.,pl. 以外 dātr̥ ［与える者］と同様の活用をする。

mātr̥ (f.) ［母］

	sg.	du.	pl.
N.	mātā	mātarau	mātaraḥ / mātāraḥ
Ac.	mātaram	mātarau	mātr̥̄ḥ

svasr̥ (f.) ［姉妹］

	sg.	du.	pl.
N.	svasā	svasārau	svasāraḥ
Ac.	svasāram	svasārau	svasr̥̄ḥ

–(t)r̥ で終わる女性名詞の例

duhitr̥ 【duhitā】 (f.) ［娘］ **nanāndr̥ 【nanāndā】** (f.) ［夫（妻）の姉妹］

8．２重母音で終わる名詞

go（m.,f.）［牛］

	sg.	du.	pl.
N.	gauḥ	gāvau	gāvaḥ
Ac.	gām	〃	gāḥ
I.	gavā	gobhyām	gobhiḥ
D.	gave	〃	gobhyaḥ
Ab.	goḥ	〃	〃
G.	〃	gavoḥ	gavām
L.	gavi	〃	goṣu
V.	gauḥ	gāvau	gāvaḥ

nau（f.）［舟］

	sg.	du.	pl.
N.	nauḥ	nāvau	nāvaḥ
Ac.	nāvam	〃	〃
I.	nāvā	naubhyām	naubhiḥ
D.	nāve	〃	naubhyaḥ
Ab.	nāvaḥ	〃	〃
G.	〃	nāvoḥ	nāvām
L.	nāvi	〃	nauṣu
V.	nauḥ	nāvau	nāvaḥ

glau (m.*) [月 (moon)]

	sg.	du.	pl.
N.	glauḥ	glāvau	glāvaḥ
Ac.	glāvam	〃	〃
I.	glavā	glaubhyām	glaubhiḥ
D.	glave	〃	glaubhyaḥ
Ab.	glāvaḥ	〃	〃
G.	〃	glāvoḥ	glāvām
L.	glāvi	〃	glauṣu
V.	glauḥ	glāvau	glāvaḥ

rai (m.,f.) [富]

	sg.	du.	pl.
N.	rāḥ	rāyau	rāyaḥ
Ac.	rāyam	〃	〃
I.	rāyā	rābhyām	rābhiḥ
D.	rāye	〃	rābhyaḥ
Ab.	rāyaḥ	〃	〃
G.	〃	rāyoḥ	rāyām
L.	rāyi	〃	rāsu
V.	rāḥ	rāyau	rāyaḥ

§8　子音語幹の名詞・形容詞

子音で終わる名詞の区分

子音語幹の名詞は３種に分けられる。

[1] 全変化を通じて語幹に変化がないもの。すなわち１つの語幹をもつ名詞。

[2] 強、弱語幹の２つの語幹をもつ名詞。　（２語幹の名詞）

[3] 強、中、弱語幹の３つの語幹をもつ名詞。（３語幹の名詞）

子音で終わる名詞の変化

[1] 絶対語末（文または詩の行の終わりにある語の末尾）の母音と子音。

絶対語末の母音として許されるのは、 ṛ 以外の母音である。

絶対語末の子音として許されるのは、 k, ṭ, t, p, ṅ, n, m, ḥ （ṇ, l は、極めて稀）である。

他の子音が絶対語末に来る時は、上記の子音のいずれかに変えなければならない。

–kh, –g, –gh → –k	dagh → dak
–ṭh, –ḍ, –ḍh → –ṭ	
–th, –d, –dh → –t	agnimath → agnimat / suhṛd → suhṛt / suyudh → suyut
–ph, –b, –bh → –p	anuṣṭubh → anuṣṭup / kakubh → kakup
–s, –r → –ḥ	kavis → kaviḥ / tamas → tamaḥ / pitar → pitaḥ
–c → –k	vāc → vāk
–j → –k, –ṭ	vaṇij → vaṇik / devarāj → devarāṭ / virāj → virāṭ
–ś → –k, –ṭ	diś → dik / viś → viṭ
–ṣ → –ṭ, –k	dviṣ → dviṭ / dadhṛṣ → dadhṛk / prāvṛṣ → prāvṛṭ
–ñ → –ṅ	prāñc → prāñ → prāṅ
–h → –ṭ, –k	madhulih → madhuliṭ / –duh → –dhuk / havyavāh → havyavāṭ

[2] 絶対語末の子音は１個に限られる。

単語の変化に際して２個以上の子音が語末に来るときは、最初の子音のみを残して他は削除する。

marut–s → marut (N. sg. m.) / viś–s → viś → viṭ (N. sg. m.)

vāc–s → vāc → vāk (N. sg. f.)

[3] しかし、例外として rk, rṭ, rt, rp という結合は、語末に来ることができる。

ūrj-s → ūrk (N. sg. f.)

[4] -duh → -dhuk と変化したように、語根が g, d, b ではじまり、 gh, dh, bh, h で終わる場合、先頭の g, d, b は帯気音となり、 gh, dh, bh, h は、 (1) の規則によって絶対語末子音となる。

√g + 母音 + -gh, -dh, -bh, -h → gh- + 母音 + -k, -t, -p, -ṭ

parṇa-√guh → parṇa-ghuṭ

√d + 母音 + -gh, -dh, -bh, -h → dh- + 母音 + -k, -t, -p, -ṭ

kāma-√duh → kāma-dhuk

√b + 母音 + -gh, -dh, -bh, -h → bh- + 母音 + -k, -t, -p, -ṭ

dharma-√budh → dharma-bhut

1. 1語幹の名詞・形容詞

[1] 語幹の語末子音は、母音で始まる格語尾の前では変化しない。

[2] 語幹の語末子音は、子音で始まる格語尾の前では子音内連声の規則に従う。

[3] 鼻音・半母音以外の子音語幹の中性名詞 N. V. Ac. pl. において i の前に、その子音に相当する鼻音を挿入する。

子音で終わる名詞の例

jalamuc	(m.)	[雨雲]	bhiṣaj	(m.)	[医師、薬師]
ṛtvij	(m.)	[祭官、司祭]	parivrāj	(m.)	[行脚僧、遊行者]
bhūbhṛt	(m.)	[山、王侯]	candramas	(m.)	[月]
suhṛd	(m.)	[友人]	vedhas	(m.)	[造物主、創造者]
ṛc	(f.)	[賛歌、聖歌]	śuc	(f.)	[悲哀、苦悩、悲しみ]
tvac	(f.)	[皮、皮膚]	sraj	(f.)	[花環、鎖、花輪]
vidyut	(f.)	[稲妻、電光]	taḍit	(f.)	[稲妻、電光、雷]
vipad	(f.)	[災難、危険]	āpad	(f.)	[不幸、災難、逆境、苦難]
kṣudh	(f.)	[飢え、空腹]	saṃpad	(f.)	[成功、完成、幸運、繁栄、富]
pariṣad	(f.)	[集会]	śarad	(f.)	[秋]
payas	(n.)	[ミルク、水]	uras	(n.)	[胸]
cetas	(n.)	[心、精神]	vayas	(n.)	[年齢、青春、年、世代]

(1) −t, −th, −d, −dh で終わる名詞・形容詞

−t → −t (N.sg. ; L.pl.)
−th → −t (N.sg. ; L.pl.)
−d → −t (N. sg. ; L. pl.)
−dh → −t (N. sg. ; L. pl.)

−t → −d (bhyām, bhiḥ, bhyaḥ の前で)
−th → −d (bhyām, bhiḥ, bhyaḥ の前で)
−d → −d (bhyām, bhiḥ, bhyaḥ の前で)
−dh → −d (bhyām, bhiḥ, bhyaḥ の前で)

marut (m.) [風、風神]

	sg.	du.	pl.
N.	marut	marutau	marutaḥ
Ac.	marutam	〃	〃
I.	marutā	marudbhyām	marudbhiḥ
D.	marute	〃	marudbhyaḥ
Ab.	marutaḥ	〃	〃
G.	〃	marutoḥ	marutām
L.	maruti	〃	marutsu
V.	marut	marutau	marutaḥ

jagat (n.) [世界、この世]

	sg.	du.	pl.
N.	jagat / jagad	jagatī	jaganti
Ac.	〃	〃	〃
I.	jagatā	jagadbhyām	jagadbhiḥ
D.	jagate	〃	jagadbhyaḥ
Ab.	jagataḥ	〃	〃
G.	〃	jagatoḥ	jagatām
L.	jagati	〃	jagatsu
V.	jagat	jagatī	jaganti

sarit (f.) [河]

	sg.	du.	pl.
N.	sarit	saritau	saritaḥ
Ac.	saritam	〃	〃
I.	saritā	saridbhyām	saridbhiḥ
D.	sarite	〃	saridbhyaḥ
Ab.	saritaḥ	〃	〃
G.	〃	saritoḥ	saritām
L.	sariti	〃	saritsu
V.	sarit	saritau	saritaḥ

yakṛt (n.*) [肝臓]

	sg.	du.	pl.
N.	yakṛt / yakṛd	yakṛtī	yakṛnti
Ac.	〃	〃	yakṛnti / yakāni
I.	yakṛtā / yaknā	yakṛdbhyām / yakabhyām	yakṛdbhiḥ / yakabhiḥ
D.	yakṛte / yakne	〃	yakṛdbhyaḥ / yakabhyaḥ
Ab.	yakṛtaḥ / yaknaḥ	〃	〃
G.	〃	yakṛtoḥ / yaknoḥ	yakṛtām / yaknām
L.	yakṛti / yakni / yakani	〃	yakṛtsu / yakasu
V.	yakṛt / yakṛd	yakṛtī	yakṛnti

śakṛt (n.*) ［ふん］

	sg.	du.	pl.
N.	śakṛt / śakṛd	śakṛtī	śakṛnti
Ac.	〃	〃	śakṛnti / śakāni
I.	śakṛtā / śaknā	śakṛdbhyām / śakabhyām	śakṛdbhiḥ / śakabhiḥ
D.	śakṛte / śakne	〃	śakṛdbhyaḥ / śakabhyaḥ
Ab.	śakṛtaḥ / śaknaḥ	〃	〃
G.	〃	śakṛtoḥ / śaknoḥ	śakṛtām / śaknām
L.	śakṛti / śakni / śakani	〃	śakṛtsu / śakasu
V.	śakṛt / śakṛd	śakṛtī	śakṛnti

udbhid (m.) ［植物、芽］

	sg.	du.	pl.
N.	udbhit	udbhidau	udbhidaḥ
Ac.	udbhidam	〃	〃
I.	udbhidā	udbhidbhyām	udbhidbhiḥ
D.	udbhide	〃	udbhidbhyaḥ
Ab.	udbhidaḥ	〃	〃
G.	〃	udbhidoḥ	udbhidām
L.	udbhidi	〃	udbhitsu
V.	udbhit	udbhidau	udbhidaḥ

samidh（f.）［たきぎ、薪、儀式用の聖なる薪］

	sg.	du.	pl.
N.	samit	samidhau	samidhaḥ
Ac.	samidham	〃	〃
I.	samidhā	samidbhyām	samidbhiḥ
D.	samidhe	〃	samidbhyaḥ
Ab.	samidhaḥ	〃	〃
G.	〃	samidhoḥ	samidhām
L.	samidhi	〃	samitsu
V.	samit	samidhau	samidhaḥ

(2) –c，–ch，–j，–jh，–ś で終わる口蓋音語幹の名詞・形容詞

–c → –k （N. sg.；L. pl.）　–c → –g（bhyām，bhiḥ，bhyaḥ の前で）

–j → –k （N. sg.；L. pl.）　–j → –g（bhyām，bhiḥ，bhyaḥ の前で）

–j → –ṭ （N. sg.；L. pl.）　–j → –ḍ（bhyām，bhiḥ，bhyaḥ の前で）

–ś → –k （N. sg.；L. pl.）　–ś → –g（bhyām，bhiḥ，bhyaḥ の前で）

–ś → –ṭ （N. sg.；L. pl.）　–ś → –ḍ（bhyām，bhiḥ，bhyaḥ の前で）

vāc　（vāk）（f.）［声、言葉、話、言語］

	sg.	du.	pl.
N.	vāk / vāg	vācau	vācaḥ
Ac.	vācam	〃	〃
I.	vācā	vāgbhyām	vāgbhiḥ
D.	vāce	〃	vāgbhyaḥ
Ab.	vācaḥ	〃	〃
G.	〃	vācoḥ	vācām
L.	vāci	〃	vākṣu
V.	vāk	vācau	vācaḥ

vaṇij (m.) ［商人、公易者］

	sg.	du.	pl.
N.	vaṇik	vaṇijau	vaṇijaḥ
Ac.	vaṇijam	〃	〃
I.	vaṇijā	vaṇigbhyām	vaṇigbhiḥ
D.	vaṇije	〃	vaṇigbhyaḥ
Ab.	vaṇijaḥ	〃	〃
G.	〃	vaṇijoḥ	vaṇijām
L.	vaṇiji	〃	vaṇikṣu
V.	vaṇik	vaṇijau	vaṇijaḥ

samrāj (samrāṭ) (m.) ［皇帝、君主、覇王、支配者、帝王］

	sg.	du.	pl.
N.	samrāṭ / samrāḍ	samrājau	samrājaḥ
Ac.	samrājam	〃	〃
I.	samrājā	samrāḍbhyām	samrāḍbhiḥ
D.	samrāje	〃	samrāḍbhyaḥ
Ab.	samrājaḥ	〃	〃
G.	〃	samrājoḥ	samrājām
L.	samrāji	〃	samrāṭsu / samrāṭtsu
V.	samrāṭ / samrāḍ	samrājau	samrājaḥ

asṛj（n.*）［血］

	sg.	du.	pl.
N.	asṛk / asṛg	asṛjī	asṛñji
Ac.	〃	〃	asṛñji / asāni
I.	asṛjā / asnā	asṛgbhyām / asabhyām	asṛgbhiḥ / asabhiḥ
D.	asṛje / asne	〃	asṛgbhyaḥ / asabhyaḥ
Ab.	asṛjaḥ / asnaḥ	〃	〃
G.	〃	asṛjoḥ / asnoḥ	asṛjām / asām
L.	asṛji / asni / asani	〃	asṛkṣu / asasu
V.	asṛk / asṛg	asṛjī	asṛñji

diś (dik)（f.）［方角、方向］

	sg.	du.	pl.
N.	dik / dig	diśau	diśaḥ
Ac.	diśam	〃	〃
I.	diśā	digbhyām	digbhiḥ
D.	diśe	〃	digbhyaḥ
Ab.	diśaḥ	〃	〃
G.	〃	diśoḥ	diśām
L.	diśi	〃	dikṣu
V.	dik / dig	diśau	diśaḥ

viś (viṭ) (m.) ［部族、商人階級の人々、家、庶民、ヴァイシュヤ］

	sg.	du.	pl.
N.	viṭ / viḍ	viśau	viśaḥ
Ac.	viśam	〃	〃
I.	viśā	viḍbhyām	viḍbhiḥ
D.	viśe	〃	viḍbhyaḥ
Ab.	viśaḥ	〃	〃
G.	〃	viśoḥ	viśām
L.	viśi	〃	viṭsu / viṭtsu / vikṣu
V.	viṭ	viśau	viśaḥ

(3) −p, −ph, −b, −bh で終わる唇音語幹の名詞・形容詞

−p → −p (N. sg. ; L. pl.) −p → −b (bhyām, bhiḥ, bhyaḥ の前で)

−ph → −p (N. sg. ; L. pl.) −ph → −b (bhyām, bhiḥ, bhyaḥ の前で)

−b → −p (N. sg. ; L. pl.) −b → −b (bhyām, bhiḥ, bhyaḥ の前で)

−bh → −p (N. sg. ; L. pl.) −bh → −b (bhyām, bhiḥ, bhyaḥ の前で)

kakubh (f.) ［方位、天空、空間］

	sg.	du.	pl.
N.	kakup(b)	kakubhau	kakubhaḥ
Ac.	kakubham	〃	〃
I.	kakubhā	kakubbhyām	kakubbhiḥ
D.	kakubhe	〃	kakubbhyaḥ
Ab.	kakubhaḥ	〃	〃
G.	〃	kakubhoḥ	kakubhām
L.	kakubhi	〃	kakupsu
V.	kakup(b)	kakubhau	kakubhaḥ

(4) −ṣ で終わる反舌音語幹の名詞・形容詞

−ṣ → −ṭ (N. sg. ; L. pl.)

−ṣ → −ḍ （bhyām, bhiḥ, bhyaḥ の前で ）

prāvṛṣ (f.) ［雨季］

	sg.	du.	pl.
N.	prāvṛṭ	prāvṛṣau	prāvṛṣaḥ
Ac.	prāvṛṣam	〃	〃
I.	prāvṛṣā	prāvṛḍbhyām	prāvṛḍbhiḥ
D.	prāvṛṣe	〃	prāvṛḍbhyaḥ
Ab.	prāvṛṣaḥ	〃	〃
G.	〃	prāvṛṣoḥ	prāvṛṣām
L.	prāvṛṣi	〃	prāvṛṭsu
V.	prāvṛṭ	prāvṛṣau	prāvṛṣaḥ

tviṣ (tviṭ) (f.*) ［光、輝き］

	sg.	du.	pl.
N.	tviṭ / tviḍ	tviṣau	tviṣaḥ
Ac.	tviṣam	〃	〃
I.	tviṣā	tviḍbhyām	tviḍbhiḥ
D.	tviṣe	〃	tviḍbhyaḥ
Ab.	tviṣaḥ	〃	〃
G.	〃	tviṣoḥ	tviṣām
L.	tviṣi	〃	tviṭsu / tviṭtsu
V.	tviṭ / tviḍ	tviṣau	tviṣaḥ

(5) h で終わる名詞・形容詞

–h → –k (N. sg. ; L. pl.)　　–h → –g (bhyām, bhiḥ, bhyaḥ の前で)

–lih → –ṭ (N. sg. ; L. pl.)　　–lih → –ḍ (bhyām, bhiḥ, bhyaḥ の前で)

upānah → upānat (N. sg. ; L. pl.)

upānah → upānad (bhyām, bhiḥ, bhyaḥ の前で)

> kāmaduh における d より dh (kāmadhuk) への変化は、規則 による。
>
> √g– + 母音+ –gh, –dh, –bh, –h → gh– + 母音+ –k, –t, –p, –ṭ
>
> parṇa–√guh → parṇa–ghuṭ
>
> √d– + 母音+ –gh, –dh, –bh, –h → dh– + 母音+ –k, –t, –p, –ṭ
>
> kāma–√duh → kāma–dhuk
>
> √b– + 母音+ –gh, –dh, –bh, –h → bh– + 母音+ –k, –t, –p, –ṭ
>
> dharma–√budh → dharma–bhut

madhulih (m.) ［蜜蜂、蜜を舐める］

	sg.	du.	pl.
N.	madhuliṭ	madhulihau	madhulihaḥ
Ac.	madhuliham	〃	〃
I.	madhulihā	madhuliḍbhyām	madhuliḍbhiḥ
D.	madhulihe	〃	madhuliḍbhyaḥ
Ab.	madhulihaḥ	〃	〃
G.	〃	madhulihoḥ	madhulihām
L.	madhulihi	〃	madhuliṭsu / madhuliṭtsu
V.	madhuliṭ	madhulihau	madhulihaḥ

upānah（ f. ）［履、靴］

	sg.	du.	pl.
N.	upānat(d)	upānahau	upānahaḥ
Ac.	upānaham	〃	upānahaḥ
I.	upānahā	upānadbhyām	upānadbhiḥ
D.	upānahe	〃	upānadbhyaḥ
Ab.	upānahaḥ	〃	〃
G.	〃	upānahoḥ	upānahām
L.	upānahi	〃	upānatsu
V.	upānat(d)	upānahau	upānahaḥ

kāmaduh（ f. ）［如意牛（ 願いをかなえてくれる牛）］

	sg.	du.	pl.
N.	kāmadhuk	kāmaduhau	kāmaduhaḥ
Ac.	kāmaduham	〃	〃
I.	kāmaduhā	kāmadhugbhyām	kāmadhugbhiḥ
D.	kāmaduhe	〃	kāmadhugbhyaḥ
Ab.	kāmaduhaḥ	〃	〃
G.	〃	kāmaduhoḥ	kāmaduhām
L.	kāmaduhi	〃	kāmadhukṣu
V.	kāmadhuk	kāmaduhau	kāmaduhaḥ

(6) −r で終わる名詞・形容詞

−長母音 −r → −長母音 −ḥ (N. sg.)

−短母音 −r → −長母音 −ḥ (N. sg.)

−短母音 −r → −長母音 −r (bhyām, bhiḥ, bhyaḥ, su の前で)

dvār (f.) ［門、扉］

	sg.	du.	pl.
N.	dvāḥ	dvārau	dvāraḥ
Ac.	dvāram	〃	〃
I.	dvārā	dvārbhyām	dvārbhiḥ
D.	dvāre	〃	dvārbhyaḥ
Ab.	dvāraḥ	〃	〃
G.	〃	dvāroḥ	dvārām
L.	dvāri	〃	dvārṣu
V.	dvāḥ	dvārau	dvāraḥ

pur (f.) ［市、都城、町、要塞］

	sg.	du.	pl.
N.	pūḥ	purau	puraḥ
Ac.	puram	〃	〃
I.	purā	pūrbhyām	pūrbhiḥ
D.	pure	〃	pūrbhyaḥ
Ab.	puraḥ	〃	〃
G.	〃	puroḥ	purām
L.	puri	〃	pūrṣu
V.	pūḥ	purau	puraḥ

gir（ f. ）［声、話、祈願、門］

	sg.	du.	pl.
N.	gīḥ	girau	giraḥ
Ac.	giram	〃	〃
I.	girā	gīrbhyām	gīrbhiḥ
D.	gire	〃	gīrbhyaḥ
Ab.	giraḥ	〃	〃
G.	〃	giroḥ	girām
L.	giri	〃	gīrṣu
V.	gir / gīḥ	girau	giraḥ

vār（ n. ）［水］

	sg.	du.	pl.
N.	vāḥ	vārī	vāri
Ac.	〃	〃	〃
I.	vārā	vārbhyām	vārbhiḥ
D.	vāre	〃	vārbhyaḥ
Ab.	vāraḥ	〃	〃
G.	〃	vāroḥ	vārām
L.	vāri	〃	vārṣu
V.	vāḥ	vārī	vāri

–r で終わる語幹の例

dhur【dhūḥ】(f.)［荷、軛（くびき）］

(7) −s で終わる名詞・形容詞（ −as, −is, −us ）

candramas（ m. ）［月］

	sg.	du.	pl.
N.	candramāḥ	candramasau	candramasaḥ
Ac.	candramasam	〃	〃
I.	candramasā	candramobhyām	candramobhiḥ
D.	candramase	〃	candramobhyaḥ
Ab.	candramasaḥ	〃	
G.	〃	candramasoḥ	candramasām
L.	candramasi	〃	candramaḥsu / candramassu
V.	candramaḥ	candramasau	candramasaḥ

manas（ n. ）［心、意、知力、思考、意志］

	sg.	du.	pl.
N.	manaḥ	manasī	manāṃsi
Ac.	〃	〃	〃
I.	manasā	manobhyām	manobhiḥ
D.	manase	〃	manobhyaḥ
Ab.	manasaḥ	〃	〃
G.	〃	manasoḥ	manasām
L.	manasi	〃	manaḥsu / manassu
V.	manaḥ	manasī	manāṃsi

−s → −ḥ（ N. sg. ; bhyām, bhiḥ, bhyaḥ, su の前で ）

(m.)(f.) −as → −āḥ （ N. sg.）

−as → −aḥ +bh− = −obh−

−as → −aḥ +su = −aḥsu / −assu

(n.) −as → −āṃsi (N. V. Ac. pl.)

(n.) −is → −īṃṣi (N. V. Ac. pl.)

(n.) −us → −ūṃṣi (N. V. Ac. pl.)

−is → −iḥ +bh− = −irbh−

−is → −iḥ +su = −iḥṣu / −iṣṣu

−us → −uḥ+bh− = −urbh−

−us → −uḥ+bh− = −uḥṣu / −uṣṣu

sumanas (f.) ［親切な、好意ある］ (m.) ［親切な男］ (f.*) ［親切な女］

	sg.	du.	pl.
N.	sumanāḥ	sumanasau	sumanasaḥ
Ac.	sumanasam	〃	〃
I.	sumanasā	sumanobhyām	sumanobhiḥ
D.	sumanase	〃	sumanobhyaḥ
Ab.	sumanasaḥ	〃	〃
G.	〃	sumanasoḥ	sumanasām
L.	sumanasi	〃	sumanaḥsu / sumanassu
V.	sumanaḥ	sumanasau	sumanasaḥ

uṣas (f.) ［曙、夜明け］

	sg.	du.	pl.
N.	uṣāḥ	uṣasau	uṣasaḥ
Ac.	uṣasam	〃	〃
I.	uṣasā	uṣobhyām	uṣobhiḥ
D.	uṣase	〃	uṣobhyaḥ
Ab.	uṣasaḥ	〃	〃
G.	〃	uṣasoḥ	uṣasām
L.	uṣasi	〃	uṣaḥsu / uṣassu
V.	uṣāḥ	uṣasau	uṣasaḥ

havis（ n.* ）［（儀式の）供え物、供饌　］

	sg.	du.	pl.
N.	haviḥ	haviṣī	havīṃṣi
Ac.	〃	〃	〃
I.	haviṣā	havirbhyām	havirbhiḥ
D.	haviṣe	〃	havirbhyaḥ
Ab.	haviṣaḥ	〃	〃
G.	〃	haviṣoḥ	haviṣām
L.	haviṣ / haviṣi	〃	haviḥṣu / haviṣṣu
V.	haviḥ	haviṣī	havīṃṣi

āyus（ n.* ）［生命、人生、生気、寿命］

	sg.	du.	pl.
N.	āyuḥ	āyuṣī	āyūṃṣi
Ac.	〃	〃	〃
I.	āyuṣā	āyurbhyām	āyurbhiḥ
D.	āyuṣe	〃	āyurbhyaḥ
Ab.	āyuṣaḥ	〃	〃
G.	〃	āyuṣoḥ	āyuṣām
L.	āyuṣi	〃	āyuḥṣu / āyuṣṣu
V.	āyuḥ	āyuṣī	āyūṃṣi

dhanus (dhanuṣ) (n.) [弓]

	sg.	du.	pl.
N.	dhanuḥ	dhanuṣī	dhanūṃṣi
Ac.	〃	〃	〃
I.	dhanuṣā	dhanurbhyām	dhanurbhiḥ
D.	dhanuṣe	〃	dhanurbhyaḥ
Ab.	dhanuṣaḥ	〃	〃
G.	〃	dhanuṣoḥ	dhanuṣām
L.	dhanuṣi	〃	dhanuḥṣu / dhanuṣṣu
V.	dhanuḥ	dhanuṣī	dhanūṃṣi

yaśas (n.*) [名声、名誉]

	sg.	du.	pl.
N.	yaśaḥ	yaśasī	yaśāṃsi
Ac.	〃	〃	〃
I.	yaśasā	yaśobhyām	yaśobhiḥ
D.	yaśase	〃	yaśobhyaḥ
Ab.	yaśasaḥ	〃	〃
G.	〃	yaśoḥ	yaśasām
L.	yaśasi	〃	yaśaḥsu
V.	yaśaḥ	yaśasī	yaśāṃsi

–s で終わる語幹 (–as, –is, –us) の例

tejas【tejaḥ】(n.) [輝き、尖端] śiras【śiraḥ】(n.) [頭]

tapas【tapaḥ】(n.) [熱、苦行] sadas【sadaḥ】(n.) [住居、居所、集会]

tamas【tamaḥ】(n.) [暗黒] jyotis【jyotiḥ】(n.) [光]

cakṣus【cakṣuḥ】(n.) [目]

2．2語幹の名詞・形容詞

(1) 2語幹の名詞（ 格変化において、強、弱の2つの語幹をもつ名詞）・形容詞の種類

[1] **-at** で終わる語幹の名詞・形容詞

- 強語幹 **-mant, -vant** 弱語幹 **-mat, -vat** 接尾辞で作られる名詞と形容詞
- **parasmaipada** の現在分詞と未来分詞の **-at**
- 過去能動分詞の **-vat**
- 代名詞の語基から作られた形容詞

 kiyat ［どれくらい］ **iyat** ［そんなに多く］

 yāvat, etāvat ［それくらい多く］ **tāvat** ［それだけ多く］

例

dhanavat ［金持の、富裕な］

jñānavat ［知識のある、賢い］

āyuṣmat ［長寿の、尊者］

balavat ［有力な、強い］

matimat ［聡明な、理解力のある、知的な人］

śrīmat ［美しい、富める、尊敬すべき］

bhagavat【**bhagavān**】(m.) ［輝かしき、聖なる、尊き、世尊］

himavat【**himavān**】(m.) ［ヒマラヤ山脈（雪のあるもの）］

hanumat【**hanumān**】(m.) ［ハヌマーン（顎を持つもの＝猿）］

[2] 所有の意味をあらわす **-in** 接尾辞で終わる語幹の名詞・形容詞

 それらは **-in, -vin, -min** 接尾辞で作られる。

[3] **-īyas** で終わる形容詞の比較級 （ cf. p. 137）

[4] **-man,-van** に子音が先立つ場合は、強、弱の2語幹で活用する。

[5] ２語幹の名詞、形容詞は男性・中性形のみ活用する。女性形は個別に活用する。

２語幹の用法

男性形

	sg.	du.	pl.
N.	[–s]	[–au]	[–as]
Ac.	[–am]	[–au]	–as
I.	–ā	–bhyām	–bhiḥ
D.	–e	–bhyām	–bhyaḥ
Ab.	–as	–bhyām	–bhyaḥ
G.	–as	–os	–ām
L.	–i	–os	–su
V.	[––]	[–au]	[–as]

中性形

	sg.	du.	pl.
N.	––	–ī	[–i]
Ac.	––	–ī	[–i]
I.	–ā	–bhyām	–bhiḥ
D.	–e	–bhyām	–bhyaḥ
Ab.	–as	–bhyām	–bhyaḥ
G.	–as	–os	–ām
L.	–i	–os	–su
V.	––	–ī	[–i]

男性形において、強語幹は N. sg. du. pl. / Ac. sg. du. / V. sg. du. pl.

中性形において、強語幹は N. Ac. V. pl. 弱語幹は他の全ての格に用いる。

格語尾変化表のうち [枠　内] は強語幹の変化をする。

[6] 所有の意味をあらわす −mat ，−vat 接尾辞で作られる名詞と形容詞

強語幹は −mant, −vant 弱語幹は −mat, −vat で終わる。

男性形 (N. sg.) は、 a が長母音化 ā する。 −mān, −vān

dhīmat (m.) ［有能な、思慮のある、賢明な］

	sg.	du.	pl.
N.	dhīmān	dhīmantau	dhīmantaḥ
Ac.	dhīmantam	〃	dhīmataḥ
I.	dhīmatā	dhīmadbhyām	dhīmadbhiḥ
D.	dhīmate	〃	dhīmadbhyaḥ
Ab.	dhīmataḥ	〃	〃
G.	〃	dhīmatoḥ	dhīmatām
L.	dhīmati	〃	dhīmatsu
V.	dhīman	dhīmantau	dhīmantaḥ

dhīmat (n.)

	sg.	du.	pl.
N.	dhīmat	dhīmatī	dhīmanti
Ac.	〃	〃	〃
I.	dhīmatā	dhīmadbhyām	dhīmadbhiḥ
D.	dhīmate	〃	dhīmadbhyaḥ
Ab.	dhīmataḥ	〃	〃
G.	〃	dhīmatoḥ	dhīmatām
L.	dhīmati	〃	dhīmatsu
V.	dhīmat	dhīmatī	dhīmanti

(2) –at で終わる名詞・形容詞・分詞

分詞には、現在能動分詞、未来分詞、過去能動分詞、完了分詞があり、動詞の分詞でありながら、名詞と同じ格変化をする。

[1] 現在能動分詞 (present active participle ; pres. act. pt.) 能動活用の現在分詞

parasmaipada の現在分詞は、強語幹では **–(a)nt** 、弱語幹では **–(a)t** を添えて作る。

作り方は、 **parasmaipada** の３人称・複数・現在 (P. 3. pl. pres.) の格語尾 **–anti** を **–at** に置換することによって作られる。

語根		3. pl. pres.		pres. pt.		
√nī	→	nayanti	→	nayat	(leading)	① [導く]
√div	→	dīvyanti	→	dīvyat	(playing)	④ [遊ぶ]
√viś	→	viśanti	→	viśat	(entering)	⑥ [入る]
√cur	→	corayanti	→	corayat	(stealing)	⑩ [盗む]
√as	→	santi	→	sat	(being)	② [〜である]

parasmaipada の現在分詞の男性形と中性形の格変化は、 **dhīmat** の活用に従うが、以下の点で相違する。

- 男性形 N. sg. の **a** は長音化しない。
- 中性形 N. Ac. V. du. は第１，４，１０類動詞では必ず強語幹 (–ant) をとるが、第６類動詞では随意である。

nayat ① / **dīvyat** ④ / **corayat** ⑩

男性形 / **中性形**

	sg.	du.	pl.		sg.	du.	pl.
N.	nayan dīvyan corayan	nayantau dīvyantau corayantau	nayantaḥ dīvyantaḥ corayantaḥ	N.V.	nayat dīvyat corayat	nayantī dīvyantī corayantī	nayanti dīvyanti corayanti
Ac.	nayantam dīvyantam corayantam	nayantau dīvyantau corayantau	nayataḥ dīvyataḥ corayataḥ	Ac.	nayat dīvyat corayat	nayantī dīvyantī corayantī	nayanti dīvyanti corayanti

viśat ⑥ (m.) N. Ac. は、 **nayat** の活用に同じ。

(n.) N. Ac. V. sg. **viśat** / du. **viśatī** (**viśantī**) / pl. **viśanti**

[2] 未来分詞 (future participles)

単純未来分詞 parasmaipada と ātmanepada は、
第6類動詞の現在分詞と同じ様式に従って作られる。

未来分詞と現在分詞との大きな異なりは、未来分詞における sya, ṣya, iṣya の挿入にある。

未来形 (3. pl. P.) の人称語尾 -syanti を -syat に置き換えて、
未来分詞 parasmaipada が作られる。
未来形 (3. pl. A.) の人称語尾 -syante を -syamāna に置き換えて、
未来分詞 ātmanepada が作られる。

例
√jñā の未来形 jñā-sya-nti (3. pl. P.) を jñā-sya-t に置き換えて、
未来分詞 parasmaipada が作られる。
√jñā の未来形 jñā-sya-nte (3. pl. A.) を jñā-sya-māna に置き換えて、
未来分詞 ātmanepada が作られる。

語根	単純未来 (3. pl. P.)	未来分詞 (P.)	単純未来 (3. pl. A.)	未来分詞 (A.)	単純未来 受動態	未来受動分詞
√jñā	jñāsyanti	jñāsyat	jñāsyante	jñāsyamāna	jñāyiṣyante	jñāyiṣyamāṇa
√śru	śroṣyanti	śroṣyat	śroṣyante	śroṣyamāṇa	śrāviṣyante	śrāviṣyamāṇa
√han	haniṣyanti	haniṣyat	haniṣyante	haniṣyamāṇa	ghāniṣyante	ghāniṣyamāṇa
√pat	patiṣyanti	patiṣyat	patiṣyante	patiṣyamāṇa		
√vah	vakṣyanti	vakṣyat	vakṣyante	vakṣyamāṇa		

未来分詞の parasmaipada の活用変化は、第6類動詞の現在分詞の様式に従って変化する。例えば、任意的に強語幹において n を保持する。

		sg.	du.	pl.
男性形	N.	dāsyan / dāsyat	dāsyantau / dāsyatau	dāsyantaḥ / dāsyataḥ
中性形	N.	dāsyat	dāsyantī / dāsyatī	dāsyanti
女性形	N.	dāsyantī / dāsyatī		

未来分詞は［（まさに）～しようとしている］［～するところである］という意味を表わす。

gamiṣyan ［～へ行こうとしている］
ghāniṣyamāṇā kanyā ［殺されようとしている少女］

[3] 過去能動分詞 (past active participle ; p. act. pt.)
過去能動分詞は過去受動分詞に −vat を添えて作られる。

例 $\sqrt{}$ji jita + vat jitavat
男性形と中性形の格変化は、 dhīmat の活用に従う。

男性形				中性形			
	sg.	du.	pl.		sg.	du.	pl.
N.	jitavān	jitavantau	jitavantaḥ	N.	jitavat	jitavatī	jitavanti
Ac.	jitavantam	jitavantau	jitavataḥ	Ac.	jitavat	jitavatī	jitavanti

[4] 完了分詞（ perfect participle ）

parasmaipada の完了分詞

単純完了の弱語幹に −vāṃs をつけて強語幹が作られる。
単純完了の弱語幹に −vat をつけて（ −bhyām, −bhis, −bhyas, −su の前で）中語幹は作られる。
もし弱語幹が、単音節であるなら、 i が挿入される。
単純完了の３人称複数語尾 −ḥ（visarga）を −s に変化することによって弱語幹は作られる。

語根	完了弱語幹	完了強語幹	完了中語幹	3.pl. 単純完了	完了弱語幹
√kṛ	cakṛ	cakṛvāṃs	cakṛvat	cakruḥ	cakrus
√nī	ninī	ninīvāṃs	ninīvat	ninyuḥ	ninyus
√gam	jagm	jagmivāṃs	jagmivat	jagmuḥ	jagmus
√sthā	tasth	tasthivāṃs	tasthivat	tasthuḥ	tasthus
√tan	ten	tenivāṃs	tenivat	tenuḥ	tenus

[5] 分詞以外の at 語幹

kiyat ［どれだけ大きい（多い）］、 iyat ［これだけ数多くの、このように多くの］、
yāvat tāvat ［そのように大きい（多い、長い）］、 etāvat ［このように多くの（大きな）］、
yāvat tāvat ［それだけ］ etāvat ［それぐらい］は、
男性形・中性形において dhīmat のように活用変化する。

	sg.	du.	pl.
(m.)	kiyān	kiyantau	kiyantaḥ
(n.)	kiyat	kiyatī	kiyanti

mahat（m.）［大きい］

強語幹 mahānt

	sg.	du.	pl.
N.	mahān	mahāntau	mahāntaḥ
Ac.	mahāntam	〃	mahataḥ
I.	mahatā	mahadbhyām	mahadbhiḥ
D.	mahate	〃	mahadbhyaḥ
Ab.	mahataḥ	〃	〃
G.	〃	mahatoḥ	mahatām
L.	mahati	〃	mahatsu
V.	mahan	mahāntau	mahāntaḥ

mahat（n.）［大きい］

強語幹 mahānt

	sg.	du.	pl.
N.	mahat	mahatī	mahānti
Ac.	〃	〃	〃
I.	mahatā	mahadbhyām	mahadbhiḥ
D.	mahate	〃	mahadbhyaḥ
Ab.	mahataḥ	〃	〃
G.	〃	mahatoḥ	mahatām
L.	mahati	〃	mahatsu
V.	mahat	mahatī	mahānti

その他は **dhīmat** の活用に従う。

-at 語幹で終わる形容詞

iyat［これだけ数多くの、このように多くの、これくらい］

etāvat［このように多くの（大きな）、それくらい］

kiyat［どれだけ大きい（多い）、どれほど］

yāvat tāvat［そのように大きい（多い、長い）、〜ほど］

balavat［強い］ **bhagavat**［神聖な］ **bhavat**［あなた様］（敬称代名詞）

(3) –in,–min,–vin で終わる名詞・形容詞

接尾辞 –in, –min, –vin は所有の意味を表わす

接尾辞 枠 内 は強語幹の変化をする。　強語幹 balin ; 弱語幹 bali

balin (m.) ［強力な、有力な、強い］

	sg.	du.	pl.
N.	balī	balinau	balinaḥ
Ac.	balinam	〃	〃
I.	balinā	balibhyām	balibhiḥ
D.	baline	〃	balibhyaḥ
Ab.	balinaḥ	〃	〃
G.	〃	balinoḥ	balinām
L.	balini	〃	baliṣu
V.	balin	balinau	balinaḥ

balin (n.) ［強力な、有力な、強い］

	sg.	du.	pl.
N.	bali	balinī	balīni
Ac.	〃	〃	〃
I.	balinā	balibhyām	balibhiḥ
D.	baline	〃	balibhyaḥ
Ab.	balinaḥ	〃	〃
G.	〃	balinoḥ	balinām
L.	balini	〃	baliṣu
V.	balin / bali	balinī	balīni

-in, -min, -vin は所有の意味を表わす。

-in で終わる強語幹は、母音で始まる全ての人称語尾の前でおこり、
N. sg. (m.) においては、 -ī となり、
N. V. Ac. pl. (n.) においては -īni となる。
-i で終わる弱語幹は、 -bhyām, -bhiḥ, -bhyaḥ, -su の前および
N. V. Ac. sg. (n.) においてのみ用いられる。

-in で終わる形容詞・名詞の例

guṇin ［徳のある］ jñānin ［賢い、知恵のある］ tejasvin ［輝かしい、明るい］
rogin ［病気の、病人］ dhanin ［金持の、財産のある、豊かな］ śaśin【śaśī】(m.) ［月］
mantrin【mantrī】(m.) ［大臣］ svāmin【svāmī】(m.) ［主人、夫、王］

(4) -in で終わる特殊名詞・形容詞

pathin (m.*) ［道］

強語幹： pathān- 中語幹： pathi- 弱語幹： path-

	sg.	du.	pl.
N.	panthāḥ	panthānau	panthānaḥ
Ac.	panthānam	〃	pathaḥ
I.	pathā	pathibhyām	pathibhiḥ
D.	pathe	〃	pathibhyaḥ
Ab.	pathaḥ	〃	〃
G.	〃	pathoḥ	pathām
L.	pathi	〃	pathiṣu
V.	panthāḥ	panthānau	panthānaḥ

mathin (m*) ［攪拌棒］も pathin と同じ活用形をとる。

3．3語幹の名詞・形容詞

格変化するとき、強、中、弱の３つの語幹が用いられる名詞・形容詞を３語幹の名詞・形容詞という。

[1] −an 語幹名詞（−an, −man, −van）

−man,−van に母音が先立つ場合は、強、中、弱の３語幹が用いられる。

[2] −vas 語幹

重複完了能動分詞 (reduplicated perfect active participle ; pf. act. pt.) もこの活用に属する。

この分詞は、過去能動分詞（−vat）と混同してはいけない。しかし、同じ意味をもつ。

kṛtavat (past. act. pt.) = cakṛvas (pf. act. pt.) = having done

[3] −ac 語幹（方角を示す形容詞）

[4] ３語幹の名詞・形容詞は男性・中性形で変化する。

強語幹	N. sg. du. pl. Ac. sg. du. V. sg. du. pl. N. Ac. V. pl.	男性形 男性形 男性形 中性形
中語幹	N. Ac. V. sg. −bhyām, −bhiḥ, −bhyaḥ, −su の前で	中性形 男性形・中性形
弱語幹	上記以外（全て母音で終わる格語尾）	

男性形

	sg.	du.	pl.
N.	–s	–au	–as
Ac.	–am	–au	–as
I.	–ā	–bhyām	–bhiḥ
D.	–e	–bhyām	–bhyaḥ
Ab.	–as	–bhyām	–bhyaḥ
G.	–as	–os	–ām
L.	–i	–os	–su
V.	––	–au	–as

中性形

	sg.	du.	pl.
N.	––	–ī	–i
Ac.	––	–ī	–i
I.	–ā	–bhyām	–bhiḥ
D.	–e	–bhyām	–bhyaḥ
Ab.	–as	–bhyām	–bhyaḥ
G.	–as	–os	–ām
L.	–i	–os	–su
V.	––	–ī	–i

(1) –an で終わる名詞・形容詞

rājan (m.) ［王様］ **男性形**

強語幹： rājān 中語幹： rāja 弱語幹： rājn = rājñ

	sg.	du.	pl.
N.	rājā	rājānau	rājānaḥ
Ac.	rājānam	〃	rājñaḥ
I.	rājñā	rājabhyām	rājabhiḥ
D.	rājñe	〃	rājabhyaḥ
Ab.	rājñaḥ	〃	〃
G.	〃	rājñoḥ	rājñām
L.	rājñi / rājani	〃	rājasu
V.	rājan	rājānau	rājānaḥ

強語幹（ –ān で終わる）

N. sg. (m.) において末尾の –n は脱落する。

中語幹（ –a で終わる）

弱語幹（ –n で終わる）

先行する a を取り除いた後 –n で終わる。

L. sg. / N. Ac. V. du. (n.) においては任意に –an で終わる。

子音に先行された –man, –van 語幹では常に弱語幹は、 –an で終わり、

–n では終わらない。

(2) –man で終わる名詞・形容詞

（母音に先行された –man 語幹）＝３語幹名詞　中性形

nāman（n.）［名前］

強語幹： nāmān 中語幹： nāma 弱語幹： nāmn

	sg.	du.	pl.
N.	nāma	nāmnī / nāmanī	nāmāni
Ac.	〃	〃	〃
I.	nāmnā	nāmabhyām	nāmabhiḥ
D.	nāmne	〃	nāmabhyaḥ
Ab.	nāmnaḥ	〃	〃
G.	〃	nāmnoḥ	nāmnām
L.	nāmni / nāmani	〃	nāmasu
V.	nāma / nāman	nāmnī / nāmanī	nāmāni

例 mahiman【mahimā】(m.)［偉大］　gariman【garimā】(m.)［重さ］

（子音に先行された –man 語幹）＝２語幹名詞　男性形

ātman（m.）［自我、魂、アートマン］

強語幹： ātmān– 弱語幹： ātman–

	sg.	du.	pl.
N.	ātmā	ātmānau	ātmānaḥ
Ac.	ātmānam	〃	ātmanaḥ
I.	ātmanā	ātmabhyām	ātmabhiḥ
D.	ātmane	〃	ātmabhyaḥ
Ab.	ātmanaḥ	〃	〃
G.	〃	ātmanoḥ	ātmanām
L.	ātmani	〃	ātmasu
V.	ātman	ātmānau	ātmānaḥ

例 brahman【brahmā】(m.)［梵天、婆羅門］　mūrdhan【mūrdhā】(m.)［頭、頭蓋］

（子音に先行された -man 語幹）　中性形

brahman (n.) ［ブラフマン、梵、宇宙の最高原理］

	sg.	du.	pl.
N.	brahma	brahmaṇī	brahmāṇi
Ac.	〃	〃	brahmāṇi
I.	brahmaṇā	brahmabhyām	brahmabhiḥ
D.	brahmaṇe	〃	brahmabhyaḥ
Ab.	brahmaṇaḥ	〃	〃
G.	〃	brahmaṇoḥ	brahmaṇām
L.	brahmaṇi	〃	brahmasu
V.	brahman brahma	brahmaṇī	brahmāṇi

例 （子音に先行された -man 語幹）＝２語幹名詞

veśman【veśma】(n.) ［住居、家］

chadman【chadma】(n.) ［偽装、欺瞞、詐術、策略］

carman【carma】(n.) ［皮膚、革］

bhasman【bhasma】(n.) ［灰］

janman【janma】(n.) ［出生、誕生］

vartman (n.) ［道］

karman (n.) ［仕事、行為、業］

（母音に先行された -man 語幹）＝３語幹名詞

loman【loma】(n.) ［毛］

preman【premā / prema】(m. / n.) ［愛情］

vyoman【vyoma】(n.) ［天空］

nāman【nāma】(n.) ［名前］

(3) –an で終わる特殊名詞・形容詞

ahan (n.*) ［日］

強語幹： ahān–　中語幹： ahar– / ahas–　弱語幹： ahn–

	sg.	du.	pl.
N.	ahar(ḥ)	ahnī / ahanī	ahāni
Ac.	ahar(ḥ)	〃	〃
I.	ahnā	ahobhyām	ahobhiḥ
D.	ahne	〃	ahobhyaḥ
Ab.	ahnaḥ	〃	〃
G.	〃	ahnoḥ	ahnām
L.	ahni / ahani	〃	ahassu / ahaḥsu
V.	ahar(ḥ)	ahnī / ahanī	ahāni

(cf.: nāman p.115) （ ahaḥ の –ḥ は –r に由来するものとして扱われる。）

śvan (m.*) ［犬］

強語幹： śvān–　中語幹： śva–　弱語幹： śun–

	sg.	du.	pl.
N.	śvā	śvānau	śvānaḥ
Ac.	śvānam	〃	śunaḥ
I.	śunā	śvabhyām	śvabhiḥ
D.	śune	〃	śvabhyaḥ
Ab.	śunaḥ	〃	〃
G.	〃	śunoḥ	śunām
L.	śuni	〃	śvasu
V.	śvan	śvānau	śvānaḥ

maghavan（m.*）［インドラ神の異名（adj.*）寛仁な］

強語幹：maghavān-　中語幹：maghava-　弱語幹：maghon-

	sg.	du.	pl.
N.	maghavā	maghavānau	maghavānaḥ
Ac.	maghavānam	〃	maghonaḥ
I.	maghonā	maghavabhyām	maghavabhiḥ
D.	maghone	〃	maghavabhyaḥ
Ab.	maghonaḥ	〃	〃
G.	〃	maghonoḥ	maghonām
L.	maghoni	〃	maghavasu
V.	maghavan	maghavānau	maghavānaḥ

yuvan-（adj.*）［若者、若い］（m.*）［青年］

強語幹：yuvān-　中語幹：yuva-　弱語幹：yūn-

	sg.	du.	pl.
N.	yuvā	yuvānau	yuvānaḥ
Ac.	yuvānam	〃	yūnaḥ
I.	yūnā	yuvabhyām	yuvabhiḥ
D.	yūne	〃	yuvabhyaḥ
Ab.	yūnaḥ	〃	〃
G.	〃	yūnoḥ	yūnām
L.	yūni	〃	yuvasu
V.	yuvan	yuvānau	yuvānaḥ

yuvan (adj.*) ［若い］ （ n.* ） ［若さ］

強語幹： yuvān－　　中語幹： yuva－　　弱語幹： yūn－

	sg.	du.	pl.
N.	yuva	yūnī	yuvāni
Ac.	〃	〃	〃
I.	yūnā	yuvabhyām	yuvabhiḥ
D.	yūne	〃	yuvabhyaḥ
Ab.	yūnaḥ	〃	〃
G.	〃	yūnoḥ	yūnām
L.	yūni	〃	yuvasu
V.	yuvan / yuva	yūnī	yuvāni

pūṣan （ m.* ） ［太陽］

	sg.	du.	pl.
N.	pūṣā	pūṣaṇau	pūṣaṇaḥ
Ac.	pūṣaṇam	〃	〃
I.	pūṣṇā	pūṣabhyām	pūṣabhiḥ
D.	pūṣṇe	〃	pūṣabhyaḥ
Ab.	pūṣṇaḥ	〃	〃
G.	〃	pūṣṇoḥ	pūṣṇām
L.	pūṣṇi / pūṣani	〃	pūṣasu
V.	pūṣan	pūṣaṇau	pūṣaṇaḥ

(4) –han で終わる複合語

N. sg. で –ā となる。（ cf. √han ［殺す］ p.214)

強語幹： –han–　　中語幹： –ha–　　弱語幹： –ghn–

vṛtrahan（ m.* ）［インドラ神の異名］（ adj.* ）［ヴリトラを殺す］

	sg.	du.	pl.
N.	vṛtrahā	vṛtrahaṇau	vṛtrahaṇaḥ
Ac.	vṛtrahaṇam	〃	vṛtraghnaḥ
I.	vṛtraghnā	vṛtrahabhyām	vṛtrahabhiḥ
D.	vṛtraghne	〃	vṛtrahabhyaḥ
Ab.	vṛtraghnaḥ	〃	〃
G.	〃	vṛtraghnoḥ	vṛtraghnām
L.	vṛtrahaṇi / vṛtraghni	〃	vṛtrahasu
V.	vṛtrahan	vṛtrahaṇau	vṛtrahaṇaḥ

vṛtrahan（ n.* ）（ adj.* ）［ヴリトラを殺害する］

	sg.	du.	pl.
N.	vṛtraha	vṛtraghnī / vṛtrahaṇi	vṛtrahāni
Ac.	〃	〃	〃
I.	vṛtraghnā	vṛtrahabhyām	vṛtrahabhiḥ
D.	vṛtraghne	〃	vṛtrahabhyaḥ
Ab.	vṛtraghnaḥ	〃	〃
G.	〃	vṛtraghnoḥ	vṛtraghnām
L.	vṛtrahaṇi / vṛtraghni	〃	vṛtrahasu
V.	vṛtrahan / vṛtraha	vṛtraghnī / vṛtrahaṇi	vṛtrahāni

(5) −vas で終わる名詞・形容詞

強語幹（ −vāṃs で終わる）

中語幹（ −vat で終わる）

弱語幹（ −uṣ で終わる） uṣ の前で先行する短母音 i は脱落する。

cakṛvas ［行なった (having done) ］

強語幹： cakṛvāṃs， 中語幹： cakṛvat， 弱語幹： cakṛ ＋ uṣ ＝ cakruṣ

男性形

	sg.	du.	pl.
N.	cakṛvān	cakṛvāṃsau	cakṛvāṃsaḥ
Ac.	cakṛvāṃsam	〃	cakruṣaḥ
I.	cakruṣā	cakṛvadbhyām	cakṛvadbhiḥ
D.	cakruṣe	〃	cakṛvadbhyaḥ
Ab.	cakruṣaḥ	〃	〃
G.	〃	cakruṣoḥ	cakruṣām
L.	cakruṣi	〃	cakṛvatsu
V.	cakṛvan	cakṛvāṃsau	cakṛvāṃsaḥ

中性形

	sg.	du.	pl.
N.	cakṛvat	cakruṣī	cakṛvāṃsi
Ac.	〃	〃	〃
I.	cakruṣā	cakṛvadbhyām	cakṛvadbhiḥ
D.	cakruṣe	〃	cakṛvadbhyaḥ
Ab.	cakruṣaḥ	〃	〃
G.	〃	cakruṣoḥ	cakruṣām
L.	cakruṣi	〃	cakṛvatsu
V.	cakṛvat	cakruṣī	cakṛvāṃsi

	N. sg.	N. pl.	I. sg.	I. pl
jagmivas ［行った］	jagmivān	jagmivāṃsaḥ	jagmuṣā	jagmivadbhiḥ
jaghnivas ［殺した］	jaghnivān	jaghnivāṃsaḥ	jaghnuṣā	jaghnivadbhiḥ
tasthivas ［立った］	tasthivān	tasthivāṃsaḥ	tasthuṣā	tasthivadbhiḥ
ninīvas ［導いた］	ninīvān	ninīvāṃsaḥ	ninyuṣā	ninīvadbhiḥ
vidvas ［賢者］	vidvān	vidvāṃsaḥ	viduṣā	vidvadbhiḥ

(6) –ac で終わる方向を示す形容詞

強語幹：（ –añc で終わる）

中語幹：（ –ac で終わる）

弱語幹：（ –īc で終わる） –ac が y によって先行される時 –īc となる。 pratyac → pratīc

（ –ūc で終わる） –ac が v によって先行される時 –ūc となる。 anvac → anūc

pratyac ［西の、後の］

強語幹： pratyañc　中語幹： pratyac　弱語幹： pratīc

男性形

	sg.	du.	pl.
N.	pratyaṅ	pratyañcau	pratyañcaḥ
Ac.	pratyañcam	〃	pratīcaḥ
I.	pratīcā	pratyagbhyām	pratyagbhiḥ
D.	pratīce	〃	pratyagbhyaḥ
Ab.	pratīcaḥ	〃	〃
G.	〃	pratīcoḥ	pratīcām
L.	pratīci	〃	pratyakṣu
V.	pratyaṅ	pratyañcau	pratyañcaḥ

中性形

	sg.	du.	pl.
N.	pratyak	pratīcī	pratyañci
Ac.	〃	〃	〃
I.	pratīcā	pratyagbhyām	pratyagbhiḥ
D.	pratīce	〃	pratyagbhyaḥ
Ab.	pratīcaḥ	〃	〃
G.	〃	pratīcoḥ	pratīcām
L.	pratīci	〃	pratyakṣu
V.	pratyak	pratīcī	pratyañci

		強語幹		強語幹	弱語幹	中語幹
		N. sg.		N. pl.	I. sg.	L. pl.
anvac	［次の、に続く］	anvaṅ	anvak	anvañc-aḥ	anūc-ā	anvak-ṣu
udac	［上の、北の］	udaṅ	udak	udañc-aḥ	udīc-ā	udak-ṣu
nyac	［下の］	nyaṅ	nyak	nyañc-aḥ	nīc-ā	nyak-ṣu
viṣvac	［普遍の］	viṣvaṅ	viṣvak	viṣvañc-aḥ	viṣūc-ā	viṣvak-ṣu
samyac	［正しい］	samyaṅ	samyak	samyañc-aḥ	samīc-ā	samyak-ṣu

tiryac ［横の、水平の］　　　　弱語幹： tiraśc

		強語幹		強語幹	弱語幹	中語幹
		N. sg.		N. pl.	I. sg.	L. pl.
avāc	［南の、下の］	avāṅ	avāk	avāñc-aḥ	avāc-ā	avāk-ṣu
tiryac	［横の、水平の］	tiryaṅ	tiryak	tiryañc-aḥ	tiraśc-ā	tiryak-ṣu
parāc	［背けた、反対の］	parāṅ	parāk	parāñc-aḥ	parāc-ā	parāk-ṣu
prāc	［東の、前の］	prāṅ	prāk	prāñc-aḥ	prāc-ā	prāk-ṣu

parāc, prāc, avāc は、２語幹で強語幹は -āñc で終わり、弱語幹は、 -āc で終わる。

4．名詞・形容詞の女性形の作り方

(1) 母音で終わる形容詞の女性形の変化規則をまとめる。

-ā で終わる女性の形容詞は **senā** の変化に従う。

-ī で終わる女性の形容詞は **nadī** の変化に従う。

-**māna** を添えて作られる **ātmanepada** の現在分詞 **labhamāna** → **labhamānā**

-**māna** を添えて作られる受動活用の現在分詞 **jīyamāna** → **jīyamāna**

-**ta(na)** を添えて作られる過去受動分詞 **nīta** → **nītā**

-**tara**, -**tama** を添えて作られる形容詞の比較級・最上級

śucitara → **śucitarā** ／ **śucitama** → **śucitamā**

-iṣṭha を添えて作られる形容詞の最上級 **gariṣṭha** → **gariṣṭhā** 等の女性形は -ā となる。

(2) -a で終わる若干の名詞と形容詞は女性形の変化において特別の規則に従う。

[1] -**ka** で終わる名詞と形容詞の女性形は -**ikā** の形をとる。

gāyakaḥ ［歌手］ → gāyikā ［女歌手］

bālaka ［少年］ → **bālikā** ［少女］

[2] -a で終わる次の形容詞の女性形は -ī の形をとる。

kiśora (m. / n.) ［若い］ → **kiśorī** (f.) ［若い］

gaura (m. / n.) ［白い、黄色い］ → **gaurī** (f.) ［白い、黄色い］

taruṇa (m. / n.) ［若々しい］ → **taruṇī** (f.) ［若々しい］

tādṛśa (m. / n.) ［そのような］ → **tādṛśī** (f.) ［そのような］

sadṛśa (m. / n.) ［～に似た、同様な］ → **sadṛśī** (f.) ［～に似た、同様な］

[3] 生物の種族を示す –a で終わる名詞の女性形は、 –ī の形をとる。

ajaḥ (m.) ［山羊］ → ajā (f.) ［（例外）雌山羊］
aśvaḥ (m.) ［馬］ → aśvā (f.) ［（例外）雌馬］
kokilaḥ (m.) ［カッコウ］ → kokilā (f.) ［（例外）雌カッコウ］
caṭakaḥ (m.) ［燕］ → caṭakā (f.) ［（例外）雌燕］
balākaḥ (m.) ［鶴］ → balākā (f.) ［（例外）雌鶴］
mayūraḥ (m.) ［孔雀］ → mayūrī (f.) ［雌孔雀］
mūṣikaḥ (m.) ［鼠］ → mūṣikā (f.) ［（例外）雌鼠］
vyāghraḥ (m.) ［虎］ → vyāghrī (f.) ［雌虎］
siṃhaḥ (m.) ［ライオン］ → siṃhī (f.) ［雌ライオン］
haṃsaḥ (m.) ［白鳥］ → haṃsī (f.) ［雌白鳥］
hariṇaḥ (m.) ［鹿］ → hariṇī (f.) ［雌鹿］

[4] 接尾辞 –maya ［～からなる、～に属する、～で満ちた］と
–tana ［～に属する］で終わる形容詞は –ī で終わる女性形の形をとる。

carmamaya ［皮製の］ → carmamayī (f.) ［皮製の］
cinmaya ［精神的な］ → cinmayī (f.) ［精神的な］
purātana ［老齢の］ → purātanī (f.) ［老齢の］
mṛnmaya ［土製の］ → mṛnmayī (f.) ［土製の］

–maya ［～からなる、～に属する、～で満ちた］
(made of, entirely consisting of, full of) は、複合語の後に置かれる。

(3) 子音で終わる１語幹の形容詞は男性と女性形において同一の形をもつ。

例 kāmakṛt pitā (m.) ［願いを満たしてくれる父］
→ kāmakṛt kanyā (f.) ［願いを満たしてくれる娘］

(4) 子音で終わる２語幹の形容詞は次のような女性形をとる。

- **–vat, –mat** で終わる形容詞 **dhīmatī, dhanavatī** 、過去能動分詞 **nītavatī kiyat** ［どれくらい］のような量を表わす形容詞は、弱語幹に **–ī** を付けたものを女性形とする。 **kiyatī**

- ①、④、⑩類動詞の **parasmaipada** の能動活用の現在分詞は、強語幹 **–(a)nt** に **–ī** を付ける。
⑥類動詞では強・弱どちらかの語幹に **–ī** を付ける。
nayantī, puṣyantī, corayantī, viśantī or viśatī

- **√bhū** の **parasmaipada** 現在分詞 **bhavat** の女性形は **bhavantī** であるが、敬称代名詞としては **bhavatī** になる。

- **–in** 語幹の形容詞の女性形は、強語幹に **–ī** を付ける。 **dhaninī**

- 比較級の **–īyas** は、弱語幹に **–ī** を付ける。 **paṭīyasī**

(5) 子音で終わる三語幹の名詞・形容詞の女性形は、弱語幹に **–ī** を付ける。

	弱語幹	女性形		弱語幹	女性形
cakṛvas	cakruṣ	cakruṣī	vidvas	viduṣ	viduṣī
rājan	rājñ	rājñī	pratyac	pratīc	pratīcī
prāc	prāc	prācī			

5．特殊な格変化をする名詞・形容詞

dos（ m.* ）［腕］　　（ m.* ）は稀。
中・弱語幹は doṣan からも作られる。

	sg.	du.	pl.
N.	doḥ	doṣau	doṣaḥ
Ac.	doṣam	〃	doṣaḥ / doṣṇaḥ
I.	doṣā / doṣṇā	dorbhyām / doṣabhyām	dorbhiḥ / doṣabhiḥ
D.	doṣe / doṣṇe	〃	dorbhyaḥ / doṣabhyaḥ
Ab.	doṣaḥ / doṣṇaḥ	〃	〃
G.	〃	doṣoḥ / doṣṇoḥ	doṣām / doṣṇām
L.	doṣi / doṣṇi / doṣaṇi	〃	doṣṣu / doḥsu / doṣaṣu
V.	doḥ	doṣau	doṣaḥ

dos（ n.* ）［腕］

	sg.	du.	pl.
N.	doḥ	doṣī	doṃṣi
Ac.	〃	〃	〃
I.	doṣā / doṣṇā	dorbhyām / doṣabhyām	dorbhiḥ / doṣabhiḥ
D.	doṣe / doṣṇe	〃	〃
Ab.	doṣaḥ / doṣṇaḥ	〃	〃
G.	〃	doṣoḥ / doṣṇoḥ	doṣām / doṣṇām
L.	doṣi / doṣṇi / doṣaṇi	〃	doṣṣu / doḥṣu / doṣasu
V.	doḥ	doṣī	doṃṣi

āśiṣ (f.*) ［祝福］

	sg.	du.	pl.
N.	āśīḥ	āśiṣau	āśiṣaḥ
Ac.	āśiṣam	〃	〃
I.	āśiṣā	āśīrbhyām	āśīrbhiḥ
D.	āśiṣe	〃	āśīrbhyaḥ
Ab.	āśiṣaḥ	〃	〃
G.	〃	āśiṣoḥ	āśiṣām
L.	āśiṣi	〃	āśīḥṣu / āśīṣṣu
V.	āśīḥ	āśiṣau	āśiṣaḥ

子音で始まる語尾の前と N. sg. において i は ī となる。

puṃs (m.*) ［男］

強語幹： pumāṃs–　　中語幹： pum–　　弱語幹： puṃs–

	sg.	du.	pl.
N.	pumān	pumāṃsau	pumāṃsaḥ
Ac.	pumāṃsam	〃	puṃsaḥ
I.	puṃsā	pumbhyām	pumbhiḥ
D.	puṃse	〃	pumbhyaḥ
Ab.	puṃsaḥ	〃	〃
G.	〃	puṃsoḥ	puṃsām
L.	puṃsi	〃	puṃsu
V.	puman	pumāṃsau	pumāṃsaḥ

anaḍuh（ m.* ）［雄牛］

強語幹： anaḍvāh－　　中語幹： anaḍut－　　弱語幹： anaḍuh－

	sg.	du.	pl.
N.	anaḍvān	anaḍvāhau	anaḍvāhaḥ
Ac.	anaḍvāham	〃	anaḍuhaḥ
I.	anaḍuhā	anaḍudbhyām	anaḍudbhiḥ
D.	anaḍuhe	〃	anaḍudbhyaḥ
Ab.	anaḍuhaḥ	〃	〃
G.	〃	anaḍuhoḥ	anaḍuhām
L.	anaḍuhi	〃	anaḍutsu
V.	anaḍvan	anaḍvāhau	anaḍvāhaḥ

ap（ f.* ）［水］　　（複数のみに変化する）

	sg.	du.	pl.
N.			āpaḥ
Ac.			apaḥ
I.			adbhiḥ
D.			adbhyaḥ
Ab.			〃
G.			apām
L.			apsu
V.			āpaḥ

dyu または **div** (f.*) ［天、空］

子音で始まる語尾の前で **dyu** になる。母音で始まる語尾の前では **div** のままである。

dyu または div (f.*) ［天、空］

	sg.	du.	pl.
N.	dyauḥ	divau	divaḥ
Ac.	divam dyām	〃	〃
I.	divā	dyubhyām	dyubhiḥ
D.	dive	〃	dyubhyaḥ
Ab.	divaḥ	〃	〃
G.	〃	divoḥ	divām
L.	divi	〃	dyuṣu
V.	dyauḥ	divau	divaḥ

dyo (f.*) ［天空］

	sg.	du.	pl.
N.	dyauḥ	dyāvau	dyāvaḥ
Ac.	dyām	〃	dyāḥ
I.	dyavā	dyobhyām	dyobhiḥ
D.	dyave	〃	dyobhyaḥ
Ab.	dyoḥ	〃	〃
G.	〃	dyavoḥ	dyavām
L.	dyavi	〃	dyoṣu
V.	dyauḥ	dyāvau	dyāvaḥ

§ 9 形容詞

1. 形容詞の例

サンスクリットでは、名詞が形容詞の役目をし、形容詞は、修飾する名詞の格、数、性に一致する。

ramaṇīyāni vanāni śobhanaṃ jalaṃ ca paśyāmi ［心地よい森と輝く水を私は見る］

名詞と同様に（疑問）代名詞も名詞的、形容詞的に使われる。

taṃ śiṣyam icchanti ［その学生を彼等は望む］

na taṃ paśyāmi ［私は彼を見ない］

tad icchasi(tat icchasi) ［あなたはそれを望みますか？］

ko nagaraṃ gacchati ［誰が町へ行きますか？］

kaḥ śiṣya evaṃ vadati ［どの学生がそのように言っていますか？］

いくつかの名詞が同じ形容詞によって修飾される場合

［形容詞の性］

全ての名詞が女性形のとき、形容詞は女性形をとる。

男性名詞が１つでもあるとき、形容詞は男性形をとる。

中性名詞が１つでもあるとき、形容詞は中性形をとる。

［形容詞の数］

名詞の総数に従って、形容詞の数は両数または複数になる。

sundare (f. du.) **latā** (f. sg.) **mālā** (f. sg.) **ca**

sundarau (m. du.) **latā vṛkṣaś ca**

sundare (n. du.) **puṣpaṃ vṛkṣaś ca**

sundarāḥ (m. pl.) **late vṛkṣaś ca**

sundarāṇi (n. pl.) **vṛkṣo latā puṣpaṃ ca**

形容詞が直近の名詞と一致する多くの場合は、上記の規則に従わない。

puṣpaṃ (n.N.sg.) **latā** (f.N.sg.) **vṛkṣaś** (m.N.sg.) **ca sundaraḥ** (m.N.sg.)

(1) –a で終わる形容詞

大部分の形容詞は a で終わり、女性形は ā で、中性形は am で終わる。

形容詞	名詞	priya［かわいい］	
–a （男性形）‥‥男性形	→	priyaḥ (m.) ‥‥	kūpaḥ (m.)
–a （中性形）‥‥中性形	→	priyam (n.) ‥‥	vanam (n.)
–a （女性形）‥‥女性形	→	priyā (f.) ‥‥	latā (f.)

priyaiḥ bālaiḥ (I. pl. m.) = priyairbālaiḥ ［かわいい 少年達と共に］

priyayā duhitrā (I. sg. f.) ［かわいい 娘と共に］

priye vāriṇi (L. sg. n.) ［心地よい 水の中に］

例

andha ［盲目の］ udāra ［名高い］
kṛtrima ［みせかけの、わざとらしい］
khañja ［足の不自由な］
nava ［新しい］ nitya ［永遠の］
pīna ［太った］ mṛta ［死んだ］
vyādhita ［病の］

kāṇa ［片目の］ kuśala ［熟達した］
kṛpaṇa ［哀れな］ kṣudra ［卑しい］
tīvra ［鋭い、大いなる］
durlabha ［得難い］ prasanna ［清浄な］
vṛddha ［年老いた］
hata ［殺された］

(2) –i で終わる形容詞

–i で終わる形容詞は次のように変化するが、

中性形においては N.Ac.V. 格以外は男性形の活用に従う場合がある。

形容詞	名詞	śuci （清い）	
–i （男性形）‥‥男性形	→	śuciḥ (m.) ‥‥	muniḥ (m.)
–i （中性形）‥‥中性形	→	śuci (n.) ‥‥	vāri (n.)
–i （ N.Ac.V. 以外の男性形）‥‥中性形			
–i （女性形）‥‥女性形	→	śuciḥ (f.) ‥‥	matiḥ (f.)

śucyoḥ narayoḥ (G. du. m.) = śucyornarayoḥ ［２人の正直な人たちの］

śucyai or śucaye nadyai (D. sg. f.) ［清い河に］

śucinaḥ jalāt (Ab. sg. n.) = śucino jalāt ; or śuceḥ jalāt = śucerjalāt ［清い水から］

例　sugandhi ［甘い香の］ surabhi ［芳香ある］

i で終わる、形容詞は、中性名詞を修飾するときに、
D.Ab.G.L. の sg. と G.L. の du. において、中性形と男性形の形を任意にとる。

śuci (n.) ［白い、清い］

	sg.	du.	pl.
N.	śuci	śucinī	śucīni
Ac.	〃	〃	〃
I.	śucinā	śucibhyām	śucibhiḥ
D.	śucine / śucaye	〃	śucibhyaḥ
Ab.	śucinaḥ / śuceḥ	〃	〃
G.	〃	śucinoḥ / śucyoḥ	śucīnām
L.	śucini / śucau	〃	śuciṣu
V.	śuci / śuce	śucinī	śucīni

(3) –u で終わる形容詞

–u で終わる形容詞は次のように変化するが、女性形においては nadī の活用に従う場合もある。

形容詞　名詞　mṛdu ［柔らかい］

–u （男性形） ････ 男性形 → mṛduḥ (m.) ････ śiśuḥ (m.)

–u （中性形） ････ 中性形 → mṛdu (n.) ････ madhu (n.)

–u （ N. Ac. V. 以外の男性形） ････ 中性形

–u （女性形） ････ 女性形 → mṛduḥ (f.) (mṛdu, laghu) ･･ dhenuḥ (f.)

–vī （ nadī の 女性形） ････ 女性形 → mṛduḥ (f.) (mṛdvī, laghvī) ･･ dhenuḥ (f.)

中性形においても、 N. Ac. V. 格以外は男性形の活用に従う場合もある。

mṛdo kave (V. sg. m.) ［麗しき 詩人よ！］
mṛdvāḥ or mṛdoḥ or mṛdvyāḥ mātuḥ (G. sg. f.) ［優しい母の］
mṛdunā amṛtena (I. sg. n.) = mṛdunāmṛtena ［美味なる水によって］

例

bahu ［多くの］ **sādhu** ［善良な］ **āśu** ［速い］ **cāru** ［愛らしい］
guru ［重い］ **mṛdu** ［柔らかい］ **svādu** ［甘い］

-u で終わる形容詞は、中性名詞を修飾するときに、
D.Ab.G.L. の sg. と G.L. の du. において、中性形と男性形の形を任意にとる。

guru (n.) ［重い］

	sg.	du.	pl.
N.	guru	gurū	guravaḥ
Ac.	〃	〃	gurūn
I.	guruṇā	gurubhyām	gurubhiḥ
D.	guruṇe / gurave	〃	gurubhyaḥ
Ab.	guruṇaḥ / guroḥ	〃	〃
G.	〃	gurvoḥ / guruṇoḥ	gurūṇām
L.	guruṇi / gurau	〃	guruṣu
V.	guru / guro	gurū	guravaḥ

(4) −ṛ で終わる形容詞

−ṛ で終わる形容詞は次のように変化するが、女性形においては **nadī** の活用に従う場合もある。
中性形においても、 N. Ac. V. 格以外は男性形の活用に従う場合もある。

形容詞	名詞	dātṛ ［気前のよい］	
−ṛ （男性形）‥‥	男性形 →	**dātā** (m.) ‥‥	**dātṛ** (m.)
−ṛ （中性形）‥‥	中性形 →	**dātṛ** (n.) ‥‥	**dhātṛ** (n.)
−ṛ （ N.Ac.V. 以外の 男性形）‥‥	中性形		
−ṛ （女性形）‥‥	女性形 →	**dātrī** (f.) ‥‥	**nadī** (f.)
−rī （ nadī の 女性形）‥‥	女性形 →	**dātrī** (f.) ‥‥	**nadī** (f.)

dātṛbhyaḥ putrebhyaḥ (D.pl.m.) ［気前のよい　息子達のために］
dātrīṣu kanyāsu (L.pl.f.) ［寛大な　娘達の中で］
dātṛṇī mitre (N.du.n.) ［二人の気前のよい　友達は］

例　**kartṛ** ［行動力のある］ **jetṛ** ［勝利を得た］
vaktṛ ［雄弁な］ **gantṛ** ［〜へ行く者］ **dhātṛ** ［創造神］

2．形容詞の比較級 (comparative) ・最上級 (superlative)

(1) I. pl. (m.) の語幹に接尾辞 −tara, −tama を付加して形容詞の比較級・最上級を作る。
［ I. pl. (m) の語幹とは、基礎になる語が２語幹をもつ時はその弱語幹に、
３語幹をもつ時は中語幹に付加するという意味である］

形容詞		I. pl.(m.)	比較級	最上級
dīrgha	［遠い、長い］	dīrghaiḥ	dīrgha−tara	dīrgha−tama
dhanin	［財産のある］	dhani−bhiḥ	dhani−tara	dhani−tama
dhīmat	［思慮ある、賢い］	dhīmad−bhiḥ	dhīmat−tara	dhīmat−tama
vidvas	［知識のある］	vidvad−bhiḥ	vidvat−tara	vidvat−tama
śuci	［輝く、純粋な］	śuci−bhiḥ	śuci−tara	śuci−tama

(2) 性質を示す形容詞に −īyas, −iṣṭha を付加して比較級・最上級を作る。

直接語幹に付加されない点で **(1)** と異なる。

形容詞	比較級	最上級	形容詞	比較級	最上級
dṛḍha ［堅固な］	draḍhīyas	draḍhiṣṭha	dūra ［遠い］	davīyas	daviṣṭha
mṛdu ［柔らかい］	mradīyas	mradiṣṭha	sthūla ［大きい］	sthavīyas	sthaviṣṭha
pṛthu ［広い］	prathīyas	prathiṣṭha	uru ［広い］	varīyas	variṣṭha
kṛśa［痩せた、薄い］	kraśīyas	kraśiṣṭha	yuvan ［若い］	yavīyas	yaviṣṭha
laghu ［軽い、容易な ］	laghīyas	laghiṣṭha	〃	kanīyas	kaniṣṭha
			kṣudra ［卑しい］	kṣodīyas	kṣodiṣṭha
paṭu ［賢い、鋭い］	paṭīyas	paṭiṣṭha	kṣipra ［速い］	kṣepīyas	kṣepiṣṭha
guru ［重い］	garīyas	gariṣṭha	alpa ［小さい］	kanīyas	kaniṣṭha
			〃	alpīyas	alpiṣṭha
dīrgha ［長い］	drāghīyas	drāghiṣṭha	vṛddha ［老いた］	jyāyas	jyeṣṭha
priya ［いとしい］	preyas	preṣṭha	bahu ［多くの］	bhūyas	bhūyiṣṭha
śrī(mat) ［勝れた］	śreyas	śreṣṭha	balavat ［強い］	balīyas	baliṣṭha
sthira ［堅固な固い、確固たる］	stheyas	stheṣṭha	antika ［近い］	nedīyas	nediṣṭha

形容詞	比較級	最上級	形容詞	比較級	最上級
sphira ［多くの］	spheyas	spheṣṭha	vipula ［大きい］	jyāyas	jyeṣṭha
bahula ［広い］	baṃhīyas	baṃhiṣṭha	bāḍha ［苦しい］	sādhīyas	sādhiṣṭha
praśasya ［優れた］	jyāyas	jyeṣṭha	vṛddha ［巨大な］	varṣīyas	varṣiṣṭha
〃	śreyas	śreṣṭha	〃	jyāyas	jyeṣṭha

(3) –tara, –tama, –iṣṭha は、 –a 語幹の男性・中性名詞と同様に活用する。
–īyas は、男性・中性形において次のように活用する。

laghīyas ［より軽い］

強語幹： laghīyāṃs ； 弱語幹： laghīyas

	男性形			中性形		
	sg.	du.	pl.	sg.	du.	pl.
N.	laghīyān	laghīyāṃsau	laghīyāṃsaḥ	laghīyaḥ	laghīyasī	laghīyāṃsi
Ac.	laghīyāṃsam	laghīyāṃsau	laghīyasaḥ	laghīyaḥ	laghīyasī	laghīyāṃsi
I.	laghīyasā	laghīyobhyām	laghīyobhiḥ	--yasā	--yobhyām	--yobhiḥ
D.	laghīyase	laghīyobhyām	laghīyobhyaḥ	--yase	--yobhyām	--yobhyaḥ
Ab.	laghīyasaḥ	laghīyobhyām	laghīyobhyaḥ	--yasaḥ	--yobhyām	--yobhyaḥ
G.	laghīyasaḥ	laghīyasoḥ	laghīyasām	--yasaḥ	--yasoḥ	--yasām
L.	laghīyasi	laghīyasoḥ	laghīyaḥsu	--yasi	--yasoḥ	--yaḥsu
			laghīyassu			laghīyassu
V.	laghīyan	laghīyāṃsau	laghīyāṃsaḥ	laghīyaḥ	laghīyasī	laghīyāṃsi

(4) 形容詞の比較級は Ab. 格［～より］と共に用いられる。

bhīmād balīyasā śatruṇā nṛpo jitaḥ (Ab.)
［ビーマより強い敵達によって王は滅ぼされた］

形容詞の最上級は G. 格・ L. 格［～の中で］と共に用いられる。

mitrāṇāṃ preṣṭhāya mālām ayaccham (G.)
［友達の中で最愛の人に花環を私は与えた］

vīreṣu rāmaḥ śreṣṭhaḥ (L.)
［英雄達の中でラーマは一番勝れている］

第４章　代名詞

§　１０　人称代名詞・敬称代名詞

人称代名詞 **(personal pronouns)**

１．１人称・２人称

(1) １人称　２人称の単複数の Ab. 格は、接尾語 tas を加えた形に置き換えられる。

mat = mattaḥ［私から］ **asmat = asmattaḥ**［私たちから］

tvat = tvattaḥ［あなたから］ **yuṣmat = yuṣmattaḥ**［あなたたちから］

(2) ２人称の敬称代名詞 **bhavat**［あなたさま］は **N. sg. (m.) bhavān** の形をとる。
主語として使われるときは、述語動詞は常に３人称が用いられる。

bhavat の前に **atra, tatra** が付くと偉大な尊敬を表わす。

bhavān stutim arhati［あなたさまは、称賛に値する］

Your majesty deserves praise.　　**stutim** (f.) 称賛

(3) １人称と２人称では性の区別はない。複合語の前分として用いられる形が代表形と見なされ
1.sg. mad－，pl. asmad－；2.sg. tvad－，pl. yuṣmad－
それぞれ Ab. 格の形と一致する。

	asmat　１人称			yuṣmat　２人称		
	sg.	du.	pl.	sg.	du.	pl.
N.	aham	āvām	vayam	tvam	yuvām	yūyam
Ac.	mām	āvām	asmān	tvām	yuvām	yuṣmān
	(mā)	(nau)	(naḥ)	(tvā)	(vām)	(vaḥ)
I.	mayā	āvābhyām	asmābhiḥ	tvayā	yuvābhyām	yuṣmābhiḥ
D.	mahyam	āvābhyām	asmabhyam	tubhyam	yuvābhyām	yuṣmabhyam
	(me)	(nau)	(naḥ)	(te)	(vām)	(vaḥ)
Ab.	mat	āvābhyām	asmat	tvat	yuvābhyām	yuṣmat
G.	mama	āvayoḥ	asmākam	tava	yuvayoḥ	yuṣmākam
	(me)	(nau)	(naḥ)	(te)	(vām)	(vaḥ)
L.	mayi	āvayoḥ	asmāsu	tvayi	yuvayoḥ	yuṣmāsu

付帯辞 **mā, me, nau, naḥ, tvā, te, vām, vaḥ** は、

- 文頭または詩の行頭には立ち得ない。
- **ca, vā, ha, aha, eva** の前に用いられず、単独の **V.** 格の後ろにも許されない。

二人称の敬称代名詞

bhavat ［汝］ 尊敬を表す

男性形

	sg.	du.	pl.
N.	bhavān	bhavantau	bhavantaḥ
Ac.	bhavantam	〃	bhavataḥ
I.	bhavatā	bhavadbhyām	bhavadbhiḥ
D.	bhavate	〃	bhavadbhyaḥ
Ab.	bhavataḥ	〃	〃
G.	〃	bhavatoḥ	bhavatām
L.	bhavati	〃	bhavatsu
V.	bhavan	bhavantau	bhavantaḥ

中性形

	sg.	du.	pl.
N.	bhavat	bhavatī	bhavanti
Ac.	〃	〃	〃
I.	bhavatā	bhavadbhyām	bhavadbhiḥ
D.	bhavate	〃	bhavadbhyaḥ
Ab.	bhavataḥ	〃	〃
G.	〃	bhavatoḥ	bhavatām
L.	bhavati	〃	bhavatsu
V.	bhavat	bhavatī	bhavanti

女性形

	sg.	du.	pl.
N.	bhavatī	bhavatyau	bhavatyaḥ
Ac.	bhavatīm	〃	bhavatīḥ
I.	bhavatyā	bhavatībhyām	bhavatībhiḥ
D.	bhavatyai	〃	bhavatībhyaḥ
Ab.	bhavatyāḥ	〃	〃
G.	〃	bhavatyoḥ	bhavatīnām
L.	bhavatyām	〃	bhavatīṣu
V.	bhavati	bhavatyau	bhavatyaḥ

§ 11 指示代名詞

指示代名詞 (demonstrative pronouns)

1．指示代名詞（ tad, etad, idam, adas ）の定義

idamaḥ pratyakṣagataṃ

［ idam （これは）目に見える対象物を示す］

samīpataravarti caitado rūpam

［ etad （これは）非常に近い対象物を示す］

adasastu viprakṛṣṭe

［ adas （あれは）非常に遠い対象物を示す］

taditi parokṣe vijānīyāt

［ tad （それは）目に見えない対象物を示す］

● 3人称は性の区別があり、指示代名詞に置き変えられる

2．指示代名詞の変化表

tad（m.）［彼］（f.）［彼女］（n.）［それ］

	m. sg.	m. du.	m. pl.	f. sg.	f. du.	f. pl.	n. sg.	n. du.	n. pl.
N.	saḥ	tau	te	sā	te	tāḥ	tat	te	tāni
Ac.	tam	tau	tān	tām	te	tāḥ	tat	te	tāni
I.	tena	tābhyām	taiḥ	tayā	tābhyām	tābhiḥ	tena	tābhyām	taiḥ
D.	tasmai	tābhyām	tebhyaḥ	tasyai	tābhyām	tābhyaḥ	tasmai	tābhyām	tebhyaḥ
Ab.	tasmāt	tābhyām	tebhyaḥ	tasyāḥ	tābhyām	tābhyaḥ	tasmāt	tābhyām	tebhyaḥ
G.	tasya	tayoḥ	teṣām	tasyāḥ	tayoḥ	tāsām	tasya	tayoḥ	teṣām
L.	tasmin	tayoḥ	teṣu	tasyām	tayoḥ	tāsu	tasmin	tayoḥ	teṣu

idam（m.）［これ、この］（f.）（n.）

	m. sg.	m. du.	m. pl.	f. sg.	f. du.	f. pl.	n. sg.	n. du.	n. pl.
N.	ayam	imau	ime	iyam	ime	imāḥ	idam	ime	imāni
Ac.	imam	imau	imān	imām	ime	imāḥ	idam	ime	imāni
	(enam)	(enau)	(enān)	(enām)	(ene)	(enāḥ)	(enat)	(ene)	(enāni)
I.	anena	ābhyām	ebhiḥ	anayā	ābhyām	ābhiḥ	anena	ābhyām	ebhiḥ
	(enena)			(enayā)			(enena)		
D.	asmai	ābhyām	ebhyaḥ	asyai	ābhyām	ābhyaḥ	asmai	ābhyām	ebhyaḥ
Ab.	asmāt	ābhyām	ebhyaḥ	asyāḥ	ābhyām	ābhyaḥ	asmāt	ābhyām	ebhyaḥ
G.	asya	anayoḥ	eṣām	asyāḥ	anayoḥ	āsām	asya	anayoḥ	eṣām
		(enayoḥ)			(enayoḥ)			(enayoḥ)	
L.	asmin	anayoḥ	eṣu	asyām	anayoḥ	āsu	asmin	anayoḥ	eṣu
		(enayoḥ)			(enayoḥ)			(enayoḥ)	

etad ［これ］

男性形	sg.	du.	pl.
N.	eṣaḥ	etau	ete
Ac.	etam / enam	etau / enau	etān / enān
I.	etena / enena	etābhyām	etebhyaḥ
D.	etasmai	etābhyām	etebhyaḥ
Ab.	etasmāt	etābhyām	etebhyaḥ
G.	etasya	etayoḥ / enayoḥ	eteṣām
L.	etasmin	etayoḥ / enayoḥ	eteṣu

中性形	sg.	du.	pl.
N.	etad	ete	etāni
Ac.	etad / enat	ete / ene	etāni / enāni
I.	etena / enena	etābhyām	etaiḥ
D.	etasmai	etābhyaḥ	etebhyaḥ
Ab.	etasmāt	etābhyām	etābhyaḥ
G.	etasya	etayoḥ / enayoḥ	eteṣām
L.	etasmin	etayoḥ / enayoḥ	eteṣu

女性形	sg.	du.	pl.
N.	eṣā	ete	etāḥ
Ac.	etām / enām	ete / ene	etāḥ / enāḥ
I.	etayā / enayā	etābhyām	etābhiḥ
D.	etasyai	etābhyām	etābhyaḥ
Ab.	etasyāḥ	etābhyām	etābhyaḥ
G.	etasyāḥ	etayoḥ / enayoḥ	etāsām
L.	etasyām	etayoḥ / enayoḥ	etāsu

adas (m.) ［あれ、あの、それ、その］ (f.)

	sg.	du.	pl.	sg.	du.	pl.
N.	asau	amū	amī	asau	amū	amūḥ
Ac.	amum	amū	amūn	amūm	amū	amūḥ
I.	amunā	amūbhyām	amībhiḥ	amuyā	amūbhyām	amūbhiḥ
D.	amuṣmai	amūbhyām	amībhyaḥ	amuṣyai	amūbhyām	amūbhyaḥ
Ab.	amuṣmāt	amūbhyām	amībhyaḥ	amuṣyāḥ	amūbhyām	amūbhyaḥ
G.	amuṣya	amuyoḥ	amīṣām	amuṣyāḥ	amuyoḥ	amūṣām
L.	amuṣmin	amuyoḥ	amīṣu	amuṣyām	amuyoḥ	amūṣu

(n.)

	sg.	du.	pl.
N.	adaḥ	amū	amūni
Ac.	adaḥ	amū	amūni
I.	amunā	amūbhyām	amībhiḥ
D.	amuṣmai	amūbhyām	amībhyaḥ
Ab.	amuṣmāt	amūbhyām	amībhyaḥ
G.	amuṣya	amuyoḥ	amīṣām
L.	amuṣmin	amuyoḥ	amīṣu

● etad ［これ］は、 tad のように変化する。 (m.) − eṣaḥ, etau, ete,
(f.) − eṣā, ete, etāḥ, (n.) − etat, ete, etāni

● tad, etad は、指示形容詞としても使われる。

etān aśvān apaśyam ［これらの馬を私は見た］

tasyāṃ nadyām apatat ［あの川の中に彼は落ちた］

tābhyāṃ mitrābhyāṃ kupyāmi ［あの友人二人と共に私は怒る］

● saḥ と eṣaḥ には 特別の sandhi 規則が適用される。

saḥ, eṣaḥ は すべての子音と a 以外の母音の前では sa, eṣa となる。

saḥ patati = sa patati / eṣaḥ vadati = eṣa vadati /

saḥ īkṣate = sa īkṣate

a の前では so', eṣo' となる。

saḥ aham = so'ham / eṣaḥ avadat = eṣo'vadat

文の終わりに来る時のみ ḥ を保持する。 saḥ

● idam と adas は指示形容詞としても使用され、形容詞の用法に従う。

例　ime nṛpā jayanti ［これらの王たちは勝つ］

amuyā nāryā nīyate bālaḥ ［あの婦人によって少年が導かれる］

amūni phalāni mahyaṃ rocante ［これらの果物は私にとって気にいる］

● amī (adas N.pl.m) は、特別の sandhi 規則に従う。

amī の ī は、いかなる母音とも結合しない。

例　amī aśvāḥ, amī īkṣante

● eṣaḥ は、指示代名詞 saḥ の複合語である。強い指示力を持ち、身近なものを示す。

eṣa(ḥ) sa(ḥ) brāhmaṇaḥ ［ここにその婆羅門がいる］

eṣa(ḥ) rāmo bālān ānayati ［子供たちを連れて来るラーマがここにいる］

eṣa(ḥ) udyānaṃ praviśāmi ［この私が庭に入ります］

（1、2人称の動詞と結合する時、強い指示を示す）

§ 12 所有代名詞

所有代名詞 (possesive pronouns)

所有代名詞は人称代名詞の G. 格によって表わされる。また、種々の接尾辞と共に形容詞を形づくる。

(1) –īya

mad–īya (m. n.) –īyā (f.) ［私の］

asmad–īya (m. n.) –īyā (f.) ［私たちの］

tvad–īya (m. n.) –īyā (f.) ［あなたの］

yuṣmad–īya (m. n.) –īyā (f.) ［あなたたちの］

tad–īya (m. n.) –īyā (f.) ［彼の、彼女の、彼らの、それらの］

(2) –ka

māma–ka (m. n.) –kī (f.) ［私のもの］

tāva–ka (m. n.) –kī (f.) ［あなたのもの］

§ 13 疑問代名詞

疑問代名詞 **(the interrogative pronoun)**

kim　　疑問文において疑問代名詞として使用され、［なに］を意味する。

kiṃ vadati ［何を、彼は話しているのか？］

［何故］の意味にも使われる。

kiṃ śocasi ［何故、あなたは、悲しんでいるのか？］

kim と api は、単なる疑問辞として文頭に置かれる。

kiṃ tatra gacchati ［彼はそこに行きますか？（何故、彼は、そこに行きますか？）］

api jayati ［彼は勝てますか？］

kim は、普通否定の返答が予測される。 api は、肯定の返答が予測される。

男性形

	sg.	du.	pl.
N.	kaḥ	kau	ke
Ac.	kam	kau	kān
I.	kena	kābhyām	kaiḥ
D.	kasmai	kābhyām	kebhyaḥ
Ab.	kasmāt	kābhyām	kebhyaḥ
G.	kasya	kayoḥ	keṣām
L.	kasmin	kayoḥ	keṣu

中性形

	sg.	du.	pl.
N.	kim	ke	kāni
Ac.	kim	ke	kāni
I.	kena	kābhyām	kaiḥ
D.	kasmai	kābhyām	kebhyaḥ
Ab.	kasmāt	kābhyām	kebhyaḥ
G.	kasya	kayoḥ	keṣām
L.	kasmin	kayoḥ	keṣu

女性形

	sg.	du.	pl.
N.	kā	ke	kāḥ
Ac.	kām	ke	kāḥ
I.	kayā	kābhyām	kābhiḥ
D.	kasyai	kābhyām	kābhyaḥ
Ab.	kasyāḥ	kābhyām	kābhyaḥ
G.	kasyāḥ	kayoḥ	kāsām
L.	kasyām	kayoḥ	kāsu

§ 14 不定代名詞

不定代名詞

1．不定代名詞の変化表

● 疑問代名詞＋不変化辞 cit(←cid),cana,api ［或る、どの（人／物）］ (some, any)

男性形

	sg.	du.	pl.
N.	kaścit	kaucit	kecit
N.	kaścana	kaucana	kecana
N.	ko'pi	kāvapi	ke'pi
Ac.	kaṃcit	kaucit	kāṃścit
Ac.	kaṃcana	kaucana	kāṃścana
Ac.	kam api (kamapi)	kāvapi	kānapi
I.	kenacit	kābhyāṃcit	kaiścit
I.	kenacana	kābhyāṃcana	kaiścana
I.	kenāpi	kābhyām api (kābhyāmapi)	kairapi
D.	kasmaicit	kābhyāṃcit	kebhyaścit
D.	kasmaicana	kābhyāṃcana	kebhyaścana
D.	kasmā api	kābhyām api	kebhyo'pi
Ab.	kasmāccit	kābhyāṃcit	kebhyaścit
Ab.	kasmāccana	kābhyāṃcana	kebhyaścana
Ab.	kasmādapi	kābhyām api (kābhyāmapi)	kebhyo'pi
G.	kasyacit	kayościt	keṣāṃcit
G.	kasyacana	kayoścana	keṣāṃcana
G.	kasyāpi	kayorapi	keṣām api (keṣāmapi)
L.	kasmiṃścit	kayościt	keṣucit
L.	kasmiṃścana	kayoścana	keṣucana
L.	kasminnapi	kayorapi	keṣvapi

● 疑問代名詞＋不変化辞 cit(-cid),cana,api ［或る、どの（人／物）］ (some, any)

中性形

	sg.	du.	pl.
N.	kiṃcit	kecit	kānicit
N.	kiṃcana	kecana	kānicana
N.	kim api (kimapi)	ke'pi	kānyapi
Ac.	kiṃcit	kecit	kānicit
Ac.	kiṃcana	kecana	kānicana
Ac.	kim api (kimapi)	ke'pi	kānyapi
I.	kenacit	kābhyāṃcit	kaiścit
I.	kenacana	kābhyāṃcana	kaiścana
I.	kenāpi	kābhyām api (kābhyāmapi)	kairapi
D.	kasmaicit	kābhyāṃcit	kebhyaścit
D.	kasmaicana	kābhyāṃcana	kebhyaścana
D.	kasmā api	kābhyām api (kābhyāmapi)	kebhyo'pi
Ab.	kasmāccit	kābhyāṃcit	kebhyaścit
Ab.	kasmāccana	kābhyāṃcana	kebhyaścana
Ab.	kasmādapi	kābhyām api	kebhyo'pi
G.	kasyacit	kayościt	keṣāṃcit
G.	kasyacana	kayoścana	keṣāṃcana
G.	kasyāpi	kayorapi	keṣām api (keṣāmapi)
L.	kasmiṃścit	kayościt	keṣucit
L.	kasmiṃścana	kayoścana	keṣucana
L.	kasminnapi	kayorapi	keṣvapi

● 疑問代名詞＋不変化辞 cit(-cid),cana,api ［或る、どの（人／物）］ (some, any)

女性形

	sg.	du.	pl.
N.	kācit	kecit	kāścit
N.	kācana	kecana	kāścana
N.	kāpi	ke'pi	kā api
Ac.	kāṃcit	kecit	kāścit
Ac.	kāṃcana	kecana	kāścana
Ac.	kām api (kāmapi)	ke'pi	kā api
I.	kayācit	kābhyāṃcit	kābhiścit
I.	kayācana	kābhyāṃcana	kābhiścana
I.	kayāpi	kābhyām api (kābhyāmapi)	kābhirapi
D.	kasyaicit	kābhyāṃcit	kābhyaścit
D.	kasyaicana	kābhyāṃcana	kābhyaścana
D.	kasyā api	kābhyām api (kābhyāmapi)	kābhyo'pi
Ab.	kasyāścit	kābhyāṃcit	kābhyaścit
Ab.	kasyāścana	kābhyāṃcana	kābhyaścana
Ab.	kasyā api	kābhyām api	kābhyo'pi
G.	kasyāścit	kayościt	kāsāṃcit
G.	kasyāścana	kayoścana	kāsāṃcana
G.	kasyā api	kayorapi	kāsām api (kāsāmapi)
L.	kasyāṃcit	kayościt	kāsucit
L.	kasyāṃcana	kayoścana	kāsucana
L.	kasyām api (kasyāmapi)	kayorapi	kāsvapi

2．不定代名詞の種類

● 疑問代名詞（kim）＋不変化辞（cit, cana, api）＝不定代名詞（ある、どの）

kiṃ nu, kim punar

［まして、いわんや、なおさらだ、いったいどうして、どれだけ多くの］

kiṃ ca ［さらに、その上］

kiṃcit, kaścit, kācit, kaucit, kecit ［だれかある人］

na kiṃcid ［なにも～ない］

na kadācana ［決して～ない］

kiṃcana, kācana, kecana, kāścana ［だれかある人］

kimapi, ko'pi, kāpi, ke'pi, kānyapi ［なにかあるもの］

katham api ［なんとかして］

kvāpi ［どこかあるところで］

na kathaṃcana ［決して～ない］

kadācid ［ある時、かつて］

na kadācid ［決して～ない］

● yaḥ kaḥ yaḥ kaścit ［いかなる人でも、だれでも］

● kati (how many) ［どれくらい］

tati (so many) ［それほど多く］

yati (as many) ［それほど多く］

N., Ac. 格では格変化なし。しかし、他の格は muni の複数のように変化する。

N.	kati
Ac.	kati
I.	katibhiḥ
D.	katibhyaḥ
Ab.	katibhyaḥ
G.	katīnām
L.	katiṣu

§ 15 関係代名詞

1. 関係代名詞 (the relative pronouns) の変化表

yad ［どちら、誰］ 男性形 / 中性形

	sg.	du.	pl.		sg.	du.	pl.
N.	yaḥ	yau	ye	N.	yat	ye	yāni
Ac.	yam	yau	yān	Ac.	yat	ye	yāni
I.	yena	yābhyām	yaiḥ	I.	yena	yābhyām	yaiḥ
D.	yasmai	yābhyām	yebhyaḥ	D.	yasmai	yābhyām	yebhyaḥ
Ab.	yasmāt	yābhyām	yebhyaḥ	Ab.	yasmāt	yābhyām	yebhyaḥ
G.	yasya	yayoḥ	yeṣām	G.	yasya	yayoḥ	yeṣām
L.	yasmin	yayoḥ	yeṣu	L.	yasmin	yayoḥ	yeṣu

女性形

	sg.	du.	pl.
N.	yā	ye	yāḥ
Ac.	yām	ye	yāḥ
I.	yayā	yābhyām	yābhiḥ
D.	yasyai	yābhyām	yābhyaḥ
Ab.	yasyāḥ	yābhyām	yābhyaḥ
G.	yasyāḥ	yayoḥ	yāsām
L.	yasyām	yayoḥ	yāsu

2. 従属節

(1) 名詞節

英語における従属接続詞 that で導かれる名詞節はサンスクリットでは、二重目的語 (Double Accusative) で表わされる。

He thinks that Rama is a hero.

rāmaṃ vīraṃ cintayati ［ラーマは英雄だと彼は考える］

[Ac] [Ac]

先行詞を兼ねた複合関係代名詞 what で導かれる名詞節は形容詞節と同じである。

What he says is true. (=that which he says is true.)

yad vadati tat satyam

[Ac.] → [N.]

［彼が（それを）言うところの］＋［それは正しい］

＝［彼が言うことは（それは）正しい］

間接話法はサンスクリットにはなく、人の言葉をそのまま伝える直接話法の形がとられる。

他との区別を明らかにするために **iti** が使われる。

ahaṃ śatrūn jitavān iti so 'vadat

［私は、敵を 滅ぼしたと 彼は言った］

(2) 形容詞節

形容詞節は関係代名詞によって導かれる。

3．関係詞と相関語

関係詞	相関語
yadi (if) ［もし～なら］	**tadā, tarhi, tataḥ** (then) ［そのとき］
yadyapi (even if, even though) ［たとえ～でも］	**tathāpi** (still) ［やはり］
yadā (when, if)	**tadā** (then)
yatra (where)	**tatra** (there)
ya (who, which)	**sa, ayam, asau** (he, she, it, they)
yathā (as, since)	**tathā** (so, therefore)

4．関係代名詞の用法

(1) 副文は一般に主文に先行して置かれる。

	従属節（副文） 主節（主文）
(In English)	Where the king lives I saw him.
(In Eng・Skt)	Where the king lives, there I saw him.
(In Sanskrit)	**yatra rājā vasati tatra tam apaśyam**

［王が住んでいる所］＋［そこで私は彼に会った］＝［王が住んでいる所で私は彼に会った］

(2) 英語において関係代名詞の先行詞は、従属節（関係代名詞）の直前に置かれるが、サンスクリットでは先行詞は、先行詞と性・数・格が一致する関係代名詞の後に置かれる。

(In English) The boy who comes is a Brahmana.

(In Eng ・ Skt) Who boy comes, he is a Brahmana. ［関代＝先行詞］

［少年が来る］＋［彼は婆羅門である］＝［ここに来る少年は婆羅門である］

(In Sanskrit) **yo bāla āgacchati, sa brāhmaṇaḥ**

● 先行詞は、先行詞と性・数・格が一致する相関語（指示代名詞）の後に置かれる。

Who comes, he boy is a Brahmana. ［相関語＝先行詞］

［来るところの者］＋［その少年は婆羅門である］＝［ここに来る少年は婆羅門である］

ya āgacchati, sa bālo brāhmaṇaḥ

関係詞の例

yadi (if) ［もし〜なら］ **yadyapi** (even if, even though) ［たとえ〜でも］

yadā (when, if) ［〜する時、もし］

yatra (where) ［〜する所に］ **ya** (who, which) **yathā** (as, since) ［〜ので、だから］

相関語の例

tadā (then) ［そのとき］ **tarhi** (then) ［そのとき］ **tataḥ** (then) ［そのとき］

tathāpi (still) ［それにもかかわらず、やはり］ **tadā** (then) ［そのとき］

tatra (there) ［そこで］

tathā (so, therefore) ［したがって］

先行詞の性・数・格

先行詞の性・数・格は、関係代名詞の後に来る場合は、関係代名詞に一致する。［関代＝先行詞］

先行詞の性・数・格は、相関語の後に来る場合は、相関語に一致する。［相関語＝先行詞］

関係代名詞の含まれた文章を訳す場合は、先行詞を見つけることがキーポイントである。

The man to whom the book was given has gone away from the house.

［その男に本が与えられた］＋［彼は家から去った］＝［本が与えられた男は家を出た］

＝ **yasmai narāya pustakaṃ dattaṃ sa gṛhād gataḥ**

［関代 yasmai ＝ **[D.sg.m.]** ＝ narāya 先行詞］［相関語 sa **[N.sg.m.]** ］

[D.]＝[D.] → [N.]

(3) 関係代名詞の格は副文の文章構造によって決められ、相関語の格は主文の文章構造によって決定される。

I see the king who conquers.

Who king conquers, him I see. ［関代 who ＝ king 先行詞］

［王が勝利を得る］＋［彼（その王）に私は会う］＝［勝利を得る王に私は会う］
＝ yo rājā jayati taṃ paśyāmi **［関代** yo ＝ **[N.sg.m.]** ＝ rājā **先行詞］**
[N.]＝[N.] → [Ac.]

Who conquers, him king I see. ［相関 him ＝ king 先行詞］

［勝利を得るところの］＋［その王に私は会う］＝［勝利を得る王に私は会う］
＝ yo jayati tam rājānaṃ paśyāmi **［相関** taṃ ＝**[Ac.sg.m.]**＝ rājānaṃ **先行詞］**
[N.] → [Ac.]＝[Ac.]

(4) 関係代名詞の先行詞と相関語が同一語であることがある。

He who comes is my father. → Who comes, he is my father.
［来るところの人］＋［それが私の父親です］＝［ここに来るのが私の父親です］
［関代 ya ＝ sa **先行詞・相関］** ya āgacchati sa mama pitā

(5) 関係代名詞の文例

The king sees the mountain on which I stand. ［私が立っている山を王は見る］
＝ yasmin girau tiṣṭhāmi taṃ nṛpaḥ paśyati **［関代** yasmin ＝ girau **先行詞］**
［山に私は立っている］＋［それ（その山）を王は見る］＝［私が立っている山を王は見る］
＝ yasmiṃs tiṣṭhāmi taṃ giriṃ nṛpaḥ paśyati **［相関** taṃ ＝ giriṃ **先行詞］**
［私が立っているところの］＋［その山を王は見る］＝［私が立っている山を王は見る］

The poet to whom I gave a chariot came. ［私が車を与えた詩人が来た］

= yasmai kavaye ratham ayaccham̩ sa āgacchat **［関代 yasmai = kavaye 先行詞］**

［私は車を詩人に与えた］＋［かれ（その詩人）が来た］＝［私が車を与えた詩人が来た］

= yasmai ratham ayaccham̩ sa kavir āgacchat **［相関 sa = kavir 先行詞］**

［私が車を与えたところの］＋［その詩人が来た］＝［私が車を与えた詩人が来た］

He led the horse to the village from which I came. ［私が出て来た村へ馬を彼は引いて行った］

= yasmād grāmād āgaccham̩ tam aśvam ānayat **［関代 yasmād = grāmād 先行詞］**

= yasmād grāmād āgaccham̩ tatra-aśvam ānayat **（副詞の代用）** **［関代＝先行詞］**

［村から私は出て来た］＋［そこ（その村）へ馬を彼は引いて行った］＝［私が出て来た村へ馬を彼は引いて行った］

= yasmād āgaccham̩ tam̩ grāmam aśvam ānayat **［相関 tam̩ = grāmam 先行詞］**

= yasmād āgaccham̩ tatra grāmam aśvam ānayat **（副詞の代用）** **［相関＝先行詞］**

［私が出て来たところの］＋［そ（こ）の村へ彼は馬を引いて行った］＝［私が出て来た村へ馬を彼は引いて行った］

I saw the ksatriya by whose horse we conquer.

［我々に勝利をもたらす馬をもてるクシャトリヤに私は会った］

= yasya kṣatriyasya-aśvena jayāmas tam apaśyam

［関代 yasya = kṣatriyasya 先行詞］

［クシャトリヤの馬によって我々は勝利を得る］＋［彼（クシャトリヤ）に私は会った］

= yasya-aśvena jayāmas tam̩ kṣatriyam apaśyam **［相関 tam̩ = kṣatriyam 先行詞］**

［我々が勝利を得るところの馬の持主］＋［そのクシャトリヤに私は会った］

I saw the horse by which we conquer. ［我々に勝利をもたらす馬に私は出会った］

= yena-aśvena jayāmas tam apaśyam **［関代 yena = aśvena 先行詞］**

［馬によって我々は勝利を得る］＋［それ（その馬）に私は出会った］

= yena jayāmas tam aśvam apaśyam **［相関 tam = aśvam 先行詞］**

［我々が勝利を得る原因となるところの］＋［馬に私は出会った］

(6) 関係詞・相関語の反復は、不定の広い意味になる。（～いかなるものでも）
whoever, whatever, wherever, etc. の意味になる。

Wherever he went, there were only forests. ［彼が行った所はどこも森ばかりだった］
= **yatra yatra-agacchat tatra vanāny eva**
Whatever he obtained, that was like water. ［彼が得たものは全て水のようであった］
= **yad yad alabhata tat taj jalam iva**

(7) **api, cit, cana** が付け加えられた疑問詞とともに使用される時、関係詞は過度の不定の意味を示す。関係詞は従属節を支配することなく、先行詞も必要としない。
yatra kutrāpi (anywhere at all) どこでも
yaḥ ko'pi (anyone at all) だれでも
yat kiṃ cit (anything) なんでも

(8) 相関語なしに関係詞が使われる時は、関係詞は広い意味をもつ。
Here ksatriyas, and whoever are Brahmanas, live.
= **atra kṣatriyā ye ca brāhmaṇā vasanti**
［ここに、クシャトリヤと婆羅門たち皆が住んでいる］

5．副詞節

副詞節は主文の動作の特定の状況を表わす。サンスクリットにおいては、副詞節は一般に主文に先行し、主文中の相関副詞と相関している関係副詞によって導かれる。

(1) 副詞一覧

	疑問副詞	関係副詞	相関副詞	不定副詞
時	**kadā** (when?)	**yadā** (when) **yāvat** (while)	**tadā** (then) **tāvat** (-)	**kadācit** (at times) **sarvadā** (always)
場所	**kutra, kva** (where?)	**yatra** (where)	**tatra** (there)	**sarvatra** (everywhere)
方法	**katham** (how?)	**yathā** (as)	**tathā** (so)	**kathañcit** (somehow)
理由	**kim** (why?)	**yataḥ** (because)	(**tataḥ**)	
条件		**yadi** (if)	**tarhi** (then)	
譲歩		**yady api** (although)	**tathāpi** (yet)	

例

yadā-atithayo gatās tadā tvam āgacchaḥ

［お客が帰った時に君が来た］

yāvad ahaṃ jalam ānayāmi tāvad upaviśa

［私が水を汲んでくる間、あなたは座っていなさい］

yatra vīro 'patat tatra te 'tiṣṭhan

［英雄が倒れた所に彼らは立った］

yathā puṣpāṇi vṛkṣaṃ tathā guṇā hṛdayaṃ bhūṣayanti

［花 (pl.) が木を飾るように、徳 (pl.) は心を荘厳する］

yato mitrāṇi tam atyajan sa na bhāṣate

［友達が彼を置去りにしたので、彼は口を利こうとしない］

yadi mātā-āgacchet (tarhi) tāṃ sevethāḥ

［もしお母さんが来たら、君は彼女のお世話をせねばならない］

yady api vane vasāmi tathā-api mitrāṇi smarāmi

［私は森に住んではいるが、友人の事をまだ覚えている］

(2) 副詞節が絶対分詞あるいは Locative or Geniteve absolute で表現される時には接続詞・副詞は訳されない。

例

kadā (when?) 時（疑問副詞）

yadā (when) 時（関係副詞）

tadā (then) 時（相関副詞）

sarvadā (always) 時（不定副詞）

kutra (where?) 場所（疑問副詞）

yatra (where) 場所（関係副詞）

tatra (there) 場所（相関副詞）

sarvatra (everywhere) 場所（不定副詞）

yāvat (while) 時（関係副詞）

tāvat (so much) 時（相関副詞）

yathā (as) 方法（関係副詞）

tathā (so, thus) 方法（相関副詞）

yataḥ (because) 理由（関係副詞）

tataḥ (thence) 理由（相関副詞）

yadi (if) 条件（関係副詞）

tarhi (then) 条件（相関副詞）

yady api (although) 讓歩（関係副詞）

tathāpi (yet) 讓歩（相関副詞）

kva (where?) 場所（疑問副詞）

katham (how?) 方法（疑問副詞）

kim (why?) 理由（疑問副詞）

kadācit (at times) 時（不定副詞）

kathañcit (somehow) 方法（不定副詞）

§ 16　再帰代名詞

再帰代名詞

● **svayam** ［みずから］［おのずから］は不変化であり、ほとんどの場合主格と共に用いられて、すべての人称と数で使われる。強意的に、または区別を表わすために用いられる。

● **ātman** ［自我、魂、自身］の意味で、すべての人称と性に再帰代名詞として男性単数で使われる。

● **sva** ［自身の］は、 **sarva** のように活用し、すべての人称と数に再帰的形容詞として使われる。また複合語の前分として用いられる。所有の意味をもっている。

● **nija** ［自身の］は **sva** と同様、再帰的形容詞である。

§ 17 代名詞的形容詞

代名詞的形容詞

代名詞特有の格語尾をとる形容詞

sarva ［すべての］

sarva（m.）

	sg.	du.	pl.
N.	sarvaḥ	sarvau	sarve
Ac.	sarvam	〃	sarvān
I.	sarveṇa	sarvābhyām	sarvaiḥ
D.	sarvasmai	〃	sarvebhyaḥ
Ab.	sarvasmāt	〃	sarvebhyaḥ
G.	sarvasya	sarvayoḥ	〃
L.	sarvasmin	〃	sarveṣu
V.	sarva	sarvau	sarve

sarva（n.）

	sg.	du.	pl.
N.	sarvam	sarve	sarvāṇi
Ac.	sarvam	〃	〃
I.	sarveṇa	sarvābhyām	sarvaiḥ
D.	sarvasmai	〃	sarvebhyaḥ
Ab.	sarvasmāt	〃	〃
G.	sarvasya	sarvayoḥ	sarveṣām
L.	sarvasmin	〃	sarveṣu
V.	sarvam	sarve	sarvāṇi

sarva (f.)

	sg.	du.	pl.
N.	sarvā	sarve	sarvāḥ
Ac.	sarvām	〃	〃
I.	sarvayā	sarvābhyām	sarvābhiḥ
D.	sarvasyai	〃	sarvābhyaḥ
Ab.	sarvasyāḥ	〃	〃
G.	〃	sarvayoḥ	sarvāsām
L.	sarvasyām	〃	sarvāsu
V.	sarve	sarve	sarvāḥ

● 方向・場所を表わす代名詞的形容詞

anya ［他の］ anyatara ［両者の中のいずれか］

基数詞によって修飾される複数名詞は基数詞と同じ格をとる場合、

itara ［他の］ katara ［２つの中のどれか］

katama ［多数の中でどれか］ ekatama ［多数の中の１つの］

これらは anyat, katarad で終わる N., Ac. 中性 sg. 以外は

sarva ［すべての］のように変化する。

ubha ［両方の］は、両数のみで変化する。

ubhaya ［両方の］は、単数、複数でのみ変化し、両数では変化しない。

pūrva ［東の］ avara ［西の］ dakṣiṇa ［南の］

uttara ［北の］ adhara ［下の、劣った］ para ［他の］

apara ［他の］ antara ［中の］ sva ［自身の］

上記の代名詞的形容詞は、 sarva の変化に従うが、中性・男性・単数・ Ab. 格と L. 格、

男性・複数 N. 格において –a で終わる名詞変化に従うことがある。

例 pūrvasmāt, pūrvāt (sg. Ab.) avarasmin, avare (sg. L.) sve, svāḥ (pl. N.)

ardha ［半分の］ alpa ［少ない］ katipaya ［ある］ prathama ［最初の］ carama ［最後の］

は –a で終わる名詞のように変化する。

男性、複数、 N 格において sarva の変化に従うことがある。

alpāḥ, alpe (m. pl. N.)

dvitīya ［２番目の］ tṛtīya ［３番目の］はすべての性の単数、

D. 格・ Ab. 格・ G. 格・ L. 格で sarva の変化に従うことがある。

第5章　数詞

§18　基数詞と序数詞

1．　1～8の基数詞

基数詞1から4までは性の区別がある。

1 eka

	(m.)	(n.)	(f.)
N.	ekaḥ	ekam	ekā
Ac.	ekam	ekam	ekām
I.	ekena		ekayā
D.	ekasmai		ekasyai
Ab.	ekasmāt		ekasyāḥ
G.	ekasya		ekasyāḥ
L.	ekasmin		ekasyām

2 dvi

	(m.)	(n.)	(f.)
N.	dvau	dve	dve
Ac.	dvau	dve	dve
I.	dvābhyām		
D.	dvābhyām		
Ab.	dvābhyām		
G.	dvayoḥ		
L.	dvayoḥ		

3 tri

	(m.)	(n.)	(f.)
N.	trayaḥ	trīṇi	tisraḥ
Ac.	trīn	trīṇi	tisraḥ
I.	tribhiḥ		tisṛbhiḥ
D.	tribhyaḥ		tisṛbhyaḥ
Ab.	tribhyaḥ		tisṛbhyaḥ
G.	trayāṇām		tisṛṇām
L.	triṣu		tisṛṣu

4 catura

	(m.)	(n.)	(f.)
N.	catvāraḥ	catvāri	catasraḥ
Ac.	caturaḥ	catvāri	catasraḥ
I.	caturbhiḥ		catasṛbhiḥ
D.	caturbhyaḥ		catasṛbhyaḥ
Ab.	caturbhyaḥ		catasṛbhyaḥ
G.	caturṇām		catasṛṇām
L.	caturṣu		catasṛṣu

5 pañca(n)		**6** ṣaṣ		**8** aṣṭa(n)	
N.	pañca	N.	ṣaṭ	N.	aṣṭa / aṣṭau
Ac.	pañca	Ac.	ṣaṭ	Ac.	aṣṭa / aṣṭau
I.	pañcabhiḥ	I.	ṣaḍbhiḥ	I.	aṣṭabhiḥ / aṣṭābhiḥ
D.	pañcabhyaḥ	D.	ṣaḍbhyaḥ	D.	aṣṭabhyaḥ / aṣṭābhyaḥ
Ab.	pañcabhyaḥ	Ab.	ṣaḍbhyaḥ	Ab.	aṣṭabhyaḥ / aṣṭābhyaḥ
G.	pañcānāṃ	G.	ṣaṇṇām	G.	aṣṭānām
L.	pañcasu	L.	ṣaṭsu	L.	aṣṭasu / aṣṭāsu

eka, dvi, tri, catur の基数詞は形容詞的に用いられ、その修飾する名詞の性・数・格に一致する。

pañcan (5) から navadaśan (19) までの基数詞は性の区別はなく語形は一つである。

ṣaṣ (6), aṣṭan (8) 以外の５から１９までの基数詞は pañca(n) の変化に準ずる。

2. １～１９の基数詞と序数詞

	基数詞	序数詞	f.		基数詞	序数詞	f.
1	eka	prathama	–mā	**11**	ekādaśa(n)	ekādaśa	–śī
1		agrima	–mā	**12**	dvādaśa(n)	dvādaśa	–śī
1		ādima	–mā	**13**	trayodaśa(n)	trayodaśa	–śī
1		ādya	ādyā	**14**	caturdaśa(n)	caturdaśa	–śī
2	dvi	dvitīya	–yā	**15**	pañcadaśa(n)	pañcadaśa	–śī
3	tri	tṛtīya	–yā	**17**	saptadaśa(n)	saptadaśa	–śī
4	catur	caturtha	–thī	**18**	aṣṭādaśa(n)	aṣṭādaśa	–śī
4		turīya	–yā	**19**	navadaśa(n)	navadaśa	–śī
4		turya	–yā	**19**	ekonaviṃśati	ekonaviṃśa	–śī
5	pañca(n)	pañcama	–mī	**19**		–titama	–mī
6	ṣaṣ	ṣaṣṭha	–ṣṭhī	**19**	ūnaviṃśati	ūnaviṃśa	–śī
7	sapta(n)	saptama	–mī	**19**		–titama	–mī
8	aṣṭa(n)	aṣṭama	–mī	**19**	ekānnaviṃśati	ekānnaviṃśa	–śī
9	nava(n)	navama	–mī	**19**		–titama	–mī
10	daśa(n)	daśama	–mī	**19**			

3．序数詞変化の特徴

prathama, dvitīya, tṛtīya は単数の D. / Ab. / L. において、任意に代名詞のように活用する。
序数詞の女性形が –ā である prathamā, dvitīyā, tṛtīyā, turīyā, turyā を除き、
全ての序数詞の女性形は –ī で終わる。

4．インド数字の例

१ eka (1)
२ dvi (2)
३ tri (3)
४ catur (4)
५ pañca(n) (5)
६ ṣaṣ (6)
७ sapta(n) (7)
८ aṣṭa(n) (8)
९ nava(n) (9)
१० daśa(n) (10)
११ ekādaśa(n) (11)
१२ dvādaśa(n) (12)
१३ trayodaśa(n) (13)
१४ caturdaśa(n) (14)
१५ pañcadaśa(n) (15)
१६ ṣoḍaśa(n) (16)
१७ saptadaśa(n) (17)
१८ aṣṭādaśa(n) (18)
१९ navadaśa(n) (19)

5．１９～９９の基数詞

i で終わる基数詞は、 i– 語幹で終わる女性、単数で変化する。
t で終わる基数詞は、 i– 語幹で終わる女性、単数で変化する。

(1) eka 1 から navan 9 までの数字 ＋ 10 の倍数の形で数字が表わされる。
eka (1) ＋ viṃśati (20) ＝ ekaviṃśati (21)

(2) 2, 3, 8 は 20 viṃśati, 30 triṃśat の前に付くと dvā, trayas, aṣṭā となる。

22 dvāviṃśati　　23 trayoviṃśati　　28 aṣṭāviṃśati
32 dvātriṃśat　　33 trayastriṃśat　　38 aṣṭātriṃśat

(3) 2, 3, 8 は 40, 50, 60, 70, 90 の前に付くと dvā, dvi; trayas, tri; aṣṭā, aṣṭa の両方の形をとる。

42 dvācatvāriṃśat　　43 trayaścatvāriṃśat　　48 aṣṭācatvāriṃśat
42 dvicatvāriṃśat　　43 tricatvāriṃśat　　48 aṣṭacatvāriṃśat
52 dvāpañcāśat　　53 trayaḥpañcāśat　　58 aṣṭāpañcāśat
52 dvipañcāśat　　53 tripañcāśat　　58 aṣṭapañcāśat

62 dvāṣaṣṭi	63 trayaḥṣaṣṭi	68 aṣṭāṣaṣṭi
62 dviṣaṣṭi	63 triṣaṣṭi	68 aṣṭaṣaṣṭi
72 dvāsaptati	73 trayassaptati	78 aṣṭāsaptati
72 dvisaptati	73 trisaptati	78 aṣṭasaptati
92 dvānavati	93 trayonavati	98 aṣṭānavati
92 dvinavati	93 trinavati	98 aṣṭanavati

(4) 2, 3, 8 は aśīti 80 の前に付くと dvi, tri, aṣṭa となる。

82 dvyaśīti	83 tryaśīti	88 aṣṭāśīti

(5) １０の倍数

viṃśati (20), triṃśat (30), catvāriṃśat (40), pañcāśat (50),

ṣaṣṭi (60), saptati (70), aśīti (80), navati (90)

(6) 19, 29, 39, 49, 59, 69, 79, 89, 99 には様々な表し方がある。

9 + 10 = 19 navadaśan

20 - 1 = 19 ekonaviṃśati, ūnaviṃśati, ekānnaviṃśati

9 + 40 = 49 navacatvāriṃśat

50 - 1 = 49 ekonapañcāśat, ūnapañcāśat, ekānnapañcāśat

(7) ūnaviṃśati 19 から navanavati 99 までの基数詞のうち 30 ～ 59 までは、–t で終る女性名詞のように活用する。それ以外はすべて女性名詞 mati のように活用し、単数形で用いられる。基数詞によって修飾される複数名詞は基数詞と同じ格をとる場合と、あるいは複数の G. 格をとる場合がある。

aṣṭātriṃśatā (I. sg. m.) naraiḥ (I. pl. m.) ［３８人の男によって］

aṣṭātriṃśatā (I. sg. m.) narāṇām (G. pl. m.) ［男達３８人によって］

saptaviṃśatiḥ (N. sg. m.) brāhmaṇāḥ (N. pl. m.) ［２７人のバラモン僧が］

6．１９～９９の序数詞

(1) 19 - 29 : –viṃśati は –viṃśa と –viṃśatitama のいずれの形を用いてもよい。

(2) 29 - 59 : –triṃśat, –catvāriśat, –pañcāśat は –triṃśa, –triṃśattama ;
–catvāriṃśa, –catvāriṃśattama ; –pañcāśa, –pañcāśattama
のいずれの形を用いてもよい。

(3) 59 - 99 :

● 複合語における序数詞は、任意の２つの形をとる。

–ṣaṣṭi は –ṣaṣṭa, –ṣaṣṭitama の形をとる。

–saptati は –saptata, –saptatitama の形をとる。

–aśīti は –aśīta, –aśītitama の形をとる。

–navati は –navata, –navatitama の形をとる。

● １０の倍数の序数は

ṣaṣṭitama (60th), saptatitama (70th), aśītitama (80th), navatitama (90th)

(4) 19 - 99 の序数詞の女性形は –ī で終わる。

7．１００～１０００までの数詞

a で終わる中性数詞は、 vana のように変化し、 ā で終わる女性数詞は、 senā のように変化し
i で終わる女性数詞は、 mati のように変化する。

100 śata (n.)
200 dviśata (n.) , dve śate
300 triśata (n.) , trīṇi śatāni
400 catuḥśata (n.) , catvāri śatāni
500 pañcaśata (n.) , pañca śatāni
600 ṣaṭ śatāni , ṣaṭśata (n.)
700 saptaśata (n.) , sapta śatāni
800 aṣṭaśata (n.) , aṣṭa śatāni
900 nava śatāni , navaśata (n.)
1000 sahasra (n.) , daśaśata (n.) , daśa śatāni
10,000 ayuta (n.) , daśasahasra (n.)
100,000 lakṣa (n.) , lakṣā (f.) , daśāyuta , niyuta
1,000,000 prayuta (n.) , daśalakṣa (n.)
10,000,000 koṭi (f.) (śatalakṣa)

(1) 中間数を表わすときに adhika（＋）［プラス］が用いられる。

121 ekaviṃśatyadhikaṃ śatam

121 ekaviṃśatyadhikaśatam

eka (1) viṃśaty (20) adhika (＋) śatam (100) ＝ 121

343 tricatvāriṃśadadhikaṃ triśatam

343 tricatvāriṃśadadhikatriśatam

tri (3) catvāriṃśad (40) adhika (＋) triśatam (300) ＝ 343

785 pañcāśītyadhikaṃ saptaśatam

785 pañcāśītyadhikasaptaśatam

pañca (5) aśīty (80) adhika (＋) saptaśatam (700) ＝ 785

(2) １００から１０００までの基数詞は中性名詞として扱われる。
あるいは複数の G. 格をとる場合がある。

ṣaḍviṃśatyadhike (L.sg.) pañcaśate (L.sg.) grāmeṣu (L.pl.) ［５２６の村で］

ṣaḍviṃśatyadhike (L.) pañcaśate (L.) grāmāṇām (G.) ［５２６の村で］

(3) １００番目から１０００番目までの序数詞は śatatama か sahasratama を添える。
女性形は –ī で終わる。

ṣaṭ–pañcāśad–adhika–triśatatamo drivasaḥ ［３５６回目の昼］

eka–navaty–adhika–dviśatatamī (f.) rātriḥ (f.) ［２９１回目の夜］

第6章　動詞

§１９　動詞活用

１．動詞活用の組織

動詞活用全体の概要を知るためには、語幹を基準として特定の語幹から導かれる時制と法（準動詞を含めて）を総括し、それを数個の組織に分類するのが最も便利である。

第１次活用 (Primary Conjugation)

Ⅰ　現在組織 (pres.) (Present system)・現在語幹 (Pres. stem) を基準とする
　1 直説法現在 (pres.) (Indicative pres.) および現在分詞 (pres.pt.) (Pres. participle)
　2 直説法過去 (impf.) ［直説法不定過去］ (Indic. imperfect)
　3 願望法 (opt.) (Optative or potential)
　4 命令法 (ipv.) (Imperative)

Ⅱ　アオリスト組織 (Aorist system)・アオリスト語幹 (Aor. stem) を基準とする
　1 直説法アオリスト (Indic. Aor.)
　2 祈願法［希求法］ (ben.) (Precative or Benedictive) ※直説法アオリストの願望法の一種である。

Ⅲ　完了組織 (Perfect system)・完了語幹 (pf. stem) を基準とする
　1 直説法現在完了 (Indic. pf) および完了分詞 (pf. pt.)

Ⅳ　未来組織 (Future system)・未来語幹 (fut. stem) を基準とする
　1 直説法未来 (Indic. fut.) および未来分詞 (fut. pt.)
　2 条件法 (cond.) (Conditional)

Ⅴ　助動詞を用いる時制［複合時制］ (Compound tenses)
　1 複合完了［紆説完了］ (periph.pf.) (Periphrastic pf.)
　2 複合未来［紆説未来］ (periph.fut.) (Periph. fut.)

Ⅵ　準動詞 (Verbals)
　1 過去分詞［過去能動分詞］ (p.act.pt) および過去受動分詞 (ppp.)(Past. passive pt.)
　2 動詞的形容詞［動形容詞］ (ger.) (Verbal adj. or Gerundives)
　3 絶対分詞［遊離分詞］ (abs.) (Absolutives)
　4 不定詞 (inf.) (Infinitive)

第２次活用 (Secondary Conjugation) 第１次活用の語根に特定の接尾辞を付加して作られる
　1 受動活用 (pass.) (Passive)
　2 使役活用 (caus.) (Causative)
　3 意欲活用 (des.) (Desiderative)
　4 強意活用 (int.) (Intensive or Frequentative)

これに準ずるものに 5 名詞起源の動詞 (den.) (Denominative) がある。

2. 定動詞 (finite verbs) の構成

定動詞 (finite verbs) の構成は　{語根＋接尾辞} ＝ 語幹

語幹＋人称語尾＝ 定動詞

定動詞は、数・人称・態 (voice) によって規定される。

数は、 単数 (sg.)【 ekavacana 】・両数［2つの事物を表す］ (du.)【 dvivacana 】・

複数 (pl.)【 bahuvacana 】の3種である。

人称は、 1、2、3人称に分かれる。

（インドの文法家は3人称「彼」をもって動詞の代表形と認める）

態は、 3種に分かれる。

能動態（他人のための言葉） (P.)【 parasmaipada 】(active voice)

反射態［反照態］（動詞の表す行為が動作者自身のために行われることを示す）

（自分のための言葉） (A.)【 ātmanepada 】(middle voice)

√yaj　P. yajati ［彼（祭官）は（他人の為に）祭祀を行う］

A. yajate ［彼は（自分自身の為に、祭官に）祭祀を行わせる］

しかし、意味上の区別は必ずしも常に守られていない。一群の語根は、 P. のみに活用し、

若干の語根（ √ās ［坐す］、 √śī ［横たわる］）は、 A. にのみ活用する。

P. と A. の両方の態に活用する動詞は (U.)【 ubhaya-pada 】で表す。

また、ある語根は単独に用いられる場合と動詞接頭辞 (preverbs) を伴うときによって態が異なり

意味にも変化が起こる。

例

eti (√i) ［彼は行く］は常に P. で活用されるが、

adhi- を添えて adhīte ［彼は学ぶ］の意味のときは常に A. に活用する。

P. A. の区別は、現在組織以外では明確でなく主として韻律上の都合によって互いに混用されている。

受動態 (pass.)【 karmavācya 】(passive voice) は ātmanepada の語尾をとり、

殆ど現在のみに用いられる。

現在以外の時制においては ātmanepada が受動の意味に用いられる。

3．動詞の種類

動詞は現在語幹の作り方によって１０種類に分けられる。

第１種活用 語幹母音 a で終る語幹を持つ、共通の形式で変化する動詞である。

第１類動詞　語根に **–a** を添えて現在語幹を作る。語根は原則としてグナの階次を表す。

√bhū → bhava–

第４類動詞　語根に **–ya** を添える。

√div → dīvya

第６類動詞　語根に **–a** を添えることは第１類に等しいが、語根の母音はグナをとらない。

√tud → tuda–

第１０類動詞　語根に **–aya** を添える。

√cur → coraya–

第２種活用

第５類動詞　語根に **–no** を添えて強語幹を、**–nu** を添えて弱語幹を作る。

√su → 強語幹 **suno–**　弱語幹 **sunu–**

第８類動詞　語根に **–o** を添えて強語幹を、**–u** を添えて弱語幹を作る。

√tan → 強語幹 **tano–**　弱語幹 **tanu–**

第９類動詞　語根に **–nā** を添えて強語幹を、**–nī**（子音で始まる語尾の前）あるいは、**–n**（母音で始まる語尾の前）を添えて弱語幹を作る。

√krī → 強語幹 **krīṇā–**　弱語幹 **krīṇī–**，**krīṇ–**

第２類動詞　語根に直接、人称語尾を添えて作る。強語幹では語根の母音は **guṇa** となる。

√dviṣ → 強語幹 **dveṣ–**　弱語幹 **dviṣ–**

第３類動詞　重複を特徴とする。

√hu → 強語幹 **juho–**　弱語幹 **juhu–**

第７類動詞　語根に **–na–** を挿入して強語幹を、**–n–** を挿入して弱語幹を作る。

√rudh → 強語幹 **ruṇadh–**　弱語幹 **rundh–**

4．人称語尾 (personal endings)

下記において [1] は第１種活用を、 [2] は第２種活用を示す。

③は３類動詞を示す。

	直説法現在 未来		直説法過去 アオリスト・願望法 祈願法・条件法		命令法		完了	
	P.	A.	P.	A.	P.	A.	P.	A.
sg. 1	mi	e	m [1] am [2]	i	āni	ai	a	e
sg. 2	si	se	s	thās(ḥ)	--- [1] dhi, hi [2]	sva	tha	se
sg. 3	ti	te	t	ta	tu	tām	a	e
du. 1	vas(ḥ)	vahe	va	vahi	āva	āvahai	va	vahe
du. 2	thas	ethe [1] āthe [2]	tam	ethām [1] āthām [2]	tam	ethām [1] āthām [2]	athur	āthe
du. 3	tas	ete [1] āte [2]	tām	etām [1] ātām [2]	tām	etām [1] ātām [2]	atus	āte
pl. 1	mas(ḥ)	mahe	ma	mahi	āma	āmahai	ma	mahe
pl. 2	tha	dhve	ta	dhvam	ta	dhvam	a	dhve
pl. 3	nti [1] anti [2]	nte [1] ate [2]	n [1] an [2] ur ③	nta [1] ata [2]	ntu [1] antu [2]	ntām [1] atām [2]	ur	re

5. 動詞複合語（複合動詞）

動詞の接頭辞 ＋ 動詞

サンスクリットの動詞は、１個あるいはそれ以上の接頭語 (preposition) をともなって、さまざまな意味あいを表す。

ati- ［通過、超越、の向こうに、越えて］
ati-√kram【atikrāmyati】［踏み越す、犯す］

adhi- ［上方、上に、近くに］
adhi-√gam【adhigacchati】［得る、到着する］

anu- ［随行、接近、に沿って、に従って］
anu-√sṛ【anusarati】［従う］

apa- ［隔離、離れて、速く］
apa-√car【apacarati】［去っていく］

abhi- ［方向、接触、上方、の方へ、に向って］
abhi-√dhāv【abhidhāvati】［攻撃する］

ava- ［遠離、下方、下へ、から］
ava-√dah【avadahati】to burn down ［破壊する］

ā- ［方向、こちらへ、まで、後に］
ā-√nī【ānayati】to take unto ［持って来る］

ud- ［上方、外部、上に、外へ］
ud-√bhū【udbhavati】to arise ［産出される］

upa- ［近接、下方、ここへ、そこへ、近くに］
upa-√viś【upaviśati】［座る］

ni- ［下方、内部、下へ、の中に］
ni-√kṣip【nikṣipati】［降ろす］

nis- ［出離、外へ、から離れて］
nis-√vah【nirvahati】［運び出す、持ち出す］

pari- ［周囲、完全、の周りに、完全に］
pari-√pat【paripatati】［飛び回る、跳び下りる］

pra- ［前方、の前に、前方へ、向って］
pra-√cal【pracalati】［前に進む］

prati- ［反対方向、返報、に向かって、再び］
prati-√gam【pratigacchati】［戻る、向って行く］

vi- ［分離、反対、分離して、離れて、なしに］
vi-√as【vyasyati】［散らばる］

sam- ［共存、完成、一緒に］
saṃ-√kṣip【saṃkṣipati】［まとめる］

§20 動詞の用法

1. 現在

現在の動作・状態あるいは一般的事実・真理を表す。

英語のように現在と現在進行形の区別は無い。

直説法現在では近い未来（まさに～しようとしている）勧奨（～しよう、Let's. 1人称複数）の意味を表す。

● 礼儀正しくあいさつする行為を示す

ahaṃ parameśvaraṃ namāmi ［私は神に敬意を表します］

● 近い未来を表す

ayaṃ sa āgacchati ［ここに彼は来るでしょう］

● 寓話や過去の出来事を述べる

vāyaso brūte kas tvam ［あなたは、誰ですか？と、カラスは尋ねた］

● **yāvat** ［～するまえに、とともに］

yāvat pitā na nivartate tāvat krīḍa

［お父さんが帰ってくるまで遊びましょう！］

● 日常習慣的行為を示す

gurūn namaskṛtya bālaḥ pāṭhaṃ paṭhati

［いつも目上の方たちに挨拶してから、少年は勉強を始めます］

● 未来の意味を示す

yaḥ svayaṃ udyamaṃ karoti so dhanavān bhavati

［自らを向上させる人は、お金持ちになるであろう］

● 現在形に sma を付けて過去を示す（物語において）

kasmiṃścit vane durdānto nāma siṃho vasati sma

［ある森にドルダーンタと名づけられるライオンが住んでいた］

2．過去

サンスクリットにおいて３つの過去を表す時制がある。

● 直説法過去 लङ् (imperfect) は、話者を目撃者とするその日以前の出来事を叙述するのに用いられる。話者がいた時、経験したこと。遠い過去を表す。

● 完了 लिट् (perfect) は、話者を目撃者としないその日以前の事柄を叙述するのに用いられる。話者がいない時、経験していないこと（伝聞）。遠い過去を表す。

● アオリスト लुङ् (aorist) は、特別の制限のない過去を表すが、直説法過去・完了と対比される時は、その日の中の出来事に関して用いられる。直前のこと、近い過去を表す。
しかし、これらの区別は一般に守られていない。ただ完了において１人称の活用形が使われるのは究めて希である。さらに、過去分詞がしばしば述語として用いられて、過去を示す。

過去形の語幹の作り方

オーグメント a (augment)

オーグメント (Augment) a は、過去を示す接頭辞で、直説法過去、アオリスト、
条件法に用いられる第２次人称語尾を伴う時称 (Tenses) ・法 (Moods)
の語根部の前に付加される。

オーグメントを伴わない直説法過去、あるいはアオリストの形が否定辞 mā と共に用いられて
禁止を表す。オーグメントのない形は指令法 (Injunctive) と呼ばれる。

直説法過去の活用するすべての動詞にオーグメント a が接頭辞として添えられる。

√pat 語根 pata 語幹 a + pata オーグメント＋語幹

語根が接頭辞を伴う時、オーグメントは両方の中間に挿入され sandhi の法則が適用される。

接頭辞＋語根	接頭辞＋オーグメント＋語幹	sandhi の法則
pra + √viś	pra + a + viśa	prāviśat
anu + √bhū	anu + a + bhava	anvabhavat
prati + √pat	prati + a + pata	pratyapatat
ā + √gam	ā + a + gaccha	āgacchat

（※ āgacchati との区別に注意！）

語根が母音で始まる場合、オーグメントはその語頭の母音の vṛddhi 化を促す。

語根	オーグメント＋語幹	vṛddhi 化
√as	a + asya	āsya
√iṣ	a + iccha	aiccha
√uṣ	a + oṣa	auṣa
√ṛ	a + ṛccha	ārccha

3．命令法 (Imperative)［ loṭ ］

- 命令・助言を表現する。
- 願望・祝福を表現する。
- 可能・疑問を表現する。
- 否定辞 mā と共に禁止を表現する。

１人称では、話者の意志あるいは勧奨を表す（～したい、～しよう）。

３人称では、丁重な表現として用いられる（～してください）。

命令法の形態は、今までの直説法現在の形と同じである。

語幹末の –a は、活用語尾の a– が来ると消える。

命令法が、祝福・祈願法 (Ben.) の意味を表す時は、２・３人称、単数、命令法は tāt が付加される。

4．願望法（Optative, Potential mood）【vidhiliṅ】

● 願望、要求、勧奨（１人称の場合）

● 規範・思案 na と共に用いられて禁止を表す。

● 可能性、能力、疑惑・疑問

● 近接未来、見込性（～かもしれない）

● 仮定法と共に仮定を表す。

● 目的あるいは結果を表す従属節に用いられる。

● 一般的な内容をもつ関係代名詞で表される文章に用いられる。

5．願望法と命令法の用法例

● 命令、禁止、勧奨

jalam ānaya ［水をもって来なさい］（命令法）

śiśuṃ mā pīḍaya ［赤ん坊をいじめるな］（命令法）

naraḥ sadā satyaṃ vadet ［人間は常に真実を話すべきだ］（願望法）

durjanānāṃ gṛhe na praviśeḥ ［悪人どもの家に入るべきでない］（願望法）

（願望法では一般に na を使う）

● 願望、祈り、要求

pitur gṛhe tiṣṭhāni ［父の家に住もう、父の家にいられますように］（命令法）

mātaraṃ paśyeyur bālāḥ ［少年たちは母に会いたい］（願望法）

● 可能、疑問

viṣaṃ bhavatu ［毒があるかもしれない］（命令法）

pāritoṣikaṃ na labhedhvam ［あなたたちは報酬を受け取らないかもしれない］（願望法）

● 仮定法において

yadi mātā nāgacchet śiśur mriyeta ［もし母が来なければ、赤ん坊は死ぬだろう］（願望法）

§21．第1種活用動詞

1．第1種活用の基本変化表

第1種活用動詞として1、4、6、10類動詞の活用語尾がある。

現在・過去・命令法・願望法の人称語尾は、語幹母音 a と人称語尾を付けた形で表記する。

–s は休止位置において –ḥ となる。

語幹母音 a は、m または v で始まる語尾の前で延長され、√pad + a + mi = padāmi

a で始まる人称語尾の前では消滅する。√pat + a + anti = patanti

両数は、あまり使用されないので単数と複数だけに注目すればよい。

	parasmaipada				ātmanepada		
現在	sg.	du.	pl.		sg.	du.	pl.
1	–āmi	–āvaḥ	–āmaḥ	1	–e	–āvahe	–āmahe
2	–asi	–athaḥ	–atha	2	–ase	–ethe	–adhve
3	–ati	–ataḥ	–anti	3	–ate	–ete	–ante

過去	sg.	du.	pl.		sg.	du.	pl.
1	(a)–am	(a)–āva	(a)–āma	1	(a)–e	(a)–āvahi	(a)–āmahi
2	(a)–aḥ	(a)–atam	(a)–ata	2	(a)–athāḥ	(a)–ethām	(a)–adhvam
3	(a)–at	(a)–atām	(a)–an	3	(a)–ata	(a)–etām	(a)–anta

命令	sg.	du.	pl.		sg.	du.	pl.
1	–āni	–āva	–āma	1	–ai	–āvahai	–āmahai
2	–a,–atāt	–atam	–ata	2	–asva	–ethām	–adhvam
3	–atu,–atāt	–atām	–antu	3	–atām	–etām	–antām

願望	sg.	du.	pl.		sg.	du.	pl.
1	–eyam	–eva	–ema	1	–eya	–evahi	–emahi
2	–eḥ(s)	–etam	–eta	2	–ethāḥ(s)	–eyāthām	–edhvam
3	–et	–etām	–eyuḥ(r)	3	–eta	–eyātām	–eran

注意 命令法の1人称 sg. の āni の n は、前に述べた sandhi 規則によって変化する。

√sṛ + āni = sara + āni = sarāṇi　√cur + āni = coraya + āni = corayāṇi

願望法の第1種活用動詞においては、語幹母音 –a と融合して e となる。(–a + ī– = e)

2. 第1類動詞【 bhvādi 】

(1) 語幹の作り方

● 語根【 dhātu 】(roots) に a を添えて語幹【 aṅga 】(verbal stems) を作る。

√　+ a =語幹　　語幹+人称語尾=定動詞

√pat + a = pata　　pata + ti = patati

定動詞の構成は原則として　語幹+人称語尾=定動詞　の形式をとる。

● 語根が単子音に従われる短母音を含むとき、その母音はグナ【 guṇa 】化する。

√（子音+短母音+子音） + a = 語幹

グナ化

√budh　bodha − ti = bodhati

（語根）　（語幹） − （人称語尾）

√budh【bodhati】［目覚める］　√ruh【rohati】［成長する］　√kṛṣ【karṣati】［引く］

● 語根が母音（短母音、長母音）で終わるとき、その母音はグナ化する。

次に接尾辞 a を付けて語幹を作るときは、母音の内連声 (internal sandhi) が起こる。

母音の内連声

例　e +母音= ay +母音　　e + a = aya　（ i のグナ化は e ）

o +母音= av +母音　　o + a = ava　（ u のグナ化は o ）

ṛ +母音= ar +母音　　ṛ + a = ara　（ ṛ のグナ化は ar ）

√（子音+母音） + a =語幹　　√ji グナ化 = je + a = jaya 語幹

√ji【jayati】［勝つ］　√nī【nayati】［導く］　√bhū【bhavati】［～になる］

√dru【dravati】［走る］　√sṛ【sarati】［行く］　√smṛ【smarati】［思い起こす］

● 長母音+子音の構造をもつ語根は変化しない。

√（長母音+子音 ） + a = 語幹

√（子音+長母音+子音） + a = 語幹

√krīḍ【krīḍati】［遊ぶ］　√khād【khādati】［食べる］

√jīv【jīvati】［生きる］　√dhāv【dhāvati】［走る］

● 子音群で終わる語根は変化しない。

√（子音+母音+子音・・・・） + a = 語幹

√nind【nindati】［非難する］　√rakṣ【rakṣati】［守る］　√śaṃs【śaṃsati】［賞賛する］

(2) 第1類動詞の活用表

√pat (1P.) ［落ちる］ √labh (1A.) ［得る］

parasmaipada				ātmanepada			
現在	sg.	du.	pl.		sg.	du.	pl.
1	patāmi	patāvaḥ	patāmaḥ	1	labhe	labhāvahe	labhāmahe
2	patasi	patathaḥ	patatha	2	labhase	labhethe	labhadhve
3	patati	patataḥ	patanti	3	labhate	labhete	labhante

過去	sg.	du.	pl.		sg.	du.	pl.
1	apatam	apatāva	apatāma	1	alabhe	alabhāvahi	alabhāmahi
2	apataḥ	apatatam	apatata	2	alabhathāḥ	alabhethām	alabhadhvam
3	apatat	apatatām	apatan	3	alabhata	alabhetām	alabhanta

命令	sg.	du.	pl.		sg.	du.	pl.
1	patāni	patāva	patāma	1	labhai	labhāvahai	labhāmahai
2	pata patatāt	patatam	patata	2	labhasva	labhethām	labhadhvam
3	patatu patatāt	patatām	patantu	3	labhatām	labhetām	labhantām

願望	sg.	du.	pl.		sg.	du.	pl.
1	pateyam	pateva	patema	1	labheya	labhevahi	labhemahi
2	pateḥ	patetam	pateta	2	labhethāḥ	labheyāthām	labhedhvam
3	patet	patetām	pateyuḥ	3	labheta	labheyātām	labheran

(3) 第1類動詞の不規則語幹の例

√gam【gacchati】［行く］
√dhmā【dhamati】［吹く］
√pā【pibati】［飲む］
√gai【gāyati】［歌う］
√yam【yacchati】［抑止する］
√guh【gūhati】［隠す］
√sad【sīdati】［座る］
√sthā【tiṣṭhati】［立つ］
√dṛś【paśyati】［見る］
√ghrā【jighrati】［嗅ぐ］
√dā【yacchati】［与える］
√śuc【śocati】［悲しむ］
√daṃś【daśati】［咬む］
√hṛ【harati】［持ち去る］

※ √dā と √yam の現在形は同一の形である

3．第４類動詞【 divādi 】

(1) 語幹の作り方

語根母音はグナ化しない。

語根に ya をそえて、語幹を作る。

ātmanepada の活用は受動活用と同じである。

この接尾辞 a は、 m または v で始まる人称語尾の前では、 ā になる。

また、 a で始まる人称語尾の前では脱落する。人称語尾は、第１類動詞の場合と同じである。

√puṣ ＋ ya ＝ puṣya

(2) 第４類動詞の活用表

√nṛt (4P.) ［踊る］　　√yudh (4A.) ［戦う］

	parasmaipada				ātmanepada		
現在	sg.	du.	pl.		sg.	du.	pl.
1	nṛtyāmi	nṛtyāvaḥ	nṛtyāmaḥ	1	yudhye	yudhyāvahe	yudhyāmahe
2	nṛtyasi	nṛtyathaḥ	nṛtyatha	2	yudhyase	yudhyethe	yudhyadhve
3	nṛtyati	nṛtyataḥ	nṛtyanti	3	yudhyate	yudhyete	yudhyante

過去	sg.	du.	pl.		sg.	du.	pl.
1	anṛtyam	anṛtyāva	anṛtyāma	1	ayudhye	ayudhyāvahi	ayudhyāmahi
2	anṛtyaḥ	anṛtyatam	anṛtyata	2	ayudhyathāḥ	ayudhyethām	ayudhyadhvam
3	anṛtyat	anṛtyatām	anṛtyan	3	ayudhyata	ayudhyetām	ayudhyanta

命令	sg.	du.	pl.		sg.	du.	pl.
1	nṛtyāni	nṛtyāva	nṛtyāma	1	yudhyai	yudhyāvahai	yudhyāmahai
2	nṛtya	nṛtyatam	nṛtyata	2	yudhyasva	yudhyethām	yudhyadhvam
3	nṛtyatu	nṛtyatām	nṛtyantu	3	yudhyatām	yudhyetām	yudhyantām

願望	sg.	du.	pl.		sg.	du.	pl.
1	nṛtyeyam	nṛtyeva	nṛtyema	1	yudhyeya	yudhyevahi	yudhyemahi
2	nṛtyeḥ	nṛtyetam	nṛtyeta	2	yudhyethāḥ	yudhyeyāthām	yudhyedhvam
3	nṛtyet	nṛtyetām	nṛtyeyuḥ	3	yudhyeta	yudhyeyātām	yudhyeran

(3) 第４類動詞の不規則語幹の例 √dam【dāmyati】,√klam【klāmyati,klāmati】
√div【dīvyati】［遊ぶ、賭博する］ √bhraṃś【bhraśyati】［落ちる］
√śam【śāmyati】［静まる］ √kṣam【kṣāmyati】［堪え忍ぶ］ √mad【mādyati】［祝う］
√vyadh【vidhyati】［貫く、見抜く］ √bhram【bhrāmyati】［歩き回る］ √cho【chyati】
√tam【tāmyati】［気絶する］ √jan【jāyati】［生まれる］ ni-√śo【ni-śyati】［鋭くする］
ava-√so【ava-syati】［解放する］ √rañj【rajyati】［赤くなる］ √śram【śrāmyati】［疲れる］

４．**第６類動詞**【 tudādi 】　　現在時制の parasmaipada

(1) 語幹の作り方

第１類動詞と同じく語根に a を添えて語幹を作るが、語根の母音はグナ化しない。

√ ＋ a ＝語幹　　活用語尾は第１類動詞と同じ活用形である。

√kṛṣ【kṛṣati】［耕す］

※ √kṛṣ は、第１類動詞【karṣati】と第６類動詞【kṛṣati】の２種ある。

(2) 第６類動詞の活用表

√iṣ (6P.) ［望む］　　　√muc(muñc) (6A.) ［解放する］

	parasmaipada				ātmanepada		
現在	sg.	du.	pl.		sg.	du.	pl.
1	icchāmi	icchāvaḥ	icchāmaḥ	1	muñce	muñcāvahe	muñcāmahe
2	icchasi	icchathaḥ	icchatha	2	muñcase	muñcethe	muñcadhve
3	icchati	icchataḥ	icchanti	3	muñcate	muñcete	muñcante

過去	sg.	du.	pl.		sg.	du.	pl.
1	aiccham	aicchāva	aicchāma	1	amuñce	amuñcāvahi	amuñcāmahi
2	aicchaḥ	aicchatam	aicchata	2	amuñcathāḥ	amuñcethām	amuñcadhvam
3	aicchat	aicchatām	aicchan	3	amuñcata	amuñcetām	amuñcanta

命令	sg.	du.	pl.		sg.	du.	pl.
1	icchāni	icchāva	icchāma	1	muñcai	muñcāvahai	muñcāmahai
2	iccha	icchatam	icchata	2	muñcasva	muñcethām	muñcadhvam
3	icchatu	icchatām	icchantu	3	muñcatām	muñcetām	muñcantām

願望	parasmaipada sg.	du.	pl.		ātmanepada sg.	du.	pl.
1	iccheyam	iccheva	icchema	1	muñceya	muñcevahi	muñcemahi
2	iccheḥ	icchetam	iccheta	2	muñcethāḥ	muñceyāthām	muñcedhvam
3	icchet	icchetām	iccheyuḥ	3	muñceta	muñceyātām	muñceran

(3) 第６類動詞の不規則語幹の例

√lup【lumpati】［壊す］

√lip【limpati】［油を塗る］　√vid【vindati】［見つける］　√sic【siñcati】［注ぐ］

√iṣ【icchati】［欲する］　√pracch【pṛcchati】［尋ねる］　√pṛ【priyati】［忙しくする］

√ṛ【ṛcchati】［移す］　√dṛ【driyati】［尊敬する］　√mṛ【mriyati】［死ぬ］

√kṝ【kirati】［まき散らす］　√kṛt【kṛntati】［切る］　√muc【muñcati】［解く］

５．**第１０類動詞**【curādi】

(1) 語幹の作り方

語根に aya を添加して現在語幹を作る。√＋ aya ＝ 現在語幹

この語幹は使役活用の場合と同じである。　√taḍ【tāḍayati】［打つ ，話す］

√gaṇ【gaṇayati】［数える］　√kath【kathayati】［～と話す］

√cint【cintayati】［考える］　√daṇḍ【daṇḍayati】［罰する］

√pāl【pālayati】［保護する］　√pūj【pūjayati】［供養する，尊敬する］

√pīḍ【pīḍayati】［圧迫する］　√bhakṣ【bhakṣayati】［～を食べる］

√rac【racayati】［形成する］　√bhūṣ【bhūṣayati】［飾る］（使役用法）

√sāntv【sāntvayati】［親切な言葉でなだめる］

２子音に挟まれた短母音は、 guṇa 化する。

√子音＋短母音＋子音 ＋ aya →　子音＋母音（グナ化）＋子音＋ aya

√ghuṣ【ghoṣayati】［宣言する］　√cur【corayati】［盗む］

語根末の母音は vṛddhi 化する。

√子音＋母音 → 子音＋母音（ vṛddhi 化）＋ aya

√dhṛ【dhārayati】［負う］　√kṣal【kṣālayati】［洗う］（不規則動詞）

√chad【chādayati】［覆う］（不規則動詞）

√spṛh【spṛhayati】［～を熱望する、好む］（不規則動詞）（＋D.）

接尾辞 a は、 m または v で始まる人称語尾の前では、 ā になる。

また、 a で始まる人称語尾の前では接尾辞 a が、脱落する。

人称語尾は、第１類動詞の場合と同じである。

√cur ＋ aya → coraya　　√dhṛ ＋ aya → dhāraya

(2) 第１０類動詞の活用表

√cur (10P.) ［盗む］　　　　√kath (10A.) ［語る］

	parasmaipada			ātmanepada		
現在	sg.	du.	pl.	sg.	du.	pl.
1	corayāmi	corayāvaḥ	corayāmaḥ	kathaye	kathayāvahe	kathayāmahe
2	corayasi	corayathaḥ	corayatha	kathayase	kathayethe	kathayadhve
3	corayati	corayataḥ	corayanti	kathayate	kathayete	kathayante

過去	sg.	du.	pl.	sg.	du.	pl.
1	acorayam	acorayāva	acorayāma	akathaye	akathayāvahi	akathayāmahi
2	acorayaḥ	acorayatam	acorayata	akathayathāḥ	akathayethām	akathayadhvam
3	acorayat	acorayatām	acorayan	akathayata	akathayetām	akathayanta

命令	sg.	du.	pl.	sg.	du.	pl.
1	corayāṇi	corayāva	corayāma	kathayai	kathayāvahai	kathayāmahai
2	coraya corayatāt	corayatam	corayata	kathayasva	kathayethām	kathayadhvam
3	corayatu corayatāt	corayatām	corayantu	kathayatām	kathayetām	kathayantām

願望	sg.	du.	pl.	sg.	du.	pl.
1	corayeyam	corayeva	corayema	kathayeya	kathayevahi	kathayemahi
2	corayeḥ	corayetam	corayeta	kathayethāḥ	kathayeyāthām	kathayedhvam
3	corayet	corayetām	corayeyuḥ	kathayeta	kathayeyātām	kathayeran

§２２．第２種活用動詞

１．第２種活用の基本変化表

人称語尾の前に語幹母音 a (the athematic verb) を挿入しない動詞が第２種活用動詞である。

語幹の構成に際して、これらの語根は母音の階次を高めて強語幹をつくる。

＊印の付いた 強語幹＊ は、あまり使われない。

その他は全て弱語幹である。

	parasmaipada				ātmanepada		
現在	sg.	du.	pl.		sg.	du.	pl.
1	強語幹			1			
2	強語幹			2			
3	強語幹			3			

過去	sg.	du.	pl.		sg.	du.	pl.
1	強語幹			1			
2	強語幹			2			
3	強語幹			3			

命令	sg.	du.	pl.		sg.	du.	pl.
1	強語幹＊	強語幹＊	強語幹＊	1	強語幹＊	強語幹＊	強語幹＊
2				2			
3	強語幹			3			

願望	sg.	du.	pl.		sg.	du.	pl.
1				1			
2				2			
3				3			

parasmaipada の語尾変化は第１種活用動詞とほとんど同じであるが、願望法の全ての活用と命令法の２人称単数（語幹の末尾が子音に終わるときは語尾 –dhi が用いられ、母音に終わるときには語尾 –hi が用いられる）で異なる。

ātmanepada の語尾変化は第１種活用とかなり異なる。

現在・過去・命令法の３人称の複数の n は脱落する。□ は、強語幹である。

［現在］ –ante → –ate　　［過去］ –anta → –ata　　［命令法］ –antām → –atām

現在・過去・命令法の２・３人称の両数では人称語尾の語頭 ī を ā に置き換える。

両数は、あまり使用されないので単数と複数だけに注目すればよい。

	parasmaipada				ātmanepada		
現在	sg.	du.	pl.		sg.	du.	pl.
1	–mi	–vaḥ	–maḥ	1	–e	–vahe	–mahe
2	–si	–thaḥ	–tha	2	–se	–āthe,–ethe	–dhve
3	–ti	–taḥ	–anti,–nti –ati	3	–te	–āte	–ate

過去	sg.	du.	pl.		sg.	du.	pl.
1	(a)–am	(a)–va	(a)–ma	1	(a)–i	(a)–vahi	(a)–mahi
2	(a)–s	(a)–tam	(a)–ta	2	(a)–thāḥ	(a)–āthām	(a)–dhvam
3	(a)–t	(a)–tām	(a)–an	3	(a)–ta	(a)–ātām	(a)–ata

命令	sg.	du.	pl.		sg.	du.	pl.
1	–āni	–āva	–āma	1	–ai	–āvahai	–āmahai
2	–ahi/–hi	–tam	–ta	2	–sva	–āthām	–dhvam
3	–tu	–tām	–antu	3	–tām	–ātām	–atām

願望	sg.	du.	pl.		sg.	du.	pl.
1	–yām	–yāva	–yāma	1	–īya	–īvahi	–īmahi
2	–yāḥ(s)	–yātam	–yāta	2	–īthāḥ(s)	–īyāthām	–īdhvam
3	–yāt	–yātām	–yuḥ(r)	3	–īta	–īyātām	–īran

２．第５類動詞【svādi】

(1) 語幹の作り方

√su ［搾り出す］

語根 ＋ no(−ṇo) ＝強語幹　　√ci ＋ no ＝ cino−

語根 ＋ nu(−ṇu) ＝弱語幹　　√ci ＋ nu ＝ cinu−

cf/p32

母音で終わる語根の場合

nu ＋ v または m で始まる語尾は、任意に u が脱落して n となる。

√ci ＋ nu ＋ vaḥ ＝ cinuvaḥ or cinvaḥ

nu ＋ 母音で始まる語尾は nv となる。

√su ＋ nu ＋ anti ＝ sunvanti

2. sg. ipv. P. の −hi は脱落して、語幹の形と同じになる。

(2) 第５類動詞の活用表

√ci(ciñ) (5P.A.) ［集める]強語幹 cino−　；弱語幹 cinu−

	parasmaipada				ātmanepada		
現在	sg.	du.	pl.		sg.	du.	pl.
1	cinomi	cinuvaḥ cinvaḥ	cinumaḥ cinmaḥ	1	cinve	cinuvahe cinvahe	cinumahe cinmahe
2	cinoṣi	cinuthaḥ	cinutha	2	cinuṣe	cinvāthe	cinudhve
3	cinoti	cinutaḥ	cinvanti	3	cinute	cinvāte	cinvate

過去	sg.	du.	pl.		sg.	du.	pl.
1	acinavam	acinuva acinva	acinuma acinma	1	acinvi	acinuvahi acinvahi	acinumahi acinmahi
2	acinoḥ	acinutam	acinuta	2	acinuthāḥ	acinvāthām	acinudhvam
3	acinot	acinutām	acinvan	3	acinuta	acinvātām	acinvata

	parasmaipada				ātmanepada		
命令	sg.	du.	pl.		sg.	du.	pl.
1	cinavāni	cinavāva	cinavāma	1	cinavai	cinavāvahai	cinavāmahai
2	cinu	cinutam	cinuta	2	cinuṣva	cinvāthām	cinudhvam
3	cinotu	cinutām	cinvantu	3	cinutām	cinvātām	cinvatām

願望	sg.	du.	pl.		sg.	du.	pl.
1	cinuyām	cinuyāva	cinuyāma	1	cinvīya	cinvīvahi	cinvīmahi
2	cinuyāḥ	cinuyātam	cinuyāta	2	cinvīthāḥ	cinvīyāthām	cinvīdhvam
3	cinuyāt	cinuyātām	cinuyuḥ	3	cinvīta	cinvīyātām	cinvīran

√su (5P.A.) ［搾り出す、圧搾する、まく］強語幹 suno− ； 弱語幹 sunu−

	parasmaipada				ātmanepada		
現在	sg.	du.	pl.		sg.	du.	pl.
1	sunomi	sunuvaḥ sunvaḥ	sunumaḥ sunmaḥ	1	sunve	sunuvahe sunvahe	sunumahe sunmahe
2	sunoṣi	sunuthaḥ	sunutha	2	sunuṣe	sunvāthe	sunudhve
3	sunoti	sunutaḥ	sunvanti	3	sunute	sunvāte	sunvate

過去	sg.	du.	pl.		sg.	du.	pl.
1	asunavam	asunuva asunva	asunuma asunma	1	asunvi	asunuvahi asunvahi	asunumahi asunmahi
2	asunoḥ	asunutam	asunuta	2	asunuthāḥ	asunvāthām	asunudhvam
3	asunot	asunutām	asunvan	3	asunuta	asunvātām	asunvata

命令	sg.	du.	pl.		sg.	du.	pl.
1	sunavāni	sunavāva	sunavāma	1	sunavai	sunavāvahai	sunavāmahai
2	sunu sunutāt	sunutam	sunuta	2	sunuṣva	sunvāthām	sunudhvam
3	sunotu sunutāt	sunutām	sunvantu	3	sunutām	sunvātām	sunvatām

願望	sg.	du.	pl.		sg.	du.	pl.
1	sunuyām	sunuyāva	sunuyāma	1	sunvīya	sunvīvahi	sunvīmahi
2	sunuyāḥ	sunuyātam	sunuyāta	2	sunvīthāḥ	sunvīyāthām	sunvīdhvam
3	sunuyāt	sunuyātām	sunuyuḥ	3	sunvīta	sunvīyātām	sunvīran

例 √āp 【āpnoti】 (5P.) ［～を得る］
√kṣi 【kṣiṇoti】 (5P.) ［破壊する、滅ぼす］
√du 【dunoti】 (5P.) ［苦しめる、悩ます］
√dhu 【dhunoti,–nute】 (5U.) ［振る、追払う］
√dhū 【dhūnoti,–nute】 (5U.) ［振る、追払う］
√si 【sinoti,–nute】 (5U.) ［縛る］
√sādh 【sādhnoti】 (5P.) ［成就する、達成する］
√stṝ 【stṛṇoti,–ṇute】 (5U.) ［まき散らす、覆う］
√vṛ 【vṛṇoti,–ṇute】 (5U.) ［覆う］
√hi 【hinoti】 (5P.) ［出す、投げる］
sam–√ci 【saṃcinoti,–nute】 (5U.) ［～を集める、蓄積する］
apa–√ci 【apacinoti,–nute】 (5U.) ［～を浪費する、消耗する］
ava–√ci 【avacinoti,–nute】 (5U.) ［～を摘む］
nis–√ci 【niścinoti,nute】 (5U.) ［～を決心する、確かめる］
ā–√vṛ 【āvṛṇoti,ṇute】 (5U.) ［～を覆う、隠す］
sam–√vṛ 【saṃvṛṇoti,–ṇute】 (5U.) ［～を覆う、抑える］
apā–√vṛ 【apāvṛṇoti,–ṇute】 (5U.) ［～を開く、さらす］
vi–√vṛ 【vivṛṇoti,–ṇute】 (5U.) ［～をあばく、明らかにする］
√stṝ 【stṛṇāti】 (9U.) ［覆う］
√vṛ 【vṛṇīte】 (9A.) ［選ぶ］

子音で終わる語根の場合　nu ＋ v または m で始まる語尾は nu となる。

√śak ＋ nu ＋ vaḥ ＝ śaknuvaḥ

nu ＋母音で始まる語尾は nuv となる。　√aś ＋ nuv ＋ īya ＝ aśnuvīya

２人称．単数．命令法（P.）の –hi は脱落しない。

√āp (5P.)［獲得する、到達する］
強語幹 āpno– ； 弱語幹 āpnu–

√aś (5A.)［一面に広がる、到達する］
強語幹 aśno– ； 弱語幹 aśnu–

parasmaipada					ātmanepada		
現在	sg.	du.	pl.		sg.	du.	pl.
1	āpnomi	āpnuvaḥ	āpnumaḥ	1	aśnuve	aśnuvahe	aśnumahe
2	āpnoṣi	āpnuthaḥ	āpnutha	2	aśnuṣe	aśnuvāthe	aśnudhve
3	āpnoti	āpnutaḥ	āpnuvanti	3	aśnute	aśnuvāte	aśnuvate

過去	sg.	du.	pl.		sg.	du.	pl.
1	āpnavam	āpnuva	āpnuma	1	āśnuvi	āśnuvahi	āśunmahi
2	āpnoḥ	āpnutam	āpnuta	2	āśnuthāḥ	āśnuvāthām	āśnudhvam
3	āpnot	āpnutām	āpnuvan	3	āśnuta	āśnuvātām	āśnuvata

命令	sg.	du.	pl.		sg.	du.	pl.
1	āpnavāni	āpnavāva	āpnavāma	1	aśnavai	aśnavāvahai	aśnavāmahai
2	āpnuhi	āpnutam	āpnuta	2	aśnuṣva	aśnuvāthām	aśnudhvam
3	āpnotu	āpnutām	āpnuvantu	3	aśnutām	aśnuvātām	aśnuvatām

願望	sg.	du.	pl.		sg.	du.	pl.
1	āpnuyām	āpnuyāva	āpnuyāma	1	aśnuvīya	aśnuvīvahi	aśnuvīmahi
2	āpnuyāḥ	āpnuyātam	āpnuyāta	2	aśnuvīthāḥ	aśnuvīyāthām	aśnuvīdhvam
3	āpnuyāt	āpnuyātām	āpnuyuḥ	3	aśnuvīta	aśnuvīyātām	aśnuvīran

√śak (5P.) ［できる］　強語幹 śakno－ ; 弱語幹 śaknu－

parasmaipada				parasmaipada			
現在	sg.	du.	pl.	過去	sg.	du.	pl.
1	śaknomi	śaknuvaḥ	śaknumaḥ	1	aśaknavam	aśaknuva	aśaknuma
2	śaknoṣi	śaknuthaḥ	śaknutha	2	aśaknoḥ	aśaknutam	aśaknuta
3	śaknoti	śaknutaḥ	śaknuvanti	3	aśaknot	aśaknutām	aśaknuvan

parasmaipada				parasmaipada			
命令	sg.	du.	pl.	願望	sg.	du.	pl.
1	śaknavāni	śaknavāva	śaknavāma	1	śaknuyām	śaknuyāva	śaknuyāma
2	śaknuhitāt	śaknutam	śaknuta	2	śaknuyāḥ	śaknuyātam	śaknuyāta
3	śaknotutāt	śaknutām	śaknuvantu	3	śaknuyāt	śaknuyātām	śaknuyuḥ

４類として śakyati, śakyate

(3) 第５類動詞の不規則語幹の例

√śru (5P.) ［聞く］　強語幹 śr̥ṇo－ ; 弱語幹 śr̥ṇu－

parasmaipada				parasmaipada			
現在	sg.	du.	pl.	過去	sg.	du.	pl.
1	śr̥ṇomi	śr̥ṇuvaḥ	śr̥ṇumaḥ	1	aśr̥ṇavam	aśr̥ṇuva	aśr̥ṇuma
		śr̥ṇvaḥ	śr̥ṇmaḥ			aśr̥ṇva	aśr̥ṇma
2	śr̥ṇoṣi	śr̥ṇuthaḥ	śr̥ṇutha	2	aśr̥ṇoḥ	aśr̥ṇutam	aśr̥ṇuta
3	śr̥ṇoti	śr̥ṇutaḥ	śr̥ṇvanti	3	aśr̥ṇot	aśr̥ṇutām	aśr̥ṇvan

parasmaipada				parasmaipada			
命令	sg.	du.	pl.	願望	sg.	du.	pl.
1	śr̥ṇavāni	śr̥ṇavāva	śr̥ṇavāma	1	śr̥ṇuyām	śr̥ṇuyāva	śr̥ṇuyāma
2	śr̥ṇutāt	śr̥ṇutam	śr̥ṇuta	2	śr̥ṇuyāḥ	śr̥ṇuyātam	śr̥ṇuyāta
3	śr̥ṇotutāt	śr̥ṇutām	śr̥ṇvantu	3	śr̥ṇuyāt	śr̥ṇuyātām	śr̥ṇuyuḥ

3．第8類動詞【tanādi】

(1) 語幹の作り方

第5類と第8類動詞は密接に関係し、この類に属する語根の数は非常に少なく√kṛ を除きすべて n に終わり、第5類動詞と同一の活用をする。

語根 ＋ o は、強語幹　　√tan ＋ o ＝ tano－

語根 ＋ u は、弱語幹　　√tan ＋ u ＝ tanu－

(2) 第8類動詞の活用表

√tan (8P.A.) ［伸ばす］　強語幹 tano－　；弱語幹 tanu－

現在	parasmaipada sg.	du.	pl.		ātmanepada sg.	du.	pl.
1	tanomi	tanuvaḥ tanvaḥ	tanumaḥ tanmaḥ	1	tanve	tanuvahe tanvahe	tanumahe tanmahe
2	tanoṣi	tanuthaḥ	tanutha	2	tanuṣe	tanvāthe	tanudhve
3	tanoti	tanutaḥ	tanvanti	3	tanute	tanvāte	tanvate

過去	sg.	du.	pl.		sg.	du.	pl.
1	atanavam	atanuva atanva	atanuma atanma	1	atanvi	atanuvahi atanvahi	atanumahi atanmahi
2	atanoḥ	atanutam	atanuta	2	atanuthāḥ	atanvāthām	atanudhvam
3	atanot	atanutām	atanvan	3	atanuta	atanvātām	atanvata

命令	sg.	du.	pl.		sg.	du.	pl.
1	tanavāni	tanavāva	tanavāma	1	tanavai	tanavāvahai	tanavāmahai
2	tanutāt	tanutam	tanuta	2	tanuṣva	tanvāthām	tanudhvam
3	tanotutāt	tanutām	tanvantu	3	tanutām	tanvātām	tanvatām

願望	sg.	du.	pl.		sg.	du.	pl.
1	tanuyām	tanuyāva	tanuyāma	1	tanvīya	tanvīvahi	tanvīmahi
2	tanuyāḥ	tanuyātam	tanuyāta	2	tanvīthāḥ	tanvīyāthām	tanvīdhvam
3	tanuyāt	tanuyātām	tanuyuḥ	3	tanvīta	tanvīyātām	tanvīran

(3) 第８類動詞の不規則語幹の例

√kṛ (8P.A.) ［なす］　　強語幹 karo－　；弱語幹 kuru－

	parasmaipada				ātmanepada		
現在	sg.	du.	pl.		sg.	du.	pl.
1	karomi	kurvaḥ	kurmaḥ	1	kurve	kurvahe	kurmahe
2	karoṣi	kuruthaḥ	kurutha	2	kuruṣe	kurvāthe	kurudhve
3	karoti	kurutaḥ	kurvanti	3	kurute	kurvāte	kurvate

過去	sg.	du.	pl.		sg.	du.	pl.
1	akaravam	akurva	akurma	1	akurvi	akurvahi	akurmahi
2	akaroḥ	akurutam	akuruta	2	akuruthāḥ	akurvāthām	akurudhvam
3	akarot	akurutām	akurvan	3	akuruta	akurvātām	akurvata

命令	sg.	du.	pl.		sg.	du.	pl.
1	karavāṇi	karavāva	karavāma	1	karavai	karavāvahai	karavāmahai
2	kurutāt	kurutam	kuruta	2	kuruṣva	kurvāthām	kurudhvam
3	karotu	kurutām	kurvantu	3	kurutām	kurvātām	kurvatām

願望	sg.	du.	pl.		sg.	du.	pl.
1	kuryām	kuryāva	kuryāma	1	kurvīya	kurvīvahi	kurvīmahi
2	kuryāḥ	kuryātam	kuryāta	2	kurvīthāḥ	kurvīyāthām	kurvīdhvam
3	kuryāt	kuryātām	kuryuḥ	3	kurvīta	kurvīyātām	kurvīran

弱語幹 u は、常に v, m, y の前で脱落する。

注意

[1] sam ＋ √kṛ は特別の意味（特に［飾る］）を表わすとき s を挿入する。

　　saṃ−s−karoti, saṃskṛta（ ppp. ）［飾られた］

[2] k または p で始まる語根の前に先行する語が −is, −us で終わる場合それぞれ −iṣ, −uṣ となる。

　　āvis ＋ √kṛ → āviṣ ＋ √kṛ ＝ āviṣkaroti ［顕わす］

例

√tan	【tanoti,–nute】	(8U.)	[～を広げる、広がる、伸ばす]
√van	【vanute】	(8A.)	[～を獲得する、求める]
√kṣaṇ, √kṣan	【kṣaṇoti,–ṇute】	(8U.)	[～を傷つける、破壊する、殺す]
√kṛ	【karoti,kurute】	(8U.)	[～を作る、する]
ātmasāt √kṛ		(8U.)	[～に充当する]
apa–√kṛ	【apakaroti】	(+G.)	[～に損害を与える]
upa–√kṛ	【upakaroti】	(+G.)	[～を助ける]
āvis–√kṛ	【āviṣkaroti】	(8P.)	[～を発見する]
pari–√kṛ	【pariṣkaroti】	(8P.)	[～を浄化する]
prati–√kṛ	【pratikaroti】	(8P.)	[～を治療する]
tiras–√kṛ	【tiraskaroti】	(8P.)	[～を強く非難する、しのぐ]
alam–√kṛ	【alaṃkaroti】	(8P.)	[～を飾る]
sam–√kṛ	【saṃskaroti】	(8P.)	[～を修理する、磨く、用意する]
√man	【manute】	(8A.)	[～を考える]
√san	【sanati】	(8P.)	[～を得る]
√tṛṇ	【tṛṇoti,tṛṇute】	(8U.)	[～を食べる]

4. 第９類動詞【kryādi】

(1) 語幹の作り方

語根に –nī(–ṇī)（母音の前では –n(–ṇ)）を添えて弱語幹を作る。

√aś + nī = aśnī–（aśn–）

語根に –nā を添えて強語幹を作る。

√aś + nā = aśnā–

末尾より２字目に鼻音をもつ語根は活用に際してその鼻音を失う。

√granth 〔弱〕 grathnī– ; 〔強〕 grathnā–

子音で終わる語根において２人称・単数・命令・ parasmaipada の語幹は –nī を添えること無く直接語根に –āna を添えて作られ、語尾 –hi をとらない。

例　gṛhāṇa (2. sg. ipv. P.) しかし √krī では krīṇīhi

(2) 第９類動詞の活用表

√krī (9P.A.) ［買う］ 強語幹 krīṇā- ; 弱語幹 krīṇī-

現在	parasmaipada sg.	du.	pl.		ātmanepada sg.	du.	pl.
1	krīṇāmi	krīṇīvaḥ	krīṇīmaḥ	1	krīṇe	krīṇīvahe	krīṇīmahe
2	krīṇāsi	krīṇīthaḥ	krīṇītha	2	krīṇīṣe	krīṇāthe	krīṇīdhve
3	krīṇāti	krīṇītaḥ	krīṇanti	3	krīṇīte	krīṇāte	krīṇate

過去	sg.	du.	pl.		sg.	du.	pl.
1	akrīṇām	akrīṇīva	akrīṇīma	1	akrīṇi	akrīṇīvahi	akrīṇīmahi
2	akrīṇāḥ	akrīṇītam	akrīṇīta	2	akrīṇīthāḥ	akrīṇāthām	akrīṇīdhvam
3	akrīṇāt	akrīṇītām	akrīṇan	3	akrīṇīta	akrīṇātām	akrīṇata

命令	sg.	du.	pl.		sg.	du.	pl.
1	krīṇāni	krīṇāva	krīṇāma	1	krīṇai	krīṇāvahai	krīṇāmahai
2	krīṇīhi	krīṇītam	krīṇīta	2	krīṇīṣva	krīṇāthām	krīṇīdhvam
3	krīṇātu	krīṇītām	krīṇantu	3	krīṇītām	krīṇātām	krīṇatām

願望	sg.	du.	pl.		sg.	du.	pl.
1	krīṇīyām	krīṇīyāva	krīṇīyāma	1	krīṇīya	krīṇīvahi	krīṇīmahi
2	krīṇīyāḥ	krīṇīyātam	krīṇīyāta	2	krīṇīthāḥ	krīṇīyāthām	krīṇīdhvam
3	krīṇīyāt	krīṇīyātām	krīṇīyuḥ	3	krīṇīta	krīṇīyātām	krīṇīran

(3) 第9類動詞の不規則語幹の例

√jñā (9P.A.) ［知る］ 〔鼻音を失い jā に〕
〔強〕 jānā- 〔弱〕 jānī (jān-) (2. sg. ipv. P.) jānīhi

√jyā (9P.) ［打ち勝つ、老いる］ 〔 yā を i に〕 ji
〔強〕 jinā- 〔弱〕 jinī (jin-)

√grah (9P.A.) ［捕らえる］ 〔 ra を ṛ に〕 gṛh
〔強〕 gṛhṇā- 〔弱〕 gṛhṇī (gṛhṇ-) (2. sg. ipv. P.) gṛhāṇa

√kṣubh ［揺れる］ 〔 内連声に従うことなく ṇ に変化しない〕 kṣubh
〔強〕 kṣubhnā-〔弱〕 kṣubhnī (kṣubhn-)

√bandh (9P.) ［縛る］ 〔強〕 badhnā- 〔弱〕 badhnī (badhn-) (2. sg. ipv. P.) badhāna

√manth (9P.) ［撹拌する］〔強〕 mathnā- 〔弱〕 mathnī (mathn-) (2. sg. ipv. P.) mathāna

√stambh (9P.) ［支える］〔強〕 stabhnā- 〔弱〕 stabhnī (badhn-) (2. sg. ipv. P.) stabhāna

√granth (9P.) ［結ぶ］ √śranth (9A.) ［弱まる］ √kunth (9P.) ［しがみつく］

いくつかの長母音で終わる語根において、語末の母音は短母音化する。

√lī ［付着する］ 〔強〕 linā-〔弱〕 linī- lināti
√dhū(dhūṇ) ［振る］ 〔強〕 dhunā〔弱〕 dhunī- dhunāti
√pū ［清める］ 〔強〕 punā-〔弱〕 punī- punāti, punīte
√lū ［切る］ 〔強〕 lunā-〔弱〕 lunī- lunāti, lunīte
√dṝ ［裂く］ 〔強〕 dṛṇā-〔弱〕 dṛṇī- dṛṇāti
√pṝ ［満たす］ 〔強〕 pṛṇā-〔弱〕 pṛṇī- pṛṇāti
√śṝ ［破壊する］ 〔強〕 śṛṇā-〔弱〕 śṛṇī- śṛṇāti
√stṝ ［蔽う、広げる］〔強〕 stṛṇā-〔弱〕 stṛṇī- stṛṇāti, stṛṇīte
√gṝ ［呼ぶ］ 〔強〕 gṛṇā-〔弱〕 gṛṇī-

例
√aś 【aśnāti】 (9P.) ［食べる］
√krī 【krīṇāti,-ṇīte】 (9U.) ［買う］
√bandh 【badhnāti】 (9P.) ［縛る、結ぶ］
√kliś 【kliśnāti】 (9P.) ［苦しめる、悩ます］
√puṣ 【puṣṇāti】 (9P.) ［繁栄する］
√muṣ 【muṣṇāti】 (9P.) ［盗む］
√kṣubh 【kṣubhnāti】 (9P.) ［揺れる］
√lī 【lināti】 (9P.) ［付着する］
√jñā 【jānāti,-nīte】 (9U.) ［知る］
√jyā 【jināti】 (9P.) ［打ち勝つ、老いる］
√manth 【mathnāti】 (9P.) ［かき回す］
√stambh 【stabhnāti】 (9P.) ［支える］
√dṝ 【dṛṇāti】 (9P.) ［破壊する、裂く］
√dhū 【dhunāti】 (9P.) ［振る］
√pū 【punāti,-nīte】 (9U.) ［清める］
√grah 【gṛhṇāti,-ṇīte】 (9U.) ［とらえる、つかむ］
√pṝ 【pṛṇāti】 (9P.) ［満たす］
√lū 【lunāti,-nīte】 (9U.) ［切る］
√śṝ 【śṛṇāti】 (9P.) ［破壊する］
√stṝ 【stṛṇāti,-ṇīte】 (9U.) ［広げる、蔽う］

√pū (9P.A.) ［清める］ 強語幹 punā－ ； 弱語幹 punī－

	parasmaipada			ātmanepada		
現在	sg.	du.	pl.	sg.	du.	pl.
1	punāmi	punīvaḥ	punīmaḥ	pune	punīvahe	punīmahe
2	punāsi	punīthaḥ	punītha	punīṣe	punāthe	punīdhve
3	punāti	punītaḥ	punanti	punīte	punāte	punate

過去	sg.	du.	pl.	sg.	du.	pl.
1	apunām	apunīva	apunīma	apuni	apunīvahi	apunīmahi
2	apunāḥ	apunītam	apunīta	apunīthāḥ	apunāthām	apunīdhvam
3	apunāt	apunītām	apunan	apunīta	apunātām	apunata

命令	sg.	du.	pl.	sg.	du.	pl.
1	punāni	punāva	punāma	punai	punāvahai	punāmahai
2	punīhi punītāt	punītam	punīta	punīṣva	punāthām	punīdhvam
3	punātu punītāt	punītām	punantu	punītām	punātām	punatām

願望	sg.	du.	pl.	sg.	du.	pl.
1	punīyām	punīyāva	punīyāma	punīya	punīvahi	punīmahi
2	punīyāḥ	punīyātam	punīyāta	punīthāḥ	punīyāthām	punīdhvam
3	punīyāt	punīyātām	punīyuḥ	punīta	punīyātām	punīran

√muṣ (9P.) ［盗む］
強語幹 muṣṇā- ； 弱語幹 muṣṇī-

√puṣ (9P.) ［増加させる、養う、繁栄する］
(vt.) 強語幹 puṣṇā- ； 弱語幹 puṣṇī-
√puṣ (4P.) は、(vi.) の意味になる。

parasmaipada				parasmaipada			
現在	sg.	du.	pl.		sg.	du.	pl.
1	muṣṇāmi	muṣṇīvaḥ	muṣṇīmaḥ	1	puṣṇāmi	puṣṇīvaḥ	puṣṇīmaḥ
2	muṣṇāsi	muṣṇīthaḥ	muṣṇītha	2	puṣṇāsi	puṣṇīthaḥ	puṣṇītha
3	muṣṇāti	muṣṇītaḥ	muṣṇanti	3	puṣṇāti	puṣṇītaḥ	puṣṇanti

過去	sg.	du.	pl.		sg.	du.	pl.
1	amuṣṇām	amuṣṇīva	amuṣṇīma	1	apuṣṇām	apuṣṇīva	apuṣṇīma
2	amuṣṇāḥ	amuṣṇītam	amuṣṇīta	2	apuṣṇāḥ	apuṣṇītam	apuṣṇīta
3	amuṣṇāt	amuṣṇītām	amuṣṇan	3	apuṣṇāt	apuṣṇītām	apuṣṇan

命令	sg.	du.	pl.		sg.	du.	pl.
1	muṣṇāni	muṣṇāva	muṣṇāma	1	puṣṇāni	puṣṇāva	puṣṇāma
2	muṣāṇa muṣṇītāt	muṣṇītam	muṣṇīta	2	puṣāṇa	puṣṇītam	puṣṇīta
3	muṣṇātu muṣṇītāt	muṣṇītām	muṣṇantu	3	puṣṇātu	puṣṇītām	puṣṇantu

願望	sg.	du.	pl.		sg.	du.	pl.
1	muṣṇīyām	muṣṇīyāva	muṣṇīyāma	1	puṣṇīyām	puṣṇīyāva	puṣṇīyāma
2	muṣṇīyāḥ	muṣṇīyātam	muṣṇīyāta	2	puṣṇīyāḥ	puṣṇīyātam	puṣṇīyāta
3	muṣṇīyāt	muṣṇīyātām	muṣṇīyuḥ	3	puṣṇīyāt	puṣṇīyātām	puṣṇīyuḥ

√stambh (9P.) ［支える］

強語幹 stabhnā- ； 弱語幹 stabhnī-

parasmaipada

現在	sg.	du.	pl.
1	stabhnāmi	stabhnīvaḥ	stabhnīmaḥ
2	stabhnāsi	stabhnīthaḥ	stabhnītha
3	stabhnāti	stabhnītaḥ	stabhnanti

過去	sg.	du.	pl.
1	astabhnām	astabhnīva	astabhnīma
2	astabhnāḥ	astabhnītam	astabhnīta
3	astabhnāt	astabhnītām	astabhnan

命令	sg.	du.	pl.
1	stabhnāni	stabhnāva	stabhnāma
2	stabhāna stabhnītat	stabhnītam	stabhnīta
3	stabhnātu stabhnītat	stabhnītām	stabhnantu

願望	sg.	du.	pl.
1	stabhnīyām	stabhnīyāva	stabhnīyāma
2	stabhnīyāḥ	stabhnīyātam	stabhnīyāta
3	stabhnīyāt	stabhnīyātām	stabhnīyuḥ

√jñā (9P.) ［知る］

(vt.) 強語幹 jānā- ； 弱語幹 jānī-

parasmaipada

現在	sg.	du.	pl.
1	jānāmi	jānīvaḥ	jānīmaḥ
2	jānāsi	jānīthaḥ	jānītha
3	jānāti	jānītaḥ	jānanti

過去	sg.	du.	pl.
1	ajānām	ajānīva	ajānīma
2	ajānāḥ	ajānītam	ajānīta
3	ajānāt	ajānītām	ajānan

命令	sg.	du.	pl.
1	jānāni	jānāva	jānāma
2	jānīhitat	jānītam	jānīta
3	jānātutat	jānītām	jānantu

願望	sg.	du.	pl.
1	jānīyām	jānīyāva	jānīyāma
2	jānīyāḥ	jānīyātam	jānīyāta
3	jānīyāt	jānīyātām	jānīyuḥ

√vṛ (9P.A.) ［結婚の相手を選ぶ］

強語幹 vṛṇā- ； 弱語幹 vṛṇī-

	parasmaipada				ātmanepada		
現在	sg.	du.	pl.		sg.	du.	pl.
1	vṛṇāmi	vṛṇīvaḥ	vṛṇīmaḥ	1	vṛṇe	vṛṇīvahe	vṛṇīmahe
2	vṛṇāsi	vṛṇīthaḥ	vṛṇītha	2	vṛṇīṣe	vṛṇāthe	vṛṇīdhve
3	vṛṇāti	vṛṇītaḥ	vṛṇanti	3	vṛṇīte	vṛṇāte	vṛṇate

過去	sg.	du.	pl.		sg.	du.	pl.
1	avṛṇām	avṛṇīva	avṛṇīma	1	avṛṇi	avṛṇīvahi	avṛṇīmahi
2	avṛṇāḥ	avṛṇītam	avṛṇīta	2	avṛṇīthāḥ	avṛṇāthām	avṛṇīdhvam
3	avṛṇāt	avṛṇītām	avṛṇan	3	avṛṇīta	avṛṇātām	avṛṇata

命令	sg.	du.	pl.		sg.	du.	pl.
1	vṛṇāni	vṛṇāva	vṛṇāma	1	vṛṇai	vṛṇāvahai	vṛṇāmahai
2	vṛṇīhi vṛṇītāt	vṛṇītam	vṛṇīta	2	vṛṇīṣva	vṛṇāthām	vṛṇīdhvam
3	vṛṇātu vṛṇītāt	vṛṇītām	vṛṇantu	3	vṛṇītām	vṛṇātām	vṛṇatām

願望	sg.	du.	pl.		sg.	du.	pl.
1	vṛṇīyām	vṛṇīyāva	vṛṇīyāma	1	vṛṇīya	vṛṇīvahi	vṛṇīmahi
2	vṛṇīyāḥ	vṛṇīyātam	vṛṇīyāta	2	vṛṇīthāḥ	vṛṇīyāthām	vṛṇīdhvam
3	vṛṇīyāt	vṛṇīyātām	vṛṇīyuḥ	3	vṛṇīta	vṛṇīyātām	vṛṇīran

√grah (9P.A.) ［獲得する］

強語幹 gṛhṇā- ； 弱語幹 gṛhṇī-

	parasmaipada				ātmanepada		
現在	sg.	du.	pl.		sg.	du.	pl.
1	gṛhṇāmi	gṛhṇīvaḥ	gṛhṇīmaḥ	1	gṛhṇe	gṛhṇīvahe	gṛhṇīmahe
2	gṛhṇāsi	gṛhṇīthaḥ	gṛhṇītha	2	gṛhṇīṣe	gṛhṇāthe	gṛhṇīdhve
3	gṛhṇāti	gṛhṇītaḥ	gṛhṇanti	3	gṛhṇīte	gṛhṇāte	gṛhṇate

過去	sg.	du.	pl.		sg.	du.	pl.
1	agṛhṇām	agṛhṇīva	agṛhṇīma	1	agṛhṇi	agṛhṇīvahi	agṛhṇīmahi
2	agṛhṇāḥ	agṛhṇītam	agṛhṇīta	2	agṛhṇīthāḥ	agṛhṇāthām	agṛhṇīdhvam
3	agṛhṇāt	agṛhṇītām	agṛhṇan	3	agṛhṇīta	agṛhṇātām	agṛhṇata

命令	sg.	du.	pl.		sg.	du.	pl.
1	gṛhṇāni	gṛhṇāva	gṛhṇāma	1	gṛhṇai	gṛhṇāvahai	gṛhṇāmahai
2	gṛhāṇa gṛhṇītāt	gṛhṇītam	gṛhṇīta	2	gṛhṇīṣva	gṛhṇāthām	gṛhṇīdhvam
3	gṛhṇātu gṛhṇītāt	gṛhṇītām	gṛhṇantu	3	gṛhṇītām	gṛhṇātām	gṛhṇatām

願望	sg.	du.	pl.		sg.	du.	pl.
1	gṛhṇīyām	gṛhṇīyāva	gṛhṇīyāma	1	gṛhṇīya	gṛhṇīvahi	gṛhṇīmahi
2	gṛhṇīyāḥ	gṛhṇīyātam	gṛhṇīyāta	2	gṛhṇīthāḥ	gṛhṇīyāthām	gṛhṇīdhvam
3	gṛhṇīyāt	gṛhṇīyātām	gṛhṇīyuḥ	3	gṛhṇīta	gṛhṇīyātām	gṛhṇīran

√kliś (9P.) ［悩ます、苦しめる］

強語幹 kliśnā- ； 弱語幹 kliśnī-

parasmaipada

現在	sg.	du.	pl.
1	kliśnāmi	kliśnīvaḥ	kliśnīmaḥ
2	kliśnāsi	kliśnīthaḥ	kliśnītha
3	kliśnāti	kliśnītaḥ	kliśnanti

過去	sg.	du.	pl.
1	akliśnām	akliśnīva	akliśnīma
2	akliśnāḥ	akliśnītam	akliśnīta
3	akliśnāt	akliśnītām	akliśnan

命令	sg.	du.	pl.
1	kliśnāni	kliśnāva	kliśnāma
2	kliśāna	kliśnītam	kliśnīta
3	kliśnātu	kliśnītām	kliśnantu

願望	sg.	du.	pl.
1	kliśnīyām	kliśnīyāva	kliśnīyāma
2	kliśnīyāḥ	kliśnīyātam	kliśnīyāta
3	kliśnīyāt	kliśnīyātām	kliśnīyuḥ

√aś (9P.) ［食べる、楽しむ］

強語幹 aśnā- ； 弱語幹 aśnī-

parasmaipada

現在	sg.	du.	pl.
1	aśnāmi	aśnīvaḥ	aśnīmaḥ
2	aśnāsi	aśnīthaḥ	aśnītha
3	aśnāti	aśnītaḥ	aśnanti

過去	sg.	du.	pl.
1	āśnām	āśnīva	āśnīma
2	āśnāḥ	āśnītam	āśnīta
3	āśnāt	āśnītām	āśnan

命令	sg.	du.	pl.
1	aśnāni	aśnāva	aśnāma
2	aśāna aśnītāt	aśnītam	aśnīta
3	aśnātu aśnītāt	aśnītām	aśnantu

願望	sg.	du.	pl.
1	aśnīyām	aśnīyāva	aśnīyāma
2	aśnīyāḥ	aśnīyātam	aśnīyāta
3	aśnīyāt	aśnīyātām	aśnīyuḥ

√bandh (9P.) ［縛る］
強語幹 badhnā- ； 弱語幹 badhnī-

parasmaipada

現在	sg.	du.	pl.
1	badhnāmi	badhnīvaḥ	badhnīmaḥ
2	badhnāsi	badhnīthaḥ	badhnītha
3	badhnāti	badhnītaḥ	badhnanti

過去	sg.	du.	pl.
1	abadhnām	abadhnīva	abadhnīma
2	abadhnāḥ	abadhnītam	abadhnīta
3	abadhnāt	abadhnītām	abadhnan

命令	sg.	du.	pl.
1	badhnāni	badhnāva	badhnāma
2	badhāna badhnītāt	badhnītam	badhnīta
3	badhnātu badhnītāt	badhnītām	badhnantu

願望	sg.	du.	pl.
1	badhnīyām	badhnīyāva	badhnīyāma
2	badhnīyāḥ	badhnīyātam	badhnīyāta
3	badhnīyāt	badhnīyātām	badhnīyuḥ

√manth (9P.) ［攪拌する］
強語幹 mathnā- ； 弱語幹 mathnī-

parasmaipada

現在	sg.	du.	pl.
1	mathnāmi	mathnīvaḥ	mathnīmaḥ
2	mathnāsi	mathnīthaḥ	mathnītha
3	mathnāti	mathnītaḥ	mathnanti

過去	sg.	du.	pl.
1	amathnām	amathnīva	amathnīma
2	amathnāḥ	amathnītam	amathnīta
3	amathnāt	amathnītām	amathnan

命令	sg.	du.	pl.
1	mathnāni	mathnāva	mathnāma
2	mathāna	mathnītam	mathnīta
3	mathnātu	mathnītām	mathnantu

願望	sg.	du.	pl.
1	mathnīyām	mathnīyāva	mathnīyāma
2	mathnīyāḥ	mathnīyātam	mathnīyāta
3	mathnīyāt	mathnīyātām	mathnīyuḥ

5. 第2類動詞【adādi】

(1) 特色

[1] 第2、3、7類動詞では (2. sg. impv. P.) において
語幹の末尾が鼻音と半母音以外の子音で終わるときは語尾 –dhi が用いられ
母音に終わるときは、語尾 –hi が用いられる。ただし、√hu は例外である。

[2] 母音で始まる弱語幹の語尾の前では

● –i, –ī, –u, –ū が語根に属するとき、あらゆる母音の前では一般に –iy, uv となる。

–i, –ī + 母音 → –iy + 母音

–u, –ū + 母音 → –uv + 母音

vi–√i + anti = viyanti　　　√brū + anti = bruvanti

● 2個の子音に先立たれる母音 –i,–ī, –u,–ū はあらゆる母音の前では
一般に –iy, –uv となる。

–i, –ī + 母音 → –iy + 母音

–u, –ū + 母音 → –uv + 母音　　　śaknu + anti = śaknuvanti

[3] 半母音または鼻音で始まる語尾の前では
語根または語幹の終わりにある子音は、一般に変化しない。

vāc + ya = vācya　　　vac + mi = vacmi

[4] (2., 3. sg. impf. P.) の語尾 –s, –t は脱落する。

aleh + s = aleh = aleṭ　　　ahan + t = ahan

(2. sg. impf. P.) において、語幹末の d は t または ḥ となる。

aved + s = avet または aveḥ　　　aruṇadh + s = aruṇat または aruṇaḥ

(3. sg. impf. P.) において、語幹末の s は常に t となる。

aśās + t = aśāt

(2. sg. impf. P.) において、語幹末の s は t または ḥ となる。

aśās + s = aśāḥ または aśāt

[5] 半母音・鼻音以外の子音で始まる語尾の前では以下のようになる。

● ruṇadh + si = ruṇad-si = ruṇatsi

● adoh + s = adogh = adok ;
duh + dhve = dughdhve = dugdhve = dhugdhve

● duh + dhi = dugdhi

● doh + ti = dog + ti = dogdhi ; duh + tha = dugdha

[6] 半母音・鼻音以外の子音で始まる語尾の前では、語幹末の h は ḍh になる。
しかし、語根が d で始まり h で終わる場合、 h は gh となる。

[7] (si, se, sva) 等の s で始まる語尾の前では ḍh, ṣ は k となる。

leh + si = leḍh + si = lekṣi　　dviṣ + sva = dvikṣva

[8] t, th, dh で始まる語尾の前では以下のようになる。

lih + taḥ = līḍhaḥ
lih + dhi = liḍhi = līḍhi
śās + dhi = śādhi

(2) 語幹の作り方

現在語幹は語根と同じである。

強語幹において語根末および子音に挟まれた語根の母音は guṇa となる。

(3) 第２類動詞の活用表

√duh (2P.A.) ［乳を搾る］強語幹 **doh–** ； 弱語幹 **duh–**

	parasmaipada				ātmanepada		
現在	sg.	du.	pl.		sg.	du.	pl.
1	dohmi	duhvaḥ	duhmaḥ	1	duhe	duhvahe	duhmahe
2	dhokṣi	dugdhaḥ	dugdha	2	dhukṣe	duhāthe	dhugdhve
3	dogdhi	dugdhaḥ	duhanti	3	dugdhe	duhāte	duhate

過去	sg.	du.	pl.		sg.	du.	pl.
1	adoham	aduhva	aduhma	1	aduhi	aduhvahi	aduhmahi
2	adhok(g)	adugdham	adugdha	2	adugdhāḥ	aduhāthām	adhugdhvam
3	adhok(g)	adugdhām	aduhan	3	adugdha	aduhātām	aduhata

命令	sg.	du.	pl.		sg.	du.	pl.
1	dohāni	dohāva	dohāma	1	dohai	dohāvahai	dohāmahai
2	dugdhi dugdhāt	dugdham	dugdha	2	dhukṣva	duhāthām	dhugdhvam
3	dogdhu dogdhāt	dugdhām	duhantu	3	dugdhām	duhātām	duhatām

願望	sg.	du.	pl.		sg.	du.	pl.
1	duhyām	duhyāva	duhyāma	1	duhīya	duhīvahi	duhīmahi
2	duhyāḥ	duhyātam	duhyāta	2	duhīthāḥ	duhīyāthām	duhīdhvam
3	duhyāt	duhyātām	duhyuḥ	3	duhīta	duhīyātām	duhīran

子音に終わる語根は (2. sg. ipv. P.) において **–dhi** が用いられる。

母音に終わる語根は (2. sg. ipv. P.) において **–hi** が用いられる。

√lih (2P.A.) ［舐める］　強語幹 leh-　；弱語幹 lih-

	parasmaipada				ātmanepada		
現在	sg.	du.	pl.		sg.	du.	pl.
1	lehmi	lihvaḥ	lihmaḥ	1	lihe	lihvahe	lihmahe
2	lekṣi	līḍhaḥ	līḍha	2	likṣe	lihāthe	līḍhve
3	leḍhi	līḍhaḥ	lihanti	3	līḍhe	lihāte	lihate

過去	sg.	du.	pl.		sg.	du.	pl.
1	aleham	alihva	alihma	1	alihi	alihvahi	alihmahi
2	aleṭ(ḍ)	alīḍham	alīḍha	2	alīḍhāḥ	alihāthām	alīḍhvam
3	aleṭ(ḍ)	alīḍhām	alihan	3	alīḍha	alihātām	alihata

命令	sg.	du.	pl.		sg.	du.	pl.
1	lehāni	lehāva	lehāma	1	lehai	lehāvahai	lehāmahai
2	līḍhi līḍhāt	līḍham	līḍha	2	likṣva	lihāthām	līḍhvam
3	leḍhu līḍhāt	līḍhām	lihantu	3	līḍhām	lihātām	lihatām

願望	sg.	du.	pl.		sg.	du.	pl.
1	lihyām	lihyāva	lihyāma	1	lihīya	lihīvahi	lihīmahi
2	lihyāḥ	lihyātam	lihyāta	2	lihīthāḥ	lihīyāthām	lihīdhvam
3	lihyāt	lihyātām	lihyuḥ(r)	3	lihīta	lihīyātām	lihīran

例　√duh 【dogdhi】 (2P.) ［乳を搾る］　√lih 【leḍhi】 (2P.) ［舐める］
　　√duh 【dugdhe】 (2A.) ［乳を搾る］　√lih 【līḍhe】 (2A.) ［舐める］

√nu (2P.) ［称賛する］

強語幹 （子音の前で） nau （母音の前で） no ； 弱語幹 nu

parasmaipada				parasmaipada			
現在 sg.		du.	pl.	過去 sg.		du.	pl.
1	naumi	nuvaḥ	numaḥ	1	anavam	anuva	anuma
2	nauṣi	nuthaḥ	nutha	2	anauḥ	anutam	anuta
3	nauti	nutaḥ	nuvanti	3	anaut	anutām	anuvan

parasmaipada				parasmaipada			
命令 sg.		du.	pl.	願望 sg.		du.	pl.
1	navāni	navāva	navāma	1	nuyām	nuyāva	nuyāma
2	nuhi	nutam	nuta	2	nuyāḥ	nuyātam	nuyāta
3	nautu	nutām	nuvantu	3	nuyāt	nuyātām	nuyuḥ(r)

–u で終わる語根の強語幹は子音語尾の前で –u は vṛddhi 化する。

現在 naumi, nuvaḥ, numaḥ

過去 a ＋ no ＋ am ＝ anavam ; a ＋ nau ＋ s ＝ anauḥ

命令 no ＋ āni ＝ navāni ; nau ＋ tu ＝ nautu ; nu ＋ antu ＝ nuvantu

願望 nuyām

√stu (2P.A.) ［褒める］

parasmaipada				ātmanepada			
現在 sg.		du.	pl.		sg.	du.	pl.
1	staumi stavīmi	stuvaḥ stuvīvaḥ	stumaḥ stuvīmaḥ	1	stuve	stuvahe stuvīvahe	stumahe stuvīmahe
2	stauṣi stavīṣi	stuthaḥ stuvīthaḥ	stutha stuvītha	2	stuṣe stuvīṣe	stuvāthe	studhve stuvīdhve
3	stauti stavīti	stutaḥ stuvītaḥ	stuvanti	3	stute stuvīte	stuvāte	stuvate

過去	sg.	du.	pl.		sg.	du.	pl.
1	astavam	astuva astuvīva	astuma astuvīma	1	astuvi	astuvahi astuvīvahi	astumahi astuvīmahi
2	astauḥ astavīḥ	astutam astuvītam	astuta astuvīta	2	astuthāḥ astuvīthāḥ	astuvāthām	astudhvam astuvīdhvam
3	astaut astavīt	astutām astuvītām	astuvan	3	astuta astuvīta	astuvātām	astuvata

命令	sg.	du.	pl.		sg.	du.	pl.
1	stavāni	stavāva	stavāma	1	stavai	stavāvahai	stavāmahai
2	stuhi stuvīhi	stutam stuvītam	stuta stuvīta	2	stuṣva stuvīṣva	stuvāthām	studhvam stuvīdhvam
3	stautu stavītu	stutām stuvītām	stuvantu	3	stutām stuvītām	stuvātām	stuvatām

願望	sg.	du.	pl.		sg.	du.	pl.
1	stuyām stuvīyām	stuyāva stuvīyāva	stuyāma stuvīyāma	1	stuvīya	stuvīvahi	stuvīmahi
2	stuyāḥ stuvīyāḥ	stuyātam stuvīyātam	stuyāta stuvīyāta	2	stuvīthāḥ	stuvīyāthām	stuvīdhvam
3	stuyāt stuvīyāt	stuyātām stuvīyātām	stuyuḥ stuvīyuḥ	3	stuvīta	stuvīyātām	stuvīran

–u で終わる語根の強語幹は、子音語尾の前で **–u** は **vṛddhi** 化する。
または子音語尾の前に **ī** を挿入する。 **√tu** ［成長する］ **√ru** ［吠える］も同様に変化する。

現在 staumi ; stutha
過去 astaut ; astuta
命令 stautu ; stutam
願望 stuyām

現在 stavīmi ; stuvītha
過去 astavīt ; astuvīta
命令 stavītu ; stuvītam
願望 stuvīyām

√śī (2A.) ［横たわる］

ātmanepada

現在	sg.	du.	pl.
1	śaye	śevahe	śemahe
2	śeṣe	śayāthe	śedhve
3	śete	śayāte	śerate

ātmanepada

過去	sg.	du.	pl.
1	aśayi	aśevahi	aśemahi
2	aśethāḥ	aśayāthām	aśedhvam
3	aśeta	aśayātām	aśerata

ātmanepada

命令	sg.	du.	pl.
1	śayai	śayāvahai	śayāmahai
2	śeṣva	śayāthām	śedhvam
3	śetām	śayātām	śeratām

ātmanepada

願望	sg.	du.	pl.
1	śayīya	śayīvahi	śayīmahi
2	śayīthāḥ	śayīyāthām	śayīdhvam
3	śayīta	śayīyātām	śayīran

語幹母音は常に guṇa である。

(3. pl. 現在、過去、命令) において、語尾の前に r を挿入する。
(3. pl. pres.) śerate, (3. pl. impf.) aśerata, (3. pl. impv.) śeratām

現在 śe + e = śaye ; śevahe
過去 a + śe + i = aśayi ; aśevahi
命令 śe + ai = śayai ; śayāvahai
願望 śe + īya = śayīya

√brū(brūñ) (2P.A.) 〔言う〕

強語幹 bro と子音に始まる語尾との間に ī を挿入する。

	parasmaipada				ātmanepada		
現在	sg.	du.	pl.		sg.	du.	pl.
1	bravīmi	brūvaḥ	brūmaḥ	1	bruve	brūvahe	brūmahe
2	bravīṣi āttha	brūthaḥ āhathuḥ	brūtha	2	brūṣe	bruvāthe	brūdhve
3	bravīti āha	brūtaḥ āhatuḥ	bruvanti āhuḥ	3	brūte	bruvāte	bruvate

過去	sg.	du.	pl.		sg.	du.	pl.
1	abravam	abrūva	abrūma	1	abrūvi	abrūvahi	abrūmahi
2	abravīḥ	abrūtam	abrūta	2	abrūthāḥ	abruvāthām	abrūdhvam
3	abravīt	abrūtām	abruvan	3	abrūta	abruvātām	abruvata

命令	sg.	du.	pl.		sg.	du.	pl.
1	bravāṇi	bravāva	bravāma	1	bravai	bravāvahai	bravāmahai
2	brūhi brūtāt	brūtam	brūta	2	brūṣva	bruvāthām	brūdhvam
3	bravītu brūtāt	brūtām	bruvantu	3	brūtām	bruvātām	bruvatām

願望	sg.	du.	pl.		sg.	du.	pl.
1	brūyām	brūyāva	brūyāma	1	bruvīya	bruvīvahi	bruvīmahi
2	brūyāḥ	brūyātam	brūyāta	2	bruvīthāḥ	bruvīyāthām	bruvīdhvam
3	brūyāt	brūyātām	brūyuḥ	3	bruvīta	bruvīyātām	bruvīran

現在 bro ＋ ī ＋ mi ＝ bravīmi ; brūvaḥ ; brūmaḥ

過去 abro ＋ am ＝ abravam ; abrū ＋ i ＝ abruvi ; abro ＋ ī ＋ t ＝ abravīt

命令 bro ＋ ai ＝ bravai ; bro ＋ ī ＋ tu ＝ bravītu

願望 brūyām ; bruvīya

(4) 注意すべき活用表

√yā (2P.) ［行く］

parasmaipada			
現在	sg.	du.	pl.
1	yāmi	yāvaḥ	yāmaḥ
2	yāsi	yāthaḥ	yātha
3	yāti	yātaḥ	yānti

parasmaipada			
過去	sg.	du.	pl.
1	ayām	ayāva	ayāma
2	ayāḥ	ayātam	ayāta
3	ayāt	ayātām	ayān / ayuḥ

parasmaipada			
命令	sg.	du.	pl.
1	yāni	yāva	yāma
2	yāhi yātāt	yātam	yāta
3	yātu yātāt	yātām	yāntu

parasmaipada			
願望	sg.	du.	pl.
1	yāyām	yāyāva	yāyāma
2	yāyāḥ	yāyātam	yāyāta
3	yāyāt	yāyātām	yāyuḥ

–ā で終わる語根は (3. pl. impf. P.) において、語根の –ā が消えて uḥ をとりうる。

例　√dā【dāti】(2P.) ［切る］　√yā【yāti】(2P.) ［行く］　√khyā【khyāti】(2P.) ［話す］
　　√vā【vāti】(2P.) ［吹く］　√bhā【bhāti】(2P.) ［輝く］　√snā【snāti】(2P.) ［水浴びする］
　　√mā【māti】(2P.) ［測る］　√pā【pāti】(2P.) ［守る］

√i (2P.) ［行く］ 強語幹 e– ; 弱語幹 i– （母音で始まる語尾の前では y ）

√i は (3. pl. pres.) yanti (3. pl. impv.) yantu

不定過去のオーグメントは i とともに vṛddhi 化する。

a + e + am = a + ayam = āyam

命令法 e + āni = ayāni

adhi–√i (2A.) ［学ぶ］

現在 adhi + i + e = adhi + iye = adhīye

過去 adhi + a + i + i = adhi + a + iyi = adhi + aiyi = adhyaiyi

命令 adhi + e + ai = adhi + ayai = adhyayai

願望 adhi + i + īya = adhi + iyīya = adhīyīya

√i (2P.) ［行く］　　　　adhi-√i (2A.) ［学ぶ］

	parasmaipada				ātmanepada		
現在	sg.	du.	pl.		sg.	du.	pl.
1	emi	ivaḥ	imaḥ	1	adhīye	adhīvahe	adhīmahe
2	eṣi	ithaḥ	itha	2	adhīṣe	adhīyāthe	adhīdhve
3	eti	itaḥ	yanti	3	adhīte	adhīyāte	adhīyate

過去	sg.	du.	pl.		sg.	du.	pl.
1	āyam	aiva	aima	1	adhyaiyi	adhyaivahi	adhyaimahi
2	aiḥ	aitam	aita	2	adhyaithāḥ	adhyaiyāthām	adhyaidhvam
3	ait	aitām	āyan	3	adhyaita	adhyaiyātām	adhyainta

命令	sg.	du.	pl.		sg.	du.	pl.
1	ayāni	ayāva	ayāma	1	adhyayai	adhyayāvahai	adhyayāmahai
2	ihi itāt	itam	ita	2	adhīṣva	adhīyāthām	adhīdhvam
3	etu itāt	itām	yantu	3	adhītām	adhīyātām	adhīyatām

願望	sg.	du.	pl.		sg.	du.	pl.
1	iyām	iyāva	iyāma	1	adhīyīya	adhīyīvahi	adhīyīmahi
2	iyāḥ	iyātam	iyāta	2	adhīyīthāḥ	adhīyīyāthām	adhīyīdhvam
3	iyāt	iyātām	iyuḥ	3	adhīyīta	adhīyīyātām	adhīyīran

√i は P. 動詞であるが √i に adhi- の接頭辞が加えられると A. 動詞の活用形となる。

√ad (2P.) ［食べる］

	parasmaipada				parasmaipada		
	現在 sg.	du.	pl.		過去 sg.	du.	pl.
1	admi	advaḥ	admaḥ	1	ādam	ādva	ādma
2	atsi	atthaḥ	attha	2	ādaḥ	āttam	ātta
3	atti	attaḥ	adanti	3	ādat	āttām	ādan

	parasmaipada				parasmaipada		
	命令 sg.	du.	pl.		願望 sg.	du.	pl.
1	adāni	ādāva	adāma	1	adyām	adyāva	adyāma
2	addhi attāt	attam	atta	2	adyāḥ	adyātam	adyāta
3	attu attāt	attām	adantu	3	adyāt	adyāttām	adyuḥ

√ās (2A.) ［坐る］

	ātmanepada				ātmanepada		
	現在 sg.	du.	pl.		過去 sg.	du.	pl.
1	āse	āsvahe	āsmahe	1	āsi	āsvahi	āsmahi
2	āsse	āsāthe	ādhve	2	āsthāḥ	āsāthām	ādhvam
3	āste	āsāte	āsate	3	āsta	āsātām	āsata

	ātmanepada				ātmanepada		
	命令 sg.	du.	pl.		願望 sg.	du.	pl.
1	āsai	āsāvahai	āsāmahai	1	āsīya	āsīvahi	āsīmahi
2	āssva	āsāthām	ādhvam	2	āsīthāḥ	āsīyāthām	āsīdhvam
3	āstām	āsātām	āsatām	3	āsīta	āsīyātām	āsīran

√as (2P.A.*) ［～である］

強語幹 as– ； 弱語幹 s– （オーグメントを添加されない語形において）

	parasmaipada				ātmanepada		
現在	sg.	du.	pl.		sg.	du.	pl.
1	asmi	svaḥ	smaḥ	1	he	svahe	smahe
2	asi	sthaḥ	stha	2	se	sāthe	dhve
3	asti	staḥ	santi	3	ste	sāte	sate

過去	sg.	du.	pl.		sg.	du.	pl.
1	āsam	āsva	āsma	1	āsi	āsvahi	āsmahi
2	āsīḥ	āstam	āsta	2	āsthāḥ	āsāthām	ādhvam
3	āsīt	āstām	āsan	3	āsta	āsātām	āsata

命令	sg.	du.	pl.		sg.	du.	pl.
1	asāni	asāva	asāma	1	asai	asāvahai	asāmahai
2	edhi stāt	stam	sta	2	sva	sāthām	dhvam
3	astu astāt	stām	santu	3	stām	sātām	satām

願望	sg.	du.	pl.		sg.	du.	pl.
1	syām	syāva	syāma	1	sīya	sīvahi	sīmahi
2	syāḥ	syātam	syāta	2	sīthāḥ	sīyāthām	sīdhvam
3	syāt	syātām	syuḥ	3	sīta	sīyātām	sīran

ātmanepada* は非常に稀であるが、複合未来において助動詞として使用される。

助動詞にならない場合には、常に parasmaidapa に活用される。

√dviṣ (2P.A.) ［憎む］ 強語幹 dveṣ- ； 弱語幹 dviṣ-

	parasmaipada				ātmanepada		
現在	sg.	du.	pl.		sg.	du.	pl.
1	dveṣmi	dviṣvaḥ	dviṣmaḥ	1	dviṣe	dviṣvahe	dviṣmahe
2	dvekṣi	dviṣṭhaḥ	dviṣṭha	2	dvikṣe	dviṣāthe	dviḍḍhve
3	dveṣṭi	dviṣṭaḥ	dviṣanti	3	dviṣṭe	dviṣāte	dviṣate

過去	sg.	du.	pl.		sg.	du.	pl.
1	adveṣam	adviṣva	adviṣma	1	adviṣi	adviṣvahi	adviṣmahi
2	adveṭ(ḍ)	adviṣṭam	adviṣṭa	2	adviṣṭhāḥ	adviṣāthām	adviḍḍhvam
3	adveṭ(ḍ)	adviṣṭām	adviṣan adviṣuḥ(r)	3	adviṣṭa	adviṣātām	adviṣata

命令	sg.	du.	pl.		sg.	du.	pl.
1	dveṣāṇi	dveṣāva	dveṣāma	1	dveṣai	dveṣāvahai	dveṣāmahai
2	dviḍḍhi	dviṣṭam	dviṣṭa	2	dvikṣva	dviṣāthām	dviḍḍhvam
3	dveṣṭu	dviṣṭām	dviṣantu	3	dviṣṭām	dviṣātām	dviṣatām

願望	sg.	du.	pl.		sg.	du.	pl.
1	dviṣyām	dviṣyāva	dviṣyāma	1	dviṣīya	dviṣīvahi	dviṣīmahi
2	dviṣyaḥ	dviṣyātam	dviṣyāta	2	dviṣīthāḥ	dviṣīyāthām	dviṣīdhvam
3	dviṣyāt	dviṣyātām	dviṣyuḥ(r)	3	dviṣīta	dviṣīyātām	dviṣīran

現在 dveṣ + si = dvekṣi ; dveṣ + ti = dveṣṭi ; dviṣ + tha = dviṣṭha

過去 adveṣ + s = adveṣ = adveṭ ; adviṣan または adviṣuḥ

命令 dviṣ + dhi = dviṭ + ḍhi = dviḍḍhi

願望 dviṣyām ; dviṣīya

√mṛj (2P.) ［拭く］

parasmaipada				parasmaipada			
現在	sg.	du.	pl.	過去	sg.	du.	pl.
1	mārjmi	mṛjvaḥ	mṛjmaḥ	1	amārjam	amṛjva	amṛjma
2	mārkṣi	mṛṣṭhaḥ	mṛṣṭha	2	amārṭ(ḍ)	amṛṣṭam	amṛṣṭa
3	mārṣṭi	mṛṣṭaḥ	mārjanti mṛjanti	3	amārṭ(ḍ)	amṛṣṭām	amārjan amṛjan

parasmaipada				parasmaipada			
命令	sg.	du.	pl.	願望	sg.	du.	pl.
1	mārjāni	mārjāva	mārjāma	1	mṛjyām	mṛjyāva	mṛjyāma
2	mṛḍḍhi	mṛṣṭam	mṛṣṭa	2	mṛjyāḥ	mṛjyātam	mṛjyāta
3	mārṣṭu	mṛṣṭām	mārjantu mṛjantu	3	mṛjyāt	mṛjyātām	mṛjyuḥ

強語幹においては vṛddhi である mārj– をとる。
弱語幹においても、母音で始まる語尾の前では随意に vṛddhi をとる。

現在　mārjmi, mṛjvaḥ, mṛjmaḥ ; mṛjanti または mārjanti
過去　amārj + s = amārṭ ; amṛjan または amārjan
命令　mṛj + dhi = mṛṭ + ḍhi = mṛḍḍhi ;
　　　mārj + tu = mārṣṭu ; mṛjantu または mārjantu

√han (2P.) [殺す]

parasmaipada				parasmaipada			
現在	sg.	du.	pl.	過去	sg.	du.	pl.
1	hanmi	hanvaḥ	hanmaḥ	1	ahanam	ahanva	ahanma
2	haṃsi	hathaḥ	hatha	2	ahan	ahatam	ahata
3	hanti	hataḥ	ghnanti	3	ahan	ahatām	aghnan

parasmaipada				parasmaipada			
命令	sg.	du.	pl.	願望	sg.	du.	pl.
1	hanāni	hanāva	hanāma	1	hanyām	hanyāva	hanyāma
2	jahi/hatāt	hatam	hata	2	hanyāḥ	hanyātam	hanyāta
3	hantu hatāt	hatām	ghnantu	3	hanyāt	hanyātām	hanyuḥ

弱語幹は m, v, y の前では han 、他の子音の前では ha 、母音の前では ghn である。

√an (2P.) [呼吸する]

parasmaipada				parasmaipada			
現在	sg.	du.	pl.	過去	sg.	du.	pl.
1	animi	anivaḥ	animaḥ	1	ānam	āniva	ānima
2	aniṣi	anithaḥ	anitha	2	ānīḥ/ ānaḥ	ānitam	ānita
3	aniti	anitaḥ	ananti	3	ānīt/ ānat	ānitām	ānan

parasmaipada				parasmaipada			
命令	sg.	du.	pl.	願望	sg.	du.	pl.
1	anāni	anāva	anāma	1	anyām	anyāva	anyāma
2	anihi	anitam	anita	2	anyāḥ	anyātam	anyāta
3	anitu	anitām	anantu	3	anyāt	anyātām	anyuḥ

y 以外の子音で始まる語尾の前に i を挿入する。 seṭ 語根である。

√svap (2P.) ［眠る］　y 以外の子音で始まる語尾の前に i を挿入する。 seṭ 語根である。

parasmaipada				parasmaipada		
現在 sg.		du.	pl.	過去 sg.	du.	pl.
1	svapimi	svapivaḥ	svapimaḥ	1 asvapam	asvapiva	asvapima
2	svapiṣi	svapithaḥ	svapitha	2 asvapīḥ asvapaḥ	asvapitam	asvapita
3	svapiti	svapitaḥ	svapanti	3 asvapīt asvapat	asvapitām	asvapan

parasmaipada				parasmaipada		
命令 sg.		du.	pl.	願望 sg.	du.	pl.
1	svapāni	svapāva	svapāma	1 svapyām	svapyāva	svapyāma
2	svapihi	svapitam	svapita	2 svapyāḥ	svapyātam	svapyāta
3	svapitu	svapitām	svapantu	3 svapyāt	svapyātām	svapyuḥ

√śvas (2P.) ［溜息をつく］　y 以外の子音で始まる語尾の前に i を挿入する。 seṭ 語根である。

parasmaipada				parasmaipada		
現在 sg.		du.	pl.	過去 sg.	du.	pl.
1	śvasimi	śvasivaḥ	śvasimaḥ	1 aśvasam	aśvasiva	aśvasima
2	śvasiṣi	śvasithaḥ	śvasitha	2 aśvasīḥ aśvasaḥ	aśvasitam	aśvasita
3	śvasiti	śvasitaḥ	śvasanti	3 aśvasīt aśvasat	aśvasitām	aśvasan

parasmaipada				parasmaipada		
命令 sg.		du.	pl.	願望 sg.	du.	pl.
1	śvasāni	śvasāva	śvasāma	1 śvasyām	śvasyāva	śvasyāma
2	śvasihi	śvasitam	śvasita	2 śvasyāḥ	śvasyātam	śvasyāta
3	śvasitu	śvasitām	śvasantu	3 śvasyāt	śvasyātām	śvasyuḥ

√rud (2P.) ［泣く］ y 以外の子音で始まる語尾の前に i を挿入する。 seṭ 語根である。

parasmaipada				parasmaipada		
現在	sg.	du.	pl.	過去 sg.	du.	pl.
1	rodimi	rudivaḥ	rudimaḥ	1 arodam	arudiva	arudima
2	rodiṣi	ruditháḥ	ruditha	2 arodīḥ/ arodaḥ	aruditam	arudita
3	roditi	ruditaḥ	rudanti	3 arodīt/ arodat	aruditām	arudan

parasmaipada				parasmaipada		
命令	sg.	du.	pl.	願望 sg.	du.	pl.
1	rodāni	rodāva	rodāma	1 rudyām	rudyāva	rudyāma
2	rudihi	ruditam	rudita	2 rudyāḥ	rudyātam	rudyāta
3	roditu	ruditām	rudantu	3 rudyāt	rudyātām	rudyuḥ

√cakās (2P.) ［光輝く］

parasmaipada				parasmaipada		
現在	sg.	du.	pl.	過去 sg.	du.	pl.
1	cakāsmi	cakāsvaḥ	cakāsmaḥ	1 acakāsam	acakāsva	acakāsma
2	cakāssi	cakāsthaḥ	cakāstha	2 acakāḥ acakāt(d)	acakāstam	acakāsta
3	cakāsti	cakāstaḥ	cakāsati	3 acakāt(d)	acakāstām	acakāsuḥ

parasmaipada				parasmaipada		
命令	sg.	du.	pl.	願望 sg.	du.	pl.
1	cakāsāni	cakāsāva	cakāsāma	1 cakāsyām	cakāsyāva	cakāsyāma
2	cakāddhi cakādhi	cakāstam	cakāsta	2 cakāsyāḥ	cakāsyātam	cakāsyāta
3	cakāstu	cakāstām	cakāsatu	3 cakāsyāt	cakāsyātām	cakāsyuḥ

√cakās, √jāgṛ, √jakṣ, √daridrā, √śās の５つの語根は重複語根であり、
第３類動詞のような形をとる。

√jāgṛ (2P.) ［目覚める］

parasmaipada				parasmaipada			
現在	sg.	du.	pl.	過去	sg.	du.	pl.
1	jāgarmi	jāgṛvaḥ	jāgṛmaḥ	1	ajāgaram	ajāgṛva	ajāgṛma
2	jāgarṣi	jāgṛthaḥ	jāgṛtha	2	ajāgaḥ	ajāgṛtam	ajāgṛta
3	jāgarti	jāgṛtaḥ	jāgrati	3	ajāgaḥ	ajāgṛtām	ajāgaruḥ

parasmaipada				parasmaipada			
命令	sg.	du.	pl.	願望	sg.	du.	pl.
1	jāgarāṇi	jāgarāva	jāgarāma	1	jāgṛyām	jāgṛyāva	jāgṛyāma
2	jāgṛhi	jāgṛtam	jāgṛta	2	jāgṛyāḥ	jāgṛyātam	jāgṛyāta
3	jāgartu	jāgṛtām	jāgratu	3	jāgṛyāt	jāgṛyātām	jāgṛyuḥ

√jakṣ (2P.) ［食べる］

parasmaipada				parasmaipada			
現在	sg.	du.	pl.	過去	sg.	du.	pl.
1	jakṣimi	jakṣivaḥ	jakṣimaḥ	1	ajakṣam	ajakṣiva	ajakṣima
2	jakṣiṣi	jakṣithaḥ	jakṣitha	2	ajakṣīḥ ajakṣaḥ	ajakṣitam	ajakṣita
3	jakṣiti	jakṣitaḥ	jakṣati	3	ajakṣīt ajakṣat	ajakṣitām	ajakṣuḥ

parasmaipada				parasmaipada			
命令	sg.	du.	pl.	願望	sg.	du.	pl.
1	jakṣāṇi	jakṣāva	jakṣāma	1	jakṣyām	jakṣyāva	jakṣyāma
2	jakṣihi	jakṣitam	jakṣita	2	jakṣyāḥ	jakṣyātam	jakṣyāta
3	jakṣitu	jakṣitām	jakṣatu	3	jakṣyāt	jakṣyātām	jakṣyuḥ

√daridrā (2P.) ［貧乏である、乏しい］

parasmaipada				parasmaipada			
現在	sg.	du.	pl.	過去	sg.	du.	pl.
1	daridrāmi	daridrivaḥ	daridrimaḥ	1	adaridrām	adaridriva	adaridrima
2	daridrāsi	daridrithaḥ	daridritha	2	adaridrāḥ	adaridritam	adaridrita
3	daridrāti	daridritaḥ	daridrati	3	adaridrāt	adaridritām	adaridruḥ

parasmaipada				parasmaipada			
命令	sg.	du.	pl.	願望	sg.	du.	pl.
1	daridrāṇi	daridrāva	daridrāma	1	daridriyām	daridriyāva	daridriyāma
2	daridrihi	daridritam	daridrita	2	daridriyāḥ	daridriyātam	daridriyāta
3	daridrātu	daridritām	daridratu	3	daridriyāt	daridriyātām	daridriyuḥ

√śās (2P.) ［命じる、教える］

弱語幹は、 2. sg. ipv. をのぞいて、子音で始まる語尾の前では śiṣ である。

parasmaipada				parasmaipada			
現在	sg.	du.	pl.	過去	sg.	du.	pl.
1	śāsmi	śiṣvaḥ	śiṣmaḥ	1	aśāsam	aśiṣva	aśiṣma
2	śāssi	śiṣṭhaḥ	śiṣṭha	2	aśāḥ/ aśāt(d)	aśiṣṭam	aśiṣṭa
3	śāsti	śiṣṭaḥ	śāsati	3	aśāt(d)	aśiṣṭām	aśāsuḥ

parasmaipada				parasmaipada			
命令	sg.	du.	pl.	願望	sg.	du.	pl.
1	śāsāni	śāsāva	śāsāma	1	śiṣyām	śiṣyāva	śiṣyāma
2	śādhi	śiṣṭam	śiṣṭa	2	śiṣyāḥ	śiṣyātam	śiṣyāta
3	śāstu	śiṣṭām	śāsatu	3	śiṣyāt	śiṣyātām	śiṣyuḥ

ā-√śās (2A.) ［望む］

ātmanepada				ātmanepada			
現在	sg.	du.	pl.	過去	sg.	du.	pl.
1	āśāse	āśāsvahe	āśāsmahe	1	āśāsi	āśāsvahi	āśāsmahi
2	āśāsse	āśāsāthe	āśādhve	2	āśāsthāḥ	āśāsāthām	āśādhvam
3	āśāste	āśāsāte	āśāsate	3	āśāsta	āśāsātām	āśāsata

ātmanepada				ātmanepada			
命令	sg.	du.	pl.	願望	sg.	du.	pl.
1	āśāsai	āśāsāvahai	āśāsāmahai	1	āśāsīya	āśāsīvahi	āśāsīmahi
2	āśāssva	āśāsāthām	āśādhvam	2	āśāsīthāḥ	āśāsīyāthām	āśāsīdhvam
3	āśāstām	āśāsātām	āśāsatām	3	āśāsīta	āśāsīyātām	āśāsīran

√īś (2A.) ［支配する］ 強語幹をもたない。 √īḍ (2A.) ［賛嘆する］も同様の変化をする。

ātmanepada				ātmanepada			
現在	sg.	du.	pl.	過去	sg.	du.	pl.
1	īśe	īśvahe	īśmahe	1	aiśi	aiśvahi	aiśmahi
2	īśiṣe	īśāthe	īśidhve	2	aiṣṭhāḥ	aiśāthām	aiḍḍhvam
3	īṣṭe	īśāte	īśate	3	aiṣṭa	aiśātām	aiśata

ātmanepada				ātmanepada			
命令	sg.	du.	pl.	願望	sg.	du.	pl.
1	īśai	īśāvahai	īśāmahai	1	īśīya	īśīvahi	īśīmahi
2	īśiṣva	īśāthām	īśidhvam	2	īśīthāḥ	īśīyāthām	īśīdhvam
3	īṣṭām	īśātām	īśatām	3	īśīta	īśīyātām	īśīran

√vac (2P.) ［言う］ (3. pl. pres.)* の形がない。

parasmaipada

現在	sg.	du.	pl.
1	vacmi	vacvaḥ	vacmaḥ
2	vakṣi	vakthaḥ	vaktha
3	vakti	vaktaḥ	

parasmaipada

過去	sg.	du.	pl.
1	avacam	avacva	avacma
2	avak(g)	avaktam	avakta
3	avak(g)	avaktām	avacan

parasmaipada

命令	sg.	du.	pl.
1	vacāni	vacāva	vacāma
2	vagdhi	vaktam	vakta
3	vaktu	vaktām	vacantu

parasmaipada

願望	sg.	du.	pl.
1	vacyām	vacyāva	vacyāma
2	vacyāḥ	vacyātam	vacyāta
3	vacyāt	vacyātām	vacyuḥ

√vid (2P.) ［知る］ 強語幹 ved- ; 弱語幹 vid-

parasmaipada

現在	sg.	du.	pl.
1	vedmi / veda	vidvaḥ / vidva	vidmaḥ / vidma
2	vetsi / vettha	vitthaḥ / vidathuḥ	vittha / vida
3	vetti / veda	vittaḥ / vidatuḥ	vidanti / viduḥ

過去	sg.	du.	pl.
1	avedam	avidva	avidma
2	aveḥ / avet(d)	avittam	avitta
3	avet(d)	avittām	aviduḥ

parasmaipada

命令	sg.	du.	pl.
1	vedāni / vidāṅkaravāṇi	vedāva / vidāṅkaravāva	vedāma / vidāṅkaravāma
2	viddhi / vidāṅkuru vidāṅkurutāt	vittam / vidāṅkurutam	vitta / vidāṅkuruta
3	vettu / vidāṅkarotu vidāṅkurutāt	vittām / vidāṅkurutām	vidantu / vidāṅkurvantu

願望	sg.	du.	pl.
1	vidyām	vidyāva	vidyāma
2	vidyāḥ	vidyātam	vidyāta
3	vidyāt	vidyātām	vidyuḥ

現在において任意に完了の変化をとる。

命令法は任意に **vid** に **ām** を付け **√kṛ** の命令法の活用形を付加して作る。

√vid の P. 完了形は重複することなく現在の意味をあらわす。

6. 第３類動詞【 hvādi 】

この類に属する語根の数は少ないが、極めて重要な **√dā** と **√dhā** が含まれ、語根は母音で終わるものが多い。

(1) 特色

[1] 3. pl. pres. および ipv. P. の人称語尾の **n** は消失する。

例　**-anti → -ati ; -antu → -atu**

現在分詞も同様に強弱語幹の区別なく **-at** に終わる。

例　**bibhrat** (**√bhṛ**) , **dadat** (**√dā**) (cf. p.105)

[2] 3. pl. impf. P. の人称語尾は –uḥ（–ur）で、語根末の –ā は消失し
i, ī, u, ū, ṛ, ṝ は、その前で guṇa 化（ay, av, ar）する。

例 abibhayuḥ（√bhī）, ajuhavuḥ（√hu）

[3] 多音節の語幹末の i または u が1つの子音の前にあるとき、 sandhi 規則は適用されない。

例 juhu ＋ ati ＝ juhvati；bibhī ＋ ati ＝ bibhyati （ sandhi の不適用）
jihrī ＋ ati ＝ jihriyati （ sandhi の適用）

(2) 語根の重複

第3類語根動詞の現在語幹、重複アオリスト、重複完了、意欲活用、強意活用において
語根の一部が重複されて、語幹が作られる。

[1] 帯気音は、それに対応する無気音によって重複される。

（ kh → k；gh → g；ch → c；jh → j；
th → t；dh → d；ph → p；bh → b ）

例 √bhid → bibhid–；√dhā → dadhā–

[2] 軟口蓋音は、それに対応する硬口蓋音によって、また h は j によって重複される。

(k, kh → c；g, gh → j；h → j ）

例 √kam → cakam–；√khan → cakhan–；√hu → juhu–

[3] 語根が２個の子音に始まるとき、その最初の子音が重複される。

例　√kṣip → kikṣip- → cikṣip- ; √kram → kakram- → cakram-

[4] 語根が２個の子音に始まり、その最初の子音が歯擦音（ś, ṣ, s）であり、それに無気音が続く時歯擦音は語根の重複に際して無視される。

例　√stambh → tastambh- ; √skand → caskand- ; √stu + tu → tuṣṭu
例外　√smṛ → sasmṛ-

[5] 重複音節における母音の選択は一定ではないが、一応ここで述べる。
長母音は短母音に変わる。

例　√nī → ninī-

[6] ２個の子音に挟まれた e は i に o と au は u に置き換えられる。

[7] 語末の e, ai, o は a に置き換えられる。

例　√gai → jagai-

[8] ṛ と ṝ は i に置き換えられる。

例　√bhṛ → bibhṛ-
√ṛ → iyṛ (P.) 行く iyarti

(3) 語幹の作り方

現在語幹は語根を重複してつくられる。
強語幹において、語根末の母音と語根内の子音にはさまれた短母音は guṇa 化する。
(2. sg. ipv.) 以外は規則的に変化する。

(4) 第3類動詞の活用表

√hu (3P.A.) ［供物を捧げる、祀る］

強語幹 juho－ ； 弱語幹 juhu－

現在	parasmaipada sg.	du.	pl.		ātmanepada sg.	du.	pl.
1	juhomi	juhuvaḥ	juhumaḥ	1	juhve	juhuvahe	juhumahe
2	juhoṣi	juhuthaḥ	juhutha	2	juhuṣe	juhvāthe	juhudhve
3	juhoti	juhutaḥ	juhvati	3	juhute	juhvāte	juhvate

過去	sg.	du.	pl.		sg.	du.	pl.
1	ajuhavam	ajuhuva	ajuhuma	1	ajuhvi	ajuhuvahi	ajuhumahi
2	ajuhoḥ	ajuhutam	ajuhuta	2	ajuhuthāḥ	ajuhvāthām	ajuhudhvam
3	ajuhot	ajuhutām	ajuhavuḥ(r)	3	ajuhuta	ajuhvātām	ajuhvata

命令	sg.	du.	pl.		sg.	du.	pl.
1	juhuavāni	juhuavāva	juhuavāma	1	juhavai	juhavāvahai	juhavāmahai
2	juhudhi juhutāt	juhutam	juhuta	2	juhuṣva	juhvāthām	juhudhvam
3	juhotu juhutāt	juhutām	juhvatu	3	juhutām	juhvātām	juhvatām

願望	sg.	du.	pl.		sg.	du.	pl.
1	juhuyām	juhuyāva	juhuyāma	1	juhvīya	juhvīvahi	juhvīmahi
2	juhuyāḥ	juhuyātam	juhuyāta	2	juhvīthāḥ	juhvīyāthām	juhvīdhvam
3	juhuyāt	juhuyātām	juhuyuḥ	3	juhvīta	juhvīyātām	juhvīran

(2. sg. ipv.) 以外は規則的に変化する。

(5) 注意すべき活用表

√dā (3P.A.) ［与える］

強語幹 dadā- ； 弱語幹 dad-

	parasmaipada				ātmanepada		
現在	sg.	du.	pl.		sg.	du.	pl.
1	dadāmi	dadvaḥ	dadmaḥ	1	dade	dadvahe	dadmahe
2	dadāsi	datthaḥ	dattha	2	datse	dadāthe	daddhve
3	dadāti	dattaḥ	dadati	3	datte	dadāte	dadate

過去	sg.	du.	pl.		sg.	du.	pl.
1	adadām	adadva	adadma	1	adadi	adadvahi	adadmahi
2	adadāḥ	adattam	adatta	2	adatthāḥ	adadāthām	adaddhvam
3	adadāt	adattām	adaduḥ(r)	3	adatta	adadātām	adadata

命令	sg.	du.	pl.		sg.	du.	pl.
1	dadāni	dadāva	dadāma	1	dadai	dadāvahai	dadāmahai
2	dehi dattāt	dattam	datta	2	datsva	dadāthām	daddhvam
3	dadātu dattāt	dattām	dadatu	3	dattām	dadātām	dadatām

願望	sg.	du.	pl.		sg.	du.	pl.
1	dadyām	dadyāva	dadyāma	1	dadīya	dadīvahi	dadīmahi
2	dadyāḥ	dadyātam	dadyāta	2	dadīthāḥ	dadīyāthām	dadīdhvam
3	dadyāt	dadyātām	dadyuḥ(r)	3	dadīta	dadīyātām	dadīran

(2. sg. ipv. P.) は dehi

√dhā (3P.A.) ［置く］

強語幹 dadhā- ； 弱語幹 dadh-

	parasmaipada				ātmanepada		
現在	sg.	du.	pl.		sg.	du.	pl.
1	dadhāmi	dadhvaḥ	dadhmaḥ	1	dadhe	dadhvahe	dadhmahe
2	dadhāsi	dhatthaḥ	dhattha	2	dhatse	dadhāthe	dhaddhve
3	dadhāti	dhattaḥ	dadhati	3	dhatte	dadhāte	dadhate

過去	sg.	du.	pl.		sg.	du.	pl.
1	adadhām	adadhva	adadhma	1	adadhi	adadhvahi	adadhmahi
2	adadhāḥ	adhattam	adhatta	2	adhatthāḥ	adadhāthām	adhaddhvam
3	adadhāt	adhattām	adadhuḥ(r)	3	adhatta	adadhātām	adadhata

命令	sg.	du.	pl.		sg.	du.	pl.
1	dadhāni	dadhāva	dadhāma	1	dadhai	dadhāvahai	dadhāmahai
2	dhehi dhattāt	dhattam	dhatta	2	dhatsva	dadhāthām	daddhvam
3	dadhātu dhattāt dadhattu	dhattām	dadhatu	3	dhattām	dadhātām	dadhatām

願望	sg.	du.	pl.		sg.	du.	pl.
1	dadhyām	dadhyāva	dadhyāma	1	dadhīya	dadhīvahi	dadhīmahi
2	dadhyāḥ	dadhyātam	dadhyāta	2	dadhīthāḥ	dadhīyāthām	dadhīdhvam
3	dadhyāt	dadhyātām	dadhyuḥ(r)	3	dadhīta	dadhīyātām	dadhīran

子音で始まる弱語幹変化の前で dadh は dhad に変化する。(2. sg. ipv. P.) は dhehi

t-, th- で始まる語尾と合して dadh + taḥ → dhad + taḥ → dhattaḥ

√bhī (3P.) ［恐れる］

強語幹 bibhe- ；弱語幹 bibhī-, bibhi- （母音で始まる語尾の前では bibhy- ）

parasmaipada				parasmaipada			
現在	sg.	du.	pl.	過去	sg.	du.	pl.
1	bibhemi	bibhīvaḥ bibhivaḥ	bibhīmaḥ bibhimaḥ	1	abibhayam	abibhīva abibhiva	abibhīma abibhima
2	bibheṣi	bibhīthaḥ bibhithaḥ	bibhītha bibhitha	2	abibheḥ	abibhītam abibhitam	abibhīta abibhita
3	bibheti	bibhītaḥ bibhitaḥ	bibhyati	3	abibhet	abibhītām abibhitām	abibhayuḥ abibhayur

parasmaipada				parasmaipada			
命令	sg.	du.	pl.	願望	sg.	du.	pl.
1	bibhayāni	bibhayāva	bibhayāma	1	bibhīyām bibhiyām	bibhīyāva bibhiyāva	bibhīyāma bibhiyāma
2	bibhīhi bibhihi	bibhītam bibhitam	bibhīta bibhita	2	bibhīyāḥ bibhiyāḥ	bibhīyātam bibhiyātam	bibhīyāta bibhiyāta
3	bibhetu	bibhītām bibhitām	bibhyatu	3	bibhīyāt bibhiyāt	bibhīyātām bibhiyātām	bibhīyuḥr bibhiyuḥr

弱語幹において子音で始まる語尾の中では、語根母音 ī は i に変化することもある。

現在　(pl.) 1. bibhīmaḥ/ bibhimaḥ ; 2. bibhītha/ bibhitha ; 3. bibhī + ati = bibhyati
過去　(sg. 1.) abibhe + am = abibhayam (pl. 3.) abibhī + uḥ = abibhayuḥ

√hā (3A.) ［出て行く］ 語幹 jihī-

ātmanepada				ātmanepada			
現在	sg.	du.	pl.	過去	sg.	du.	pl.
1	jihe	jihīvahe	jihīmahe	1	ajihi	ajihīvahi	ajihīmahi
2	jihīṣe	jihāthe	jihīdhve	2	ajihīthāḥ	ajihāthām	ajihīdhvam
3	jihīte	jihāte	jihate	3	ajihīta	ajihātām	ajihata

ātmanepada				ātmanepada			
命令	sg.	du.	pl.	願望	sg.	du.	pl.
1	jihai	jihāvahai	jihāmahai	1	jihīya	jihīvahi	jihīmahi
2	jihīṣva	jihāthām	jihīdhvam	2	jihīthāḥ	jihīyāthām	jihīdhvam
3	jihītām	jihātām	jihatām	3	jihīta	jihīyātām	jihīran

母音で始まる語尾の前では ī は消失し jih- となる。

√mā (3A.) ［測る］ 語幹 mimī-

ātmanepada				ātmanepada			
現在	sg.	du.	pl.	過去	sg.	du.	pl.
1	mime	mimīvahe	mimīmahe	1	amimi	amimīvahi	amimīmahi
2	mimīṣe	mimāthe	mimīdhve	2	amimīthāḥ	amimāthām	amimīdhvam
3	mimīte	mimāte	mimate	3	amimīta	amimātām	amimata

ātmanepada				ātmanepada			
命令	sg.	du.	pl.	願望	sg.	du.	pl.
1	mimai	mimāvahai	mimāmahai	1	mimīya	mimīvahi	mimīmahi
2	mimīṣva	mimāthām	mimīdhvam	2	mimīthāḥ	mimīyāthām	mimīdhvam
3	mimītām	mimātām	mimatām	3	mimīta	mimīyātām	mimīran

母音で始まる語尾の前では ī は消失し mim- となる。

√hā (3P.) ［捨てる］

強語幹 jahā- ； 弱語幹 jahī- / jahi-

parasmaipada				parasmaipada			
現在 sg.		du.	pl.	過去 sg.		du.	pl.
1	jahāmi	jahīvaḥ jahivaḥ	jahīmaḥ jahimaḥ	1	ajahām	ajahīva ajahiva	ajahīma ajahima
2	jahāsi	jahīthaḥ jahithaḥ	jahītha jahitha	2	ajahāḥ	ajahītam ajahitam	ajahīta ajahita
3	jahāti	jahītaḥ jahitaḥ	jahati	3	ajahāt	ajahītām ajahitām	ajahuḥ(r)

parasmaipada				parasmaipada			
命令 sg.		du.	pl.	願望 sg.		du.	pl.
1	jahāni	jahāva	jahāma	1	jahyām	jahyāva	jahyāma
2	jahīhi/jahitāt jahihi/jahāhi	jahītam jahitam	jahīta jahita	2	jahyāḥ	jahyātam	jahyāta
3	jahātu/jahitāt jahītāt	jahītām jahitām	jahatu	3	jahyāt	jahyātām	jahyuḥ(r)

弱語幹は母音で始まる語尾の前および y- の前（願望法）において jah- となる。

(2. sg. ipv.) では３つの形をとる。 jahāhi, jahīhi, jahihi

√nij(nijir) (3P.A.) ［洗う］

	parasmaipada				ātmanepada		
現在	sg.	du.	pl.		sg.	du.	pl.
1	nenejmi	nenijvaḥ	nenijmaḥ	1	nenije	nenijvahe	nenijmahe
2	nenekṣi	nenikthaḥ	neniktha	2	nenikṣe	nenijāthe	nenigdhve
3	nenekti	neniktaḥ	nenijati	3	nenikte	nenijāte	nenijate

過去	sg.	du.	pl.		sg.	du.	pl.
1	anenijam	anenijva	anenijma	1	aneniji	anenijvahi	anenijmahi
2	anenek(g)	aneniktam	anenikta	2	aneniktthāḥ	anenijāthām	anenigdhvam
3	anenek(g)	aneniktām	anenijuḥ	3	anenikta	anenijātām	anenijata

命令	sg.	du.	pl.		sg.	du.	pl.
1	nenijāni	nenijāva	nenijāma	1	nenijai	nenijāvahai	nenijāmahai
2	nenigdhi neniktāt	neniktam	nenikta	2	nenikṣva	nenijāthām	nenigdhvam
3	nenektu neniktāt	neniktām	nenijatuḥ	3	neniktām	nenijātām	nenijatām

願望	sg.	du.	pl.		sg.	du.	pl.
1	nenijyām	nenijyāva	nenijyāma	1	nenijīya	nenijīvahi	nenijīmahi
2	nenijyāḥ	nenijyātam	nenijyāta	2	nenijīthāḥ	nenijīyāthām	nenijīdhvam
3	nenijyāt	nenijyātām	nenijyuḥ nenijyur	3	nenijīta	nenijīyātām	nenijīran

重字母音は guṇa 化する。本来強意活用の形である。

√vij (3P.A.) ［震える］

	parasmaipada			ātmanepada		
現在	sg.	du.	pl.	sg.	du.	pl.
1	vevejmi	vevijvaḥ	vevijmaḥ	vevije	vevijvahe	vevijmahe
2	vevekṣi	vevikthaḥ	veviktha	vevikṣe	vevijāthe	vevigdhve
3	vevekti	veviktaḥ	vevijati	vevikte	vevijāte	vevijate

過去	sg.	du.	pl.	sg.	du.	pl.
1	avevijam	avevijva	avevijma	aveviji	avevijvahi	avevijmahi
2	avevek(g)	aveviktam	avevikta	avevikthāḥ	avevijāthām	avevigdhvam
3	avevek(g)	aveviktām	avevijuḥ	avevikta	avevijātām	avevijata

命令	sg.	du.	pl.	sg.	du.	pl.
1	vevijāni	vevijāva	vevijāma	vevijai	vevijāvahai	vevijāmahai
2	vevigdhi	veviktam	vevikta	vevikṣva	vevijāthām	vevigdhvam
3	vevektu	veviktām	vevijatu	veviktām	vevijātām	vevijatām

願望	sg.	du.	pl.	sg.	du.	pl.
1	vevijyām	vevijyāva	vevijyāma	vevijīya	vevijīvahi	vevijīmahi
2	vevijyāḥ	vevijyātam	vevijyāta	vevijīthāḥ	vevijīyāthām	vevijīḍhvam
3	vevijyāt	vevijyātām	vevijyuḥ	vevijīta	vevijīyātām	vevijīran

重字母音は guṇa 化する。本来強意活用の形である。

√bhṛ(bhṛñ) (3P.A.) ［運ぶ］

強語幹 bibhar- ; 弱語幹 bibhṛ-

現在	parasmaipada sg.	du.	pl.		ātmanepada sg.	du.	pl.
1	bibharmi	bibhṛvaḥ	bibhṛmaḥ	1	bibhre	bibhṛvahe	bibhṛmahe
2	bibharṣi	bibhṛthaḥ	bibhṛtha	2	bibhṛṣe	bibhrāthe	bibhṛdhve
3	bibharti	bibhṛtaḥ	bibhrati	3	bibhṛte	bibhrāte	bibhrate

過去	sg.	du.	pl.		sg.	du.	pl.
1	abibharam	abibhṛva	abibhṛma	1	abibhri	abibhṛvahi	abibhṛmahi
2	abibhaḥ(r)	abibhṛtam	abibhṛta	2	abibhṛthāḥ	abibhrāthām	abibhṛdhvam
3	abibhaḥ(r)	abibhṛtām	abibharuḥ(r)	3	abibhṛta	abibhrātām	abibhrata

命令	sg.	du.	pl.		sg.	du.	pl.
1	bibharāṇi	bibharāva	bibharāma	1	bibharai	bibharāvahai	bibharāmahai
2	bibhṛhi bibhṛtāt	bibhṛtam	bibhṛta	2	bibhṛṣva	bibhrāthām	bibhṛdhvam
3	bibhartu bibhṛtāt	bibhṛtām	bibhratu	3	bibhṛtām	bibhrātām	bibhratām

願望	sg.	du.	pl.		sg.	du.	pl.
1	bibhṛyām	bibhṛyāva	bibhṛyāma	1	bibhrīya	bibhrīvahi	bibhrīmahi
2	bibhṛyāḥ	bibhṛyātam	bibhṛyāta	2	bibhrīthāḥ	bibhrīyāthām	bibhrīdhvam
3	bibhṛyāt	bibhṛyātām	bibhṛyuḥ(r)	3	bibhrīta	bibhrīyātām	bibhrīran

√pṝ (3P.) ［満たす］

強語幹 pipar- ； 弱語幹 pipūr- （母音で始まる語尾の前では pipur- ）

	parasmaipada				parasmaipada		
現在	sg.	du.	pl.	過去	sg.	du.	pl.
1	piparmi	pipūrvaḥ	pipūrmaḥ	1	apiparam	apipūrva	apipūrma
2	piparṣi	pipūrthaḥ	pipūrtha	2	apipaḥ	apipūrtam	apipūrta
3	piparti	pipūrtaḥ	pipurati	3	apipaḥ	apipūrtām	apiparuḥ

	parasmaipada				parasmaipada		
命令	sg.	du.	pl.	願望	sg.	du.	pl.
1	piparāṇi	piparāva	piparāma	1	pipūryām	pipūryāva	pipūryāma
2	pipūrhi pipūrtāt	pipūrtam	pipūrta	2	pipūryāḥ	pipūryātam	pipūryāta
3	pipartu pipūrtāt	pipūrtām	pipuratu	3	pipūryāt	pipūryātām	pipūryuḥ

7. 第７類動詞【rudhādi】

(1) 特色

すべての語根は子音で終わる。

(2) 語幹の作り方

強語幹は語根の末尾の子音の前に na(ṇa) を挿入する。

弱語幹は語根の末尾と同種の鼻音が子音の前に挿入される。

末尾の子音が ś, ṣ, s, h の場合には ṃ が挿入される。

(3) 第7類動詞の活用表

√rudh(rudhir) (7P.A.) ［妨げる、阻止する］

強語幹 ruṇadh－ ； 弱語幹： rundh－

現在	parasmaipada sg.	du.	pl.		ātmanepada sg.	du.	pl.
1	ruṇadhmi	rundhvaḥ	rundhmaḥ	1	rundhe	rundhvahe	rundhmahe
2	ruṇatsi	runddhaḥ	runddha	2	runtse	rundhāthe	runddhve
3	ruṇaddhi	runddhaḥ	rundhanti	3	runddhe	rundhāte	rundhate

過去	sg.	du.	pl.		sg.	du.	pl.
1	aruṇadham	arundhva	arundhma	1	arundhi	arundhvahi	arundhmahi
2	aruṇat(d) aruṇaḥ	arunddham	arunddha	2	arunddhāḥ	arundhāthām	arunddhvam
3	aruṇat(d)	arunddhām	arundhan	3	arunddha	arundhātām	arundhata

命令	sg.	du.	pl.		sg.	du.	pl.
1	ruṇadhāni	ruṇadhāva	ruṇadhāma	1	ruṇadhai	ruṇadhāvahai	ruṇadhāmahai
2	runddhi runddhāt	runddham	runddhata	2	runtsva	rundhāthām	runddhvam
3	ruṇaddhu runddhāt	runddhām	rundhantu	3	runddhām	rundhātām	rundhatām

願望	sg.	du.	pl.		sg.	du.	pl.
1	rundhyām	rundhyāva	rundhyāma	1	rundhīya	rundhīvahi	rundhīmahi
2	rundhyāḥ	rundhyātam	rundhyāta	2	rundhīthāḥ	rundhīyāthām	rundhīdhvam
3	rundhyāt	rundhyātām	rundhyuḥ	3	rundhīta	rundhīyātām	rundhīran

√bhid(bhidir) (7A.) ［裂く］

強語幹 bhinad－ ； 弱語幹 bhind－

現在	parasmaipada sg.	du.	pl.		ātmanepada sg.	du.	pl.
1	bhinadmi	bhindvaḥ	bhindmaḥ	1	bhinde	bhindvahe	bhindmahe
2	bhinatsi	bhintthaḥ	bhinttha	2	bhintse	bhindāthe	bhinddhve
3	bhinatti	bhinttaḥ	bhindanti	3	bhintte	bhindāte	bhindante

過去	sg.	du.	pl.		sg.	du.	pl.
1	abhinadam	abhindva	abhindma	1	abhindi	abhindvahi	abhindmahi
2	abhinat(d) abhinaḥ	abhinttam	abhintta	2	abhintthāḥ	abhindāthām	abhinddhvam
3	abhinat(d)	abhinttām	abhindan	3	abhintta	abhindātām	abhindata

命令	sg.	du.	pl.		sg.	du.	pl.
1	bhinadāni	bhinadāva	bhinadāma	1	bhinadai	bhinadāvahai	bhinadāmahai
2	bhinddhi bhintāt	bhinttam	bhintta	2	bhintsva	bhindāthām	bhinddhvam
3	bhinattu bhintāt	bhinttām	bhindantu	3	bhinttām	bhindātām	bhindatām

願望	sg.	du.	pl.	sg.	du.	pl.
1	bhindyām	bhindyāva	bhindyāma	bhindīya	bhindīvahi	bhindīmahi
2	bhindyāḥ	bhindyātam	bhindyāta	bhindīthāḥ	bhindīyāthām	bhindīdhvam
3	bhindyāt	bhindyātām	bhindyuḥ	bhindīta	bhindīyātām	bhindīran

√kṣud (7P.A.) ［つき砕く］

強語幹 kṣuṇad- ； 弱語幹 kṣund-

	parasmaipada				ātmanepada		
現在	sg.	du.	pl.		sg.	du.	pl.
1	kṣuṇadmi	kṣundvaḥ	kṣundmaḥ	1	kṣunde	kṣundvahe	kṣundmahe
2	kṣuṇatsi	kṣuntthaḥ	kṣunttha	2	kṣuntse	kṣundāthe	kṣunddhve
3	kṣuṇatti	kṣunttaḥ	kṣundanti	3	kṣuntte	kṣundāte	kṣundante

過去	sg.	du.	pl.		sg.	du.	pl.
1	akṣuṇadam	akṣundva	akṣundma	1	akṣundi	akṣundvahi	akṣundmahi
2	akṣuṇaḥ akṣuṇat(d)	akṣunttam	akṣuntta	2	akṣuntthāḥ	akṣundāthām	akṣunddhvam
3	akṣuṇat(d)	akṣunttām	akṣuntan	3	akṣuntta	akṣundātām	akṣundata

命令	sg.	du.	pl.		sg.	du.	pl.
1	kṣuṇadāni	kṣuṇadāva	kṣuṇadāma	1	kṣuṇadai	kṣuṇadāvahai	kṣuṇadāmahai
2	kṣunddhi kṣuntāt	kṣunttam	kṣuntta	2	kṣuntsva	kṣundāthām	kṣunddhvam
3	kṣuṇattu kṣuntāt	kṣunttām	kṣundantu	3	kṣunttām	kṣundātām	kṣundatām

願望	sg.	du.	pl.	sg.	du.	pl.
1	kṣundyām	kṣundyāva	kṣundyāma	kṣundīya	kṣundīvahi	kṣundīmahi
2	kṣundyāḥ	kṣundyātam	kṣundyāta	kṣundīthāḥ	kṣundīyāthām	kṣundīdhvam
3	kṣundyāt	kṣundyātām	kṣundyuḥ	kṣundīta	kṣundīyātām	kṣundīran

(4) 注意すべき活用表

√yuj (7P.A.) ［繋ぐ、結びつける］

強語幹 yunaj- ; 弱語幹 yuñj-

	parasmaipada				ātmanepada		
現在	sg.	du.	pl.		sg.	du.	pl.
1	yunajmi	yuñjvaḥ	yuñjmaḥ	1	yuñje	yuñjvahe	yuñjmahe
2	yunakṣi	yuṅkthaḥ	yuṅktha	2	yuṅkṣe	yuñjāthe	yuṅgdhve
3	yunakti	yuṅktaḥ	yuñjanti	3	yuṅkte	yuñjāte	yuñjate

過去	sg.	du.	pl.		sg.	du.	pl.
1	ayunajam	ayuñjva	ayuñjma	1	ayuñji	ayuñjvahi	ayuñjmahi
2	ayunak(g)	ayuṅktam	ayuṅkta	2	ayuṅkthāḥ	ayuñjāthām	ayuṅgdhvam
3	ayunak(g)	ayuṅktām	ayuñjan	3	ayuṅkta	ayuñjātām	ayuñjata

命令	sg.	du.	pl.		sg.	du.	pl.
1	yunajāni	yunajāva	yunajāma	1	yunajai	yunajāvahai	yunajāmahai
2	yuṅgdhi	yuṅktam	yuṅkta	2	yuṅkṣva	yuñjāthām	yuṅgdhvam
3	yunaktu	yuṅktām	yuñjantu	3	yuṅktām	yuñjātām	yuñjatām

願望	sg.	du.	pl.		sg.	du.	pl.
1	yuñjyām	yuñjyāva	yuñjyāma	1	yuñjīya	yuñjīvahi	yuñjīmahi
2	yuñjyāḥ	yuñjyātam	yuñjyāta	2	yuñjīthāḥ	yuñjīyāthām	yuñjīdhvam
3	yuñjyāt	yuñjyātām	yuñjyuḥ	3	yuñjīta	yuñjīyātām	yuñjīran

√bhuj (7P.A.)

強語幹 bhunaj- ; 弱語幹 bhuñj-

(7P.) ［押し潰す、守る］ (7A.) ［食べる、享受する］

	parasmaipada				ātmanepada		
現在	sg.	du.	pl.		sg.	du.	pl.
1	bhunajmi	bhuñjvaḥ	bhuñjmaḥ	1	bhuñje	bhuñjavahe	bhuñjamahe
2	bhunakṣi	bhuṅkthaḥ	bhuṅktha	2	bhuṅkṣe	bhuñjāthe	bhuṅgdhve
3	bhunakti	bhuṅktaḥ	bhuñjanti	3	bhuṅkte	bhuñjāte	bhuñjate

過去	sg.	du.	pl.		sg.	du.	pl.
1	abhunajam	abhuñjva	abhuñjma	1	abhuñji	abhuñjavahi	abhuñjamahi
2	abhunak(g)	abhuṅktam	abhuṅkta	2	abhuṅkthāḥ	abhuñjāthām	abhuṅgdhvam
3	abhunak(g)	abhuṅktām	abhuñjan	3	abhuṅkta	abhuñjātām	abhuñjata

命令	sg.	du.	pl.		sg.	du.	pl.
1	bhunajāni	bhunajāva	bhunajāma	1	bhunajai	bhunajāvahai	bhunajāmahai
2	bhuṅgdhi bhuṅktāt	bhuṅktam	bhuṅkta	2	bhuṅkṣva	bhuñjāthām	bhuṅgdhvam
3	bhunaktu bhuṅktāt	bhuṅktām	bhuñjantu	3	bhuṅktām	bhuñjātām	bhuñjatām

願望	sg.	du.	pl.		sg.	du.	pl.
1	bhuñjyām	bhuñjyāva	bhuñjyāma	1	bhuñjīya	bhuñjīvahi	bhuñjīmahi
2	bhuñjyāḥ	bhuñjyātam	bhuñjyāta	2	bhuñjīthāḥ	bhuñjīyāthām	bhuñjīdhvam
3	bhuñjyāt	bhuñjyātām	bhuñjyuḥ	3	bhuñjīta	bhuñjīyātām	bhuñjīran

√añj (7P.) ［塗布する、塗る］

強語幹 anaj- ； 弱語幹 añj-

parasmaipada

現在	sg.	du.	pl.
1	anajmi	añjvaḥ	añjmaḥ
2	anakṣi	aṅkthaḥ	aṅktha
3	anakti	aṅktaḥ	añjanti

過去	sg.	du.	pl.
1	ānajam	āñjva	āñjma
2	ānak(g)	āṅktam	āṅkta
3	ānak(g)	āṅktām	āñjan

命令	sg.	du.	pl.
1	anajāni	anajāva	anajāma
2	aṅgdhi aṅktāt	aṅktam	aṅkta
3	anaktu aṅktāt	aṅktām	añjantu

願望	sg.	du.	pl.
1	añjyām	añjyāva	añjyāma
2	añjyāḥ	añjyātam	añjyāta
3	añjyāt	añjyātām	añjyuḥ

√indh (7A.) ［火をつける、塗布する］

強語幹 inadh- ； 弱語幹 indh-

ātmanepada

現在	sg.	du.	pl.
1	indhe	indhvahe	indhmahe
2	intse	indhāthe	inddhve
3	inddhe / indhe	indhāte	indhate

過去	sg.	du.	pl.
1	aindhi	aindhvahi	aindhmahi
2	ainddhāḥ aindhāḥ	aindhāthām	aindhadhvam aindhvam
3	ainddha	aindhātām	aindhata

命令	sg.	du.	pl.
1	inadhai	inadhāvahai	inadhāmahai
2	intsva	indhāthām	iddhvam indhvam
3	inddhām indhām	indhātām	indhatām

願望	sg.	du.	pl.
1	indhīya	indhīvahi	indhīmahi
2	indhīthāḥ	indhīyāthām	indhīdhvam
3	indhīta	indhīyātām	indhīran

√bhañj (7P.) ［こわす］ 強語幹 bhanaj－ ； 弱語幹 bhañj－

parasmaipada				parasmaipada		
現在	sg.	du.	pl.	過去 sg.	du.	pl.
1	bhanajmi	bhañjvaḥ	bhañjmaḥ	1 abhanajam	abhañjva	abhañjma
2	bhanakṣi	bhaṅkthaḥ	bhaṅktha	2 abhanak(g)	abhaṅktam	abhaṅkta
3	bhanakti	bhaṅktaḥ	bhañjanti	3 abhanak(g)	abhaṅktām	abhañjan

parasmaipada				parasmaipada		
命令	sg.	du.	pl.	願望 sg.	du.	pl.
1	bhanajāni	bhanajāva	bhanajāma	1 bhañjyām	bhañjyāva	bhañjyāma
2	bhaṅgdhi bhaṅktāt	bhaṅktam	bhaṅkta	2 bhañjyāḥ	bhañjyātam	bhañjyāta
3	bhanaktu bhaṅktāt	bhaṅktām	bhañjantu	3 bhañjyāt	bhañjyātām	bhañjyuḥ

√hiṃs (7P.) ［傷つける、そこなう］ 強語幹 hinas－ ； 弱語幹 hiṃs－

parasmaipada				parasmaipada		
現在	sg.	du.	pl.	過去 sg.	du.	pl.
1	hinasmi	hiṃsvaḥ	hiṃsmaḥ	1 ahinasam	ahiṃsva	ahiṃsma
2	hinassi	hiṃsthaḥ	hiṃstha	2 ahinaḥ / ahinat(d)	ahiṃstam	ahiṃsta
3	hinasti	hiṃstaḥ	hiṃsanti	3 ahinat(d)	ahiṃstām	ahiṃsan

parasmaipada				parasmaipada		
命令	sg.	du.	pl.	願望 sg.	du.	pl.
1	hinasāni	hinasāva	hinasāma	1 hiṃsyām	hiṃsyāva	hiṃsyāma
2	hindhi hiṃstāt	hiṃstam	hiṃsta	2 hiṃsyāḥ	hiṃsyātam	hiṃsyāta
3	hinastu hiṃstāt	hiṃstām	hiṃsantu	3 hiṃsyāt	hiṃsyātām	hiṃsyuḥ

√ric (7P.A.) ［退く］

強語幹 riṇac- ; 弱語幹 riñc-

現在	parasmaipada sg.	du.	pl.		ātmanepada sg.	du.	pl.
1	riṇacmi	riñcvaḥ	riñcmaḥ	1	riñce	riñcvahe	riñcmahe
2	riṇakṣi	riṅkthaḥ	riṅktha	2	riṅkṣe	riñcāthe	riṅgdhve
3	riṇakti	riṅktaḥ	riñcanti	3	riṅkte	riñcāte	riñcate

過去	sg.	du.	pl.		sg.	du.	pl.
1	ariṇacam	ariñcva	ariñcma	1	ariñci	ariñcvahi	ariñcmahi
2	ariṇak(g)	ariṅktam	ariṅkta	2	ariṅkthāḥ	ariñcāthām	ariṅgdhvam
3	ariṇak(g)	ariṅktām	ariñcan	3	ariṅkta	ariñcātām	ariñcata

命令	sg.	du.	pl.		sg.	du.	pl.
1	riṇacāni	riṇacāva	riṇacāma	1	riṇacai	riṇacāvahai	riṇacāmahai
2	riṅgdhi riṅktāt	riṅktam	riṅkta	2	riṅkṣva	riñcāthām	riṅgdhvam
3	riṇaktu riṅktāt	riṅktām	riñcantu	3	riṅktām	riñcātām	riñcatām

願望	sg.	du.	pl.		sg.	du.	pl.
1	ricyām	ricyāva	ricyāma	1	riñcīya	riñcīvahi	riñcīmahi
2	ricyāḥ	ricyātam	ricyāta	2	riñcīthāḥ	riñcīyāthām	riñcīdhvam
3	ricyāt	ricyātām	ricyuḥ	3	riñcīta	riñcīyātām	riñcīran

√piṣ (7P.) [粉砕する]

強語幹 pinaṣ- ; 弱語幹 piṃṣ-

parasmaipada				parasmaipada			
現在	sg.	du.	pl.	過去	sg.	du.	pl.
1	pinaṣmi	piṃṣvaḥ	piṃṣmaḥ	1	apinaṣam	apiṃṣva	apiṃṣma
2	pinakṣi	piṃṣṭhaḥ	piṃṣṭha	2	apinaṭ(ḍ)	apiṃṣṭam	apiṃṣṭa
3	pinaṣṭi	piṃṣṭaḥ	piṃṣanti	3	apinaṭ(ḍ)	apiṃṣṭām	apiṃṣan

parasmaipada				parasmaipada			
命令	sg.	du.	pl.	願望	sg.	du.	pl.
1	pinaṣāṇi	pinaṣāva	pinaṣāma	1	piṃṣyām	piṃṣyāva	piṃṣyāma
2	piṇḍḍhi	piṃṣṭam	piṃṣṭa	2	piṃṣyāḥ	piṃṣyātam	piṃṣyāta
3	pinaṣṭu	piṃṣṭām	piṃṣantu	3	piṃṣyāt	piṃṣyātām	piṃṣyuḥ

√tṛh (7P.) [押しつぶす、砕く]

強語幹 tṛṇeh- ; 弱語幹 tṛṃh-

parasmaipada				parasmaipada			
現在	sg.	du.	pl.	過去	sg.	du.	pl.
1	tṛṇehmi	tṛṃhvaḥ	tṛṃhmaḥ	1	atṛṇaham	atṛṃhva	atṛṃhma
2	tṛṇekṣi	tṛṇḍhaḥ	tṛṇḍha	2	atṛṇeṭ(ḍ)	atṛṇḍham	atṛṇḍha
3	tṛṇeḍhi	tṛṇḍhaḥ	tṛṃhanti	3	atṛṇeṭ(ḍ)	atṛṇḍhām	atṛṃhan

parasmaipada				parasmaipada			
命令	sg.	du.	pl.	願望	sg.	du.	pl.
1	tṛṇahāni	tṛṇahāva	tṛṇahāma	1	tṛṃhyām	tṛṃhyāva	tṛṃhyāma
2	tṛṇḍhi tṛṇḍhāt	tṛṇḍham	tṛṇḍha	2	tṛṃhyāḥ	tṛṃhyātam	tṛṃhyāta
3	tṛṇeḍhu tṛṇḍhāt	tṛṇḍhām	tṛṃhantu	3	tṛṃhyāt	tṛṃhyātām	tṛṃhyuḥ

第7章　アオリスト

§23　アオリスト

サンスクリットでは、不定過去（直説法過去）・アオリスト・完了・過去分詞によって過去時制を表すが、古典サンスクリットにおいては区別なく用いられる。しかし、理論的にはアオリストは、ある程度まで動作の完了（非継続）を示す傾向のある過去時制である。
不定過去・完了形が物語の叙述に用いられるのに対して、アオリストは文学作品の中、特に会話において近い過去の経験を述べるのに用いられる。
サンスクリットのアオリストおよび過去分詞は、英語の現在完了と同様の役目を果すと考えられる。

1．アオリストの分類

アオリストは語幹の構成によって、歯擦音アオリストと単純アオリストの２つに大別される。

(1) 歯擦音アオリスト（ sibilant aorists , sigmatic aorists ）

語根と人称語尾との間に歯擦音（ ś, ṣ, s ）を挿入して４つのアオリストが作られる。
（ s– アオリスト［４］、 iṣ– アオリスト［５］、
siṣ– アオリスト［６］、 sa– アオリスト［７］ ）
４つの歯擦音アオリストはすべて不定過去のように語頭にオーグメント a を付加する。
４つの分類は挿入される歯擦音によって異なる。
特に s– と iṣ– アオリストが重要である。

(2) 単純アオリスト（ simple aorists , non-sigmatic aorists)

語根に人称語尾を直接付加するか、あるいは語根に語幹母音 a を付加して３つのアオリストが作られる。
（語根アオリスト［１］、 a– アオリスト［２］、重複アオリスト［３］）

2． sa– アオリスト［第Ⅶアオリスト］

（人称語尾の前に sa を挿入する）　［ a ＋ 語根 ＋ sa ＋ 人称語尾］

(1) –ś, –ṣ, –h で終わる若干の語根がこの形式をとる。

(2) 中間短母音はそのまま変化することなく残る。

(3) 語根の末尾の子音は sa と結合して常に kṣa となる。

–ṣ + sa = kṣa

–ś + sa = kṣa

–h + sa = kṣa

(4) parasmaipada における活用は、第1種活用動詞の不定過去と同様である。

語幹末の a は、 am, an の前で脱落し、 va, ma の前で ā となる。

–sa + am = –sam (1. sg. P.)　　–sa + an = –san (3. sg. P.)

–sa + va = –sāva (1. du. P.)　　–sa + ma = –sāma (1. pl. P.)

(5) ātmanepada における活用は、第2種活用動詞の不定過去と同様である。

しかし 3. pl. A. の語尾は anta である。

語幹末の a は、 i, anta の前で脱落し、 vahi, mahi の前で ā となる。

–sa + i = –si (1. sg. A.)　　–sa + anta = –santa (3. pl. A.)

–sa + vahi = –sāvahi (1. du. A.)　　–sa + mahi = –sāmahi (1. pl. A.)

(6) オーグメント a が動詞の語頭に付加される。

a + √duh + sata → a + dhuk + sata → adhukṣata

parasmaipada 人称語尾変化　　ātmanepada 人称語尾変化

	sg.	du.	pl.		sg.	du.	pl.
1	–sam	–sāva	–sāma	1	–si	–sāvahi	–sāmahi
2	–saḥ	–satam	–sata	2	–sathāḥ	–sāthām	–sadhvam
3	–sat	–satām	–san	3	–sata	–sātām	–santa

a + √diś + sat → a + dik + sat → adikṣat

parasmaipada　　√diś ［指示する］

	sg.	du.	pl.
1	adikṣam	adikṣāva	adikṣāma
2	adikṣaḥ	adikṣatam	adikṣata
3	adikṣat	adikṣatām	adikṣan

ātmanepada の１人称単数の人称語尾は si になる。

ātmanepada　　√duh ［乳をしぼる］

	sg.	du.	pl.
1	adhukṣi	adhukṣāvahi, aduhvahi	adhukṣāmahi
2	adhukṣathāḥ (adugdhāḥ)	adhukṣāthām	adhukṣadhvam (adhugdhvam)
3	adhukṣata, adugdha	adhukṣātām	adhukṣanta

３．s– アオリスト［第Ⅳアオリスト］

（人称語尾の前に s を挿入する）　［ a ＋ 語根 ＋ s ＋ 人称語尾］

(1) parasmaipada において語末母音と中間短母音は vṛddhi 化する。

a ＋ √jñā ＋ sīt → ajñāsīt

a ＋ √nī ＋ sīt → a ＋ nai ＋ sīt → anaiṣīt

a ＋ √śru ＋ sīt → a ＋ śrau ＋ sīt → aśrauṣīt

(2) ātmanepada において i, ī, u, ū の語末母音は guṇa 化する。

(3) 人称語尾 stam, sta, stām, sthāḥ の s は短母音と子音（鼻音と半母音以外）の後で脱落する。

√kṛ ātmanepada (3. sg.)

a ＋ √kṛ ＋ sta → a ＋ kṛ ＋ sta → akṛta

sandhi 規則に従って

–k, –c, –śc, –ch, –j, –jj, –ś, –ṣ, –kṣ, –h ＋ s– ＝ –kṣ– となる。

(4) parasmaipada と ātmanepada の活用は第２種活用動詞の不定過去の活用と同様である。

しかし

(2. sg. P.) → –sīḥ (sīs)　　(3. sg. P.) → –sīt　　(3. pl. P.) → –suḥ (sur)

(5) オーグメント a が動詞の語頭に付加される。

parasmaipada 人称語尾変化　　　ātmanepada 人称語尾変化

	sg.	du.	pl.		sg.	du.	pl.
1	–sam	–sva	–sma	1	–si	–svahi	–smahi
2	–sīḥ	–stam	–sta	2	–sthāḥ	–sāthām	–dhvam
3	–sīt	–stām	–suḥ	3	–sta	–sātām	–sata

parasmaipada √kṛ ［なす］　　　ātmanepada √śap ［ののしる］

	sg.	du.	pl.		sg.	du.	pl.
1	akārṣam	akārṣva	akārṣma	1	aśapsi	aśapsvahi	aśapsmahi
2	akārṣīḥ	akārṣṭam	akārṣṭa	2	aśapthāḥ	aśapsāthām	aśabdhvam
3	akārṣīt	akārṣṭām	akārṣuḥ	3	aśapta	aśapsātām	aśapsata

√kṛ ［なす］ (3. sg. P.)

a + √kṛ + sīt → a + kār + sīt → akārṣīt

√kṛ ［なす］ (3. sg. A.)

a + √kṛ + sta → a + kṛ + sta → akṛta

(6) 不規則形

● 語根末の –n, –m は、アオリストの s の前で ṃ になる。

√man ［考える］ (3. sg. A.) a + √man + sta → a + maṃ + sta → amaṃsta

√ram ［満足する］ (3. sg. A.) a + √ram + sta → a + raṃ + sta → araṃsta

● √vas ［住む］は、アオリストの中で vāt になる。

語根末の s は s と合わせて ts となる。

a + √vas + sīt → a + vās + sīt → a + vāt + sīt → avātsīt

● √dā ［与える］ √dhā ［置く］ √sthā ［立つ］の語根は

ātmanepada では、 s– アオリストの形をとり、語根母音は i に変わる。

parasmaipada では、語根アオリストの形をとる。

√dā → adiṣi, adithāḥ, adita (1.,2.,3. sg. A.)

√dhā → adhiṣi, adhithāḥ, adhita (1.,2.,3. sg. A.)

√sthā → asthiṣi, asthithāḥ, asthita (1.,2.,3. sg. A.)

● √dṛś ［見る］ √sṛj ［放つ］ √spṛś ［触れる］の parasmaipada 活用形は vṛddhi の -ār- の代わりに rā を用いる。

a + √dṛś + sīt → a + drāś + sīt → a + drāk + sīt → adrākṣīt

a + √sṛj + sīt → a + srāj + sīt → a + srāk + sīt → asrākṣīt

a + √spṛś + sīt → a + sprāś + sīt → a + sprāk + sīt → asprākṣīt

● 特殊な 3. sg. の形。 √pad ［行く］ √budh ［知る］

√pad → apādi (3. sg. A.)

√budh → abodhi, abuddha (a + budh + sta) (3. sg. A.)

4．iṣ- アオリスト ［第Ⅴアオリスト］

（人称語尾の前に iṣ を挿入する） ［ a + 語根 + iṣ + 人称語尾］

(1) parasmaipada において語根末母音は vṛddhi 化し、中間短母音は guṇa 化する。

a + √tṝ + iṣam → a + tār + iṣam → atāriṣam (1. sg. P.)

a + √vad + iṣam → a + vād + iṣam → avādiṣam (1. sg. P.)

a + √vid + iṣam → a + ved + iṣam → avediṣam (1. sg. P.)

(2) ātmanepada において語根末母音と中間短母音は、 guṇa 化する。

(3) parasmaipada と ātmanepada の活用は、第２種活用動詞の不定過去の活用と同様である。しかし

(2. sg. P.) → -īh　　(3. sg. P.) → -īt　　(3. pl. P.) → -iṣuḥ

(4) オーグメント a は動詞の語頭に付加される。

parasmaipada 人称語尾変化

	sg.	du.	pl.
1	-iṣam	-iṣva	-iṣma
2	-īḥ	-iṣṭam	-iṣṭa
3	-īt	-iṣṭām	-iṣuḥ

ātmanepada 人称語尾変化

	sg.	du.	pl.
1	-iṣi	-iṣvahi	-iṣmahi
2	-iṣṭhāḥ	-iṣāthām	-idhvam
3	-iṣṭa	-iṣātām	-iṣata

parasmaipada √budh ［目覚める］ ātmanepada √śī ［眠る］

	sg.	du.	pl.		sg.	du.	pl.
1	abodhiṣam	abodhiṣva	abodhiṣma	1	aśayiṣi	aśayiṣvahi	aśayiṣmahi
2	abodhīḥ	abodhiṣṭam	abodhiṣṭa	2	aśayiṣṭhāḥ	aśayiṣāthām	aśayidhvam (aśayiḍhvam)
3	abodhīt	abodhiṣṭām	abodhiṣuḥ	3	aśayiṣṭa	aśayiṣātām	aśayiṣata

(5) 不規則形

- parasmaipada において中間短母音が **vṛddhi** 化する場合がある。
  √mad ［喜ぶ、酔う］ → amādiṣam（1. sg. P.）
  √vad ［言う］→ avādīt（3. sg. P.）
- √grah ［捉える］は **vṛddhi** 化することなく、つねに -īṣ となる。
  a + √grah + īt → agrahīt (3. sg. P.)
  a + √grah + iṣam → agrahīṣam (1. sg. P.)
- √jan ［生まれる］ √tan ［延ばす］ √han ［殺す］
  a + √jan + iṣṭa → ajaniṣṭa / ajani (3. sg. A.) （ **vṛddhi** 化しない）
  a + √tan + īt → atanīt / atānīt (3. sg. P.) （ **vṛddhi** 化は任意）
  a + √han + īḥ → a + vadh + īḥ → avadhīḥ (2. sg. P.)

5．siṣ- **アオリスト［第Ⅵアオリスト］**

（人称語尾の前に siṣ- を挿入する。） ［a + 語根 + siṣ + 人称語尾］

(1) ā 及び二重母音、 am で終わる若干の語根である。

(2) ātmanepada の活用はなく、 parasmaipada のみで活用される。
活用は iṣ- アオリストと同様である。

(3) オーグメント a は動詞の語頭に付加される。

parasmaipada √yā ［行く］ parasmaipada 人称語尾変化

	sg.	du.	pl.		sg.	du.	pl.
1	ayāsiṣam	ayāsiṣva	ayāsiṣma	1	-siṣam	-siṣva	-siṣma
2	ayāsīḥ	ayāsiṣṭam	ayāsiṣṭa	2	-sīḥ	-siṣṭam	-siṣṭa
3	ayāsīt	ayāsiṣṭām	ayāsiṣuḥ	3	-sīt	-siṣṭām	-siṣuḥ

6．a－アオリスト［第IIアオリスト］

(1) 語根は変化することがない。ātmanepada は稀である。［a ＋ 語根 ＋ a ＋ 人称語尾］

(2) 語根に語幹母音 a を添えると、第1種活用動詞の不定過去と同様の活用をする。

－am, －an, －ant の前で a は脱落する。

－va, －ma, －vahi, －mahi の前で ā になる。

(3) オーグメント a が動詞の語頭に付加される。

このアオリストは第6類動詞の不定過去と全く同様の活用をする。

parasmaipada 人称語尾変化　　ātmanepada 人称語尾変化

	sg.	du.	pl.		sg.	du.	pl.
1	－am	－va	－ma	1	－i	－vahi	－mahi
2	－ḥ	－tam	－ta	2	－thāḥ	－ithām	－dhvam
3	－t	－tām	－an	3	－ta	－itām	－anta

parasmaipada √gam ［行く］　　ātmanepada √vac ［話す］

	sg.	du.	pl.		sg.	du.	pl.
1	agamam	agamāva	agamāma	1	avoce	avocāvahi	avocāmahi
2	agamaḥ	agamatam	agamata	2	avocathāḥ	avocethām	avocadhvam
3	agamat	agamatām	agaman	3	avocata	avocetām	avocanta

(4) 不規則形

● √khyā ［言う］の語根末母音 －ā は短くなる。

√khyā ［言う］ akhyam, akhyāva, akhyāma（1. sg.,du.,pl.P.）

● √dṛś ［見る］は guṇa 化する。

√dṛś ［見る］ adarśat, adarśatām, adarśan（3. sg.,du.,pl.P.）

● √as ［投げる］ asth－ の形をとる。

√as ［投げる］ āstham, āsthāva, āsthāma（1. sg.,du.,pl.P.）

● √pat ［落ちる］ apaptam, apaptāva, apaptāma（1. sg.,du.,pl.P.）

● √vac ［話す］ avocam, avocāva, avocāma（1. sg.,du.,pl.P.）

● √śuc ［ぬれる］ → aśucaḥ (2. sg.P.)

√gṛdh ［切望する］ → agṛdhaḥ (2. sg.P.)

√āp ［獲得する］ → āpam (1. sg.P.), āpat (3. sg.P.)

√gam ［行く］ → agamam, agamaḥ, agamat (1.,2.,3. sg.P.) agaman (3. pl.P.)

√naś ［滅びる］ → anaśan (3. pl.P.)

7．語根アオリスト［第Ⅰアオリスト］

(1) –ā でおわる若干の語根と √bhū はこの形をとる。［ a ＋ 語根 ＋ 人称語尾］

(2) parasmaipada のみに活用し、語根に人称語尾が直接付加される。

(3. pl. P.) → –uḥ （ –uḥ の前では語幹末母音 –ā は脱落する。）

(3) オーグメント a が動詞の語頭に付加される。

parasmaipada √dā ［与える］

	sg.	du.	pl.
1	adām	adāva	adāma
2	adāḥ	adātam	adāta
3	adāt	adātām	aduḥ

parasmaipada 人称語尾変化

	sg.	du.	pl.
1	–am	–va	–ma
2	–ḥ	–tam	–ta
3	–t	–tām	–uḥ

(4) 不規則形

● √bhū ［～になる、～である］

(1. sg. P.) → ūvam　　(3. pl. P.) → ūvan

parasmaipada √bhū ［～になる、～である］

	sg.	du.	pl.
1	abhūvam	abhūva	abhūma
2	abhūḥ	abhūtam	abhūta
3	abhūt	abhūtām	abhūvan

● √i, √gā ［行く］ → agāḥ, agāt (2.,3. sg.), aguḥ (3. pl.)

√dā ［与える］ → adāt (3. sg.), aduḥ (3. pl.)

√pā ［飲む］ → apām,apāma (1. sg.,pl.), apāt (3. sg.)

8. 重複アオリスト（重字アオリスト）［第Ⅲアオリスト］（ reduplicated aorist ）

(1) 語根を重複して語幹をつくる。［ a ＋ 重複語根 ＋ 人称語尾］

重複音節の母音（ a, ā, ṛ, ṝ, ḷ, ）は i または ī で、

u をもつ語根の場合は u または ū である。

位置によって長い場合（母音のあとに２個以上の子音が続く）以外、

重複音節の母音は長音化される。

(2) 活用は parasmaipada, ātmanepada においても第１種活用動詞の不定過去と

同様の活用をする。

(3) 語根末尾の i, u は iy, uv にかわる。語根末尾の ā は脱落する。

a ＋ √śri ＋ t → a ＋ śiśri ＋ a ＋ t

→ a ＋ śiśriy ＋ a ＋ t → aśiśriyat (3. sg. P.)

a ＋ √śri ＋ ta → a ＋ śiśri ＋ a ＋ ta

→ a ＋ śiśriy ＋ a ＋ ta → aśiśriyata (3. sg. A.)

(4) オーグメント a が動詞の語頭に付加される。

(5) この形式は第１０類動詞と派生動詞（使役動詞等）のアオリストをつくる場合に特に使用される。

この場合、語幹の aya は取り去られるが、

ā, e, ai, o で終わる語根の使役活用接尾辞 –paya の p は残される。［P-caus. の形式のアオリスト］

√cur （１０類動詞不定過去）

a ＋ √cur ＋ aya ＋ t → a ＋ cor ＋ aya ＋ t → acorayat (3. sg. P.)

√cur （重複アオリスト）

a ＋ √cur ＋ a ＋ t → a ＋ cucur ＋ a ＋ t

→ a ＋ cūcur ＋ a ＋ t → acūcurat (3. sg. P.)

√jñā （使役動詞の現在形）

√jñā ＋ paya ＋ ti → jñāpayati (3. sg. caus.pres.)

√jñā （使役動詞の不定過去）

a ＋ √jñā ＋ paya ＋ t → ajñāpayat (3. sg. caus.impf.)

√jñā （使役動詞のアオリスト）

a ＋ √jñā ＋ paya ＋ t → a ＋ jijña ＋ p ＋ a ＋ t

→ ajijñapat (3. sg. caus.aor.)

parasmaipada √śri ［行く、近づく］　　ātmanepada √cur ［盗む］

	sg.	du.	pl.		sg.	du.	pl.
1	aśiśriyam	aśiśriyāva	aśiśriyāma	1	acūcure	acūcurāvahi	acūcurāmahi
2	aśiśriyaḥ	aśiśriyatam	aśiśriyata	2	acūcurathāḥ	acūcurethām	acūcuradhvam
3	aśiśriyat	aśiśriyatām	aśiśriyan	3	acūcurata	acūcuretām	acūcuranta

注意すべき使役動詞のアオリスト

√gaṇ ［数える］→ ajīgaṇat (3. sg. P.)

√kṛ ［なす］→ acīkarat (3. sg. P.)

√dīp ［輝く］→ adidīpat (3. sg. P.)

√mīl ［またたく］→ amīmilat (3. sg. P.)

√pad ［行く］→ apīpadat (3. sg. P.)

√pūj ［供養する］→ apūpujat (3. sg. P.)

√muc ［解く］→ amūmucat (3. sg. P.)

√muh ［失神する］→ amūmuhat (3. sg. P.)

√jan ［生まれる］→ ajījanat (3. sg. P.)

√vṛdh ［成長する］→ avīvṛdhat (3. sg. P.)

√vṛt ［回転する］→ avīvṛtat / avavartat (3. sg. P.)

√kḷp ［適する］→ acīkḷpat / acakalpat (3. sg. P.)

9．アオリストの受動態 (aorist passive)

アオリストの受動態はアオリストの ātmanepada で表わされる。

しかし、3人称・単数 (3. sg.) ・アオリスト受動態に関して次の規則がある。

(1) 語尾に i を付加する。

(2) オーグメント a が動詞の語頭に付加される。

(3) 語根末母音と韻律上短い中間母音 a は vṛddhi 化する。

√kṛ ［なす］→ akāri (3. sg. aor.pass)

√smṛ ［思い出す］→ asmāri (3. sg. aor.pass)

√śru ［聞く］→ aśrāvi (3. sg. aor.pass.)

√nī ［導く］→ anāyi (3. sg. aor.pass.)

√vad ［言う］→ avādi (3. sg. aor.pass.)

√pad ［行く］→ apādi (3. sg. aor.pass.)

(4) 中間短母音（ i, u, ṛ ）は guṇa 化する。

√**muc** ［解放する］→ **amoci**（ 3. sg. aor.pass.）

√**budh** ［目覚める］→ **abodhi**（ 3. sg. aor.pass.）

√**viś** ［入る］→ **aveśi**（ 3. sg. aor.pass.）

(5) 語根末母音 ā, e, ai, o, au は –āy– にかわる。

√**jñā** ［知る］→ **ajñāyi**（ 3. sg. aor.pass.）

√**dā** ［与える］→ **adāyi**（ 3. sg. aor.pass.）

√**gai** ［歌う］→ **agāyi**（ 3. sg. aor.pass.）

(6) 不規則形

● 中間短母音 a が長音化しない。

√**gam** ［行く］→ **agami**（ 3. sg. aor.pass.）

√**rac** ［形成する］→ **araci**（ 3. sg. aor.pass.）

√**vadh** ［殺す］→ **avadhi**（ 3. sg. aor.pass.）

√**jan** ［生まれる］→ **ajani**（ 3. sg. aor.pass.）

√**rabh** ［つかむ］→ **arambhi**（ 3. sg. aor.pass.）

√**labh** ［得る］→ **alambhi** / **alābhi**（ 3. sg. aor.pass.）

● √**pṝ** ［満たす］→ **apūri**（ 3. sg. aor.pass.）

● １０類動詞と使役動詞では aya が脱落する。

√**cur** ［盗む］→ **acori**（ 3. sg. aor.pass.）

rāmeṇa ghaṭo'kāri ［ラーマによって壺は作られた］

sītayā gītam aśrāvi ［シーターによって歌は聞かれた］

nalena haṃso'moci ［ナラによって白鳥は放たれた］

１０．アオリストの命令形（ aorist imperative ）[injunctive]

オーグメント a のないアオリストは否定辞 mā,(mā sma ）と
共に用いられて禁止を表わす。

mā śucaḥ ［悲しむな！］

mā bhaiṣiḥ, mā bhaiḥ ［恐れるな！］

mā bhūt ［それを生じさせるな！］

mā gamaḥ ［行くべきでない！］

mā kṛthāḥ ［行うべきでない！］

mā dāḥ ［与えるべきでない！］

§24 祈願法［希求法］（Precative, Benedictive）आशीर्लिङ्

話し手の願望（強い希望）または、他人に授けられる祝福を表わす。

1. parasmaipada の場合

動詞の語根は、受動態と同様に取り扱われる。

受動態の ya のかわりに次の語尾が付け加えられる。

parasmaipada

	sg.	du.	pl.
1	−yāsam	−yāsva	−yāsma
2	−yāḥ	−yāstam	−yāsta
3	−yāt	−yāstām	−yāsuḥ

√ji ［勝つ］の祈願法　parasmaipada

	sg.	du.	pl.
1	jīyāsam	jīyāsva	jīyāsma
2	jīyāḥ	jīyāstam	jīyāsta
3	jīyāt	jīyāstām	jīyāsuḥ

√kṛ ［なす］の祈願法　parasmaipada

	sg.	du.	pl.
1	kriyāsam	kriyāsva	kriyāsma
2	kriyāḥ	kriyāstam	kriyāsta
3	kriyāt	kriyāstām	kriyāsuḥ

√vap ［撒く］の祈願法　　parasmaipada

	sg.	du.	pl.
1	upyāsam	upyāsva	upyāsma
2	upyāḥ	upyāstam	upyāsta
3	upyāt	upyāstām	upyāsuḥ

単子音によって先立たれ ā, e, ai, o で終わる語根の語末母音は語幹において e に変わる。

√１つの子音 ＋ –ā→ １つの子音 ＋ e ＋ 人称語尾
√１つの子音 ＋ –e→ １つの子音 ＋ e ＋ 人称語尾
√１つの子音 ＋ –ai→ １つの子音 ＋ e ＋ 人称語尾
√１つの子音 ＋ –o→ １つの子音 ＋ e ＋ 人称語尾

√dā ［与える］の祈願法　　parasmaipada

	sg.	du.	pl.
1	deyāsam	deyāsva	deyāsma
2	deyāḥ	deyāstam	deyāsta
3	deyāt	deyāstām	deyāsuḥ

√gai ［歌う］の祈願法　　parasmaipada

	sg.	du.	pl.
1	geyāsam	geyāsva	geyāsma
2	geyāḥ	geyāstam	geyāsta
3	geyāt	geyāstām	geyāsuḥ

二つ以上の子音によって先立たれ、 ā, e, ai, o で終わる語根の語末母音は語根において ā または e に変わる。

√2つ以上の子音 ＋ –ā → 2つ以上の子音 ＋ ā, e ＋ 人称語尾
√2つ以上の子音 ＋ –e → 2つ以上の子音 ＋ ā, e ＋ 人称語尾
√2つ以上の子音 ＋ –ai → 2つ以上の子音 ＋ ā, e ＋ 人称語尾
√2つ以上の子音 ＋ –o → 2つ以上の子音 ＋ ā, e ＋ 人称語尾

√glai ［疲れる］の祈願法 parasmaipada

	sg.	du.	pl.
1	gleyāsam glāyāsam	gleyāsva glāyāsva	gleyāsma glāyāsma
2	gleyāḥ glāyāḥ	gleyāstam glāyāstam	gleyāsta glāyāsta
3	gleyāt glāyāt	gleyāstām glāyāstām	gleyāsuḥ glāyāsuḥ

2． **ātmanepada の場合**

seṭ 語根の場合は、結合母音 i が挿入される。
veṭ 語根の場合は、任意的に挿入される。

2つ以上の子音に先立たれる ṛ で終わる語根と
語根 √vṛ と長母音 ṝ で終わる語根は、 veṭ 語根である。
結合母音 i が挿入される時、語末母音と短中間母音はグナ化する。
結合母音 i が挿入されない時、短中間母音と語末短母音 ṛ はそのまま残る。
一方、語末長母音 ṝ は īṛ に変わり唇音の後では ūr に変わる。
結合母音 i は √grah の祈願法では長音化（ ī ）する。

ātmanepada における語尾変化

	sg.	du.	pl.
1	–sīya	–sīvahi	–sīmahi
2	–sīṣṭhāḥ	–sīyāsthām	–sīdhvam
3	–sīṣṭa	–sīyāstām	–sīran

√kṛ ［なす］の祈願法　　ātmanepada

	sg.	du.	pl.
1	kṛṣīya	kṛṣīvahi	kṛṣīmahi
2	kṛṣīṣṭhāḥ	kṛṣīyāsthām	kṛṣīḍhvam
3	kṛṣīṣṭa	kṛṣīyāstām	kṛṣīran

√sev ［仕える］の条件法　　ātmanepada

	sg.	du.	pl.
1	seviṣīya	seviṣīvahi	seviṣīmahi
2	seviṣīṣṭhāḥ	seviṣīyāsthām	seviṣīdhvam
3	seviṣīṣṭa	seviṣīyāstām	seviṣīran

3．祈願法の受動態　（**Benedictive passive**）

祈願法の ātmanepada と同じ形をとる。

そして未来の受動態と同様の任意の活用形をとる。

√nī　(1. sg.) neṣīya, nāyiṣīya

√grah　(1. sg.) gṛhīṣīya, grāhiṣīya

√dṛś　(1. sg.) dṛkṣīya, darśiṣīya

√dā　(1. sg.) dāsīya, dāyiṣīya

第８章　完了組織

§２５ 完了組織

完了とは、話し手が目撃しなかった遠い過去の行為を述べるのに限られるのが普通である。

１人称、２人称は一般に使われることはなく、３人称の活用を憶えるだけで十分である。

稀に、１人称、２人称は話し手が［心の状態］や［無意識の行為］を述べることを望む時に使われる。

例　眠っている間に私は話した。

１．完了組織の分類

● 単純完了（重複完了）（ simple perfect or reduplicative perfect ）

子音または a, ā, i, u, ṛ の母音で始まるすべての単音節語根の重複によって作られる。

● 複合完了（ periphrastic perfect ）（助動詞を用いて作られる）

ā 以外の長母音（韻律上の長い母音も含め）で始まる語根で使われる。

１０類動詞、および第２種活用動詞（特に使役）から作られる。

√uṣ ［焼く］ √vid ［知る］ √bhī ［恐れる］ √bhṛ ［支える、運ぶ］

√hṛ ［もって行く］ √hrī ［恥じる、顔を赤らめる］

√jāgṛ ［目覚める］ √daridrā ［貧しくなる］は両方の形をとる。

例外　√ūrṇu ［覆う］ √ṛcch (√ṛ) ［行く］は単純完了となる。

例外　√day ［憐れむ A. ］ √kās ［咳をする A. ］ √ās ［座る A. ］は複合完了をとる。

２．単純完了（重複完了）の特徴

語根、重複の作り方はすでに述べた。（ p.222-223 ）参照

● 語根の ṛ は、重複される重字において a になる。

√kṛ → cakṛ- ［なす］

● 単一子音の前にある語頭の a- は、重複において ā- になる。

√ad → ād- ［食べる］

● 語頭の ṛ- および２個の子音の前にある語頭の a- は重複において

ān- が付加される。

√ṛc (√arc) → ānṛc- ［称える］

√aś (√aṃś) → ānaṃś- ［到達する］

- 子音が guṇa をとらない単一子音の前にある語頭の i および u は弱語幹では ī, ū になる。

  弱語幹　√iṣ ［欲する］ īṣ-　　√uṣ ［焼く］ ūṣ-

- 母音が guṇa をとる単一子音の前にある語頭の i および u は強語幹では iy, uv になる。

  強語幹　√iṣ ［欲する］ iyeṣ-　　√uṣ ［焼く］ uvoṣ-

3．単純完了（重複完了）の活用

(1) 完了語幹の強語幹は 1. 2. 3. Sg. parasmaipada に用いられる。

他は弱語幹である。

	parasmaipada			ātmanepada		
	sg.	du.	pl.	sg.	du.	pl.
1	-a	-va	-ma	-e	-vahe	-mahe
2	-tha	-athuḥ	-a	-se	-āthe	-dhve
3	-a	-atuḥ	-uḥ	-e	-āte	-ire

(2) 完了形の活用における注意点

- √kṛ ［なす］ √sṛ ［行く］ √bhṛ ［運ぶ］ √vṛ ［選ぶ］ √stu ［称える］

  √dru ［走る］ √śru ［聞く］ と √sru ［流れる］

  の８語根を除く、全ての語根は、子音に始まる人称語尾の前において、結合母音 i を挿入する。

- √ṛ ［行く］ √svṛ ［鳴る］ √vṛ ［選ぶ］

  を除く ṛ に終わる単母音からなる語根は、 2. sg. P. の人称語尾 -tha の前で

  結合母音 i を挿入しない。

例　√smṛ ［記憶する］ → sasmartha (2. sg. P.)

例外　√ṛ ［行く］ → āritha (2. sg. P.)

-ṛ 以外の母音で終わる大部分の語根は -tha の前で随意に結合母音 i を

挿入してもいい。

(3) 特別の sandhi 規則

● 1個の子音で始まり –i, –ī, –ṛ で終わる語幹 ＋ 母音で始まる人称語尾および結合母音 i
＝ 1個の子音で始まり、 –y, –r で終わる語幹 ＋ 母音で始まる人称語尾および結合母音 i

例 √nī ［導く］ （弱） nin–ī– ＋ iva ＝ nin–y–iva (1. du. P.)

√kṛ ［なす］ （弱） cak–ṛ– ＋ uḥ ＝ cak–r–uḥ (3. pl. P.)

● 2個の子音で始まり –i, –ī で終わる語幹 ＋ 母音で始まる人称語尾および結合母音 i
＝ 2個の子音で始まり –iy で終わる語幹 ＋ 母音で始まる人称語尾および結合母音 i

例 √śri ［行く］ （弱） śiśr–i– ＋ uḥ ＝ śiśr–iy–uḥ

● 2個の子音で始まり –ṛ で終わる語幹 ＋ 母音で始まる人称語尾および結合母音 i
＝ 2個の子音で始まり –ar で終わる語幹 ＋ 母音で始まる人称語尾および結合母音 i

例 √stṛ ［撒く］ （弱） tast–ṛ– ＋ uḥ ＝ tast–ar–uḥ

● –u, –ū で終わる語幹 ＋ 母音で始まる人称語尾および結合母音 i
＝ –uv で終わる語幹 ＋ 母音で始まる人称語尾および結合母音 i

例 √yu ［混ぜる］ （弱） yuy–u– ＋ uḥ ＝ yuy–uv–uḥ

● –ṝ で終わる語幹 ＋ 母音で始まる人称語尾および結合母音 i
＝ ar で終わる語幹 ＋ 母音で始まる人称語尾および結合母音 i

例 √kṝ ［まき散らす］ （弱） cak–ṝ– ＋ uḥ ＝ cak–ar–uḥ

● –a, –ā, –i 以外の母音で終わる語幹 ＋ dhve
＝ –a, –ā, –i 以外の母音で終わる語幹 ＋ ḍhve

例 √kṛ ［なす］ （弱） cakṛ ＋ dhve ＝ cakṛḍhve (2. pl. A.)

4．語根で分類した活用形式

(1) 韻律上短い中間母音をもつ語根（子音＋ i, u, ṛ ＋単子音）は、
guṇa をとる強語幹となる。

√tud ［打つ］ 強語幹 tutod– 弱語幹 tutud–

	parasmaipada			ātmanepada		
	sg.	du.	pl.	sg.	du.	pl.
1	tutoda	tutudiva	tutudima	tutude	tutudivahe	tutudimahe
2	tutoditha	tutudathuḥ	tutuda	tutudiṣe	tutudāthe	tutudidhve
3	tutoda	tutudatuḥ	tutuduḥ	tutude	tutudāte	tutudire

(2) 韻律上短い中間母音 –a– （単子音＋ a ＋単子音）または、

母音（ i,ī,u,ū,ṛ,ṝ ）で終わる語根は、

1. sg. P. においては、随意に guṇa または vṛddhi をとる。

例 √kṛ → cakāra, cakara

2. sg. P. においては guṇa をとる。

例 √kṛ → cakartha

3. sg. P. において vṛddhi をとる強語幹となる。

例 √kṛ → cakāra

√gad ［話す］ 強語幹 jagad–, jagād– 弱語幹 jagad–

	parasmaipada			ātmanepada		
	sg.	du.	pl.	sg.	du.	pl.
1	jagada, jagāda	jagadiva	jagadima	jagade	jagadivahe	jagadimahe
2	jagaditha	jagadathuḥ	jagada	jagadiṣe	jagadāthe	jagadidhve
3	jagāda	jagadatuḥ	jagaduḥ	jagade	jagadāte	jagadire

√nī ［導く］ 強語幹 nine–, ninai– 弱語幹 ninī–

	parasmaipada			ātmanepada		
	sg.	du.	pl.	sg.	du.	pl.
1	ninaya, nināya	ninyiva	ninyima	ninye	ninyivahe	ninyimahe
2	ninetha, ninayitha	ninyathuḥ	ninya	ninyiṣe	ninyāthe	ninyidhve
3	nināya	ninyatuḥ	ninyuḥ	ninye	ninyāte	ninyire

√kṛ ［なす］ 強語幹 cakar-, cakār- 弱語幹 cakṛ-

	parasmaipada			ātmanepada		
	sg.	du.	pl.	sg.	du.	pl.
1	cakara, cakāra	cakṛva	cakṛma	cakre	cakṛvahe	cakṛmahe
2	cakartha	cakrathuḥ	cakra	cakṛṣe	cakrāthe	cakṛḍhve
3	cakāra	cakratuḥ	cakruḥ	cakre	cakrāte	cakrire

(3) -ā または2重母音に終わる語根

-ā で終わる語根は、 1. 3 sg. P. において au になる。

-ā で終わる語根は、弱語幹の前では ā は消滅する。 -e, -ai, -o で終わる語根も同様である。

√gai ［歌う］ 強語幹 jagā- 弱語幹 jag-

	parasmaipada			ātmanepada		
	sg.	du.	pl.	sg.	du.	pl.
1	jagau	jagiva	jagima	jage	jagivahe	jagimahe
2	jagātha, jagitha	jagathuḥ	jaga	jagiṣe	jagāthe	jagidhve
3	jagau	jagatuḥ	jaguḥ	jage	jagāte	jagire

√dā ［与える］ 強語幹 dadā- 弱語幹 dad-

	parasmaipada			ātmanepada		
	sg.	du.	pl.	sg.	du.	pl.
1	dadau	dadiva	dadima	dade	dadivahe	dadimahe
2	dadātha, daditha	dadathuḥ	dada	dadiṣe	dadāthe	dadidhve
3	dadau	dadatuḥ	daduḥ	dade	dadāte	dadire

√dhā ［置く］ 強語幹 dadhā－ 弱語幹 dadh－

dadhau (3. sg. P.), dadhatuḥ (3. du. P.), dadhuḥ (3. pl. P.)

√hve ［呼ぶ］は完了形を hū から作る。 強語幹 juho－, juhau－ 弱語幹 juhū－

juhāva (3. sg. P.), juhuvatuḥ (3. du. P.), juhuvuḥ (3. pl. P.)

(4) 一個の子音に囲まれ韻律上短い中間母音 －a－ をもつ語根は、
強語幹において、語頭の子音そのものが不変化で重複される。

√pat papat ＋ tha → papattha (2. sg. P.)

弱語幹は a の代わりに e をもつ語幹形によって作られる。このような変化は、強語幹の
2. sg. P. において人称語尾 tha の前に結合音 i が付加される時にもあらわれる。

√pat ［落ちる］ pat ＋ i ＋ tha → petitha (2. sg. P.)

√pat ［落ちる］ 強語幹 papat－, papāt－ 弱語幹 pet－ √labh ［得る］弱 lebh－

	parasmaipada			ātmanepada		
	sg.	du.	pl.	sg.	du.	pl.
1	papata, papāta	petiva	petima	lebhe	lebhivahe	lebhimahe
2	papattha, petitha	petathuḥ	peta	lebhiṣe	lebhāthe	lebhidhve
3	papāta	petatuḥ	petuḥ	lebhe	lebhāte	lebhire

√bhaj, 1P.A. ［分配する］は帯気音で始まるが、 √pat のように活用する。

動詞語根	意味	強語幹	弱語幹	3. sg.	3. du.	3. pl.
√bhaj (1P.)	分配する	babhāj－	bhej－	babhāja	bhejatuḥ	bhejuḥ
√tṝ (1P.)	渡る	tatār－	ter－	tatāra	teratuḥ	teruḥ
apa－√rādh (5P.)	傷つく	rarādh－	redh－	apararādha	aparedhatuḥ	aparedhuḥ

(5) saṃprasāraṇa（半母音の母音化， ya → i， va → u）をとる語根は、
弱語幹において語根母音を失う。

√vac ［言う］ √vad ［話す］ √vap ［撒く］ √vas ［住む］
√vah ［運ぶ］等の 重複における重字は u である。
重複における重字の u と 語根の中の va の変化した u とにより、
ū- で始まる弱語幹ができる。

動詞語根	意味	強語幹	弱語幹	3. sg.	3. du.	3. pl.
√vac	言う	uvac-, uvāc-	ūc-	uvāca	ūcatuḥ	ūcuḥ
√vad	話す	uvad-, uvād-	ūd-	uvāda	ūdatuḥ	ūduḥ
√vap	撒く	uvap-, uvāp-	ūp-	uvāpa	ūpatuḥ	ūpuḥ
√vas	住む	uvas-, uvās-	ūṣ-	uvāsa	ūṣatuḥ	ūṣuḥ
√vah	運ぶ	uvah-, uvāh-	ūh-	uvāha	ūhatuḥ	ūhuḥ

uvah ＋ tha ＝ uvaḍh ＋ dha

√yaj ［供犠する、崇める］ の重複における重字は i である。
重複における重字の i と 語根の中の ya の変化した i とにより、
ī- で始まる弱語幹ができる。

√yaj ［供犠する］

parasmaipada

	sg.	du.	pl.
1	iyaja, iyāja	ījiva	ījima
2	iyajitha, iyaṣṭha	ījathuḥ	īja
3	iyāja	ījatuḥ	ījuḥ

√yam は例外。

(6) √vyadh ［刺貫く］ √svap ［眠る］ √grah ［捉らえる］ の重複における重字は vivyadh－ , suṣvap－ , jagrah－ である。

弱語幹において、語根の中の ya, va, ra は i, u, ṛ と変化する。

語根	意味	強語幹	弱語幹	3. sg.	3. du.	3. pl.
√vyadh	刺貫く	vivyadh－, vivyādh－	vividh－	vivyādha	vividhatuḥ	vividhuḥ
√svap	眠る	suṣvap－, suṣvāp－	suṣup－	suṣvāpa	suṣupatuḥ	suṣupuḥ
√grah	捉える	jagrah－, jagrāh－	jagṛh－	jagrāha	jagṛhatuḥ	jagṛhuḥ
√grah	捉える	jagrah－, jagrāh－	jagṛh－	jagṛhe	jagṛhāte	jagṛhire

(7) √jan ［生まれる］ √khan ［掘る］ √gam ［行く］ √ghas ［食べる］ √han ［殺す］の語根の中間母音 a は、弱語幹において脱落する。

√han の ha は gha となる。

√gam　強語幹 jagam－, jagām－

弱語幹 jagm－

√jan　弱語幹 jajñ－

	parasmaipada			ātmanepada		
	sg.	du.	pl.	sg.	du.	pl.
1	jagama, jagāma	jagmiva	jagmima	jajñe	jajñivahe	jajñimahe
2	jagantha, jagmitha	jagmathuḥ	jagma	jajñiṣe	jajñāthe	jajñidhve
3	jagāma	jagmatuḥ	jagmuḥ	jajñe	jajñāte	jajñire

(8) √ci ［集める］ √ji ［勝つ］ √hi ［駆り立てる、押しやる］の語根は、
完了形において、それらの語根の子音は喉音（ k, kh, g, gh.）に変わる。

動詞語根	意味	強語幹	弱語幹	3. sg.	3. du.	3. pl.
√ci (P.)	集める	cike–, cikai–	ciki–	cikāya	cikyatuḥ	cikyuḥ
√ci (P.)	集める	cice–, cicai–	cici–	cicāya	cicyatuḥ	cicyuḥ
√ci (A.)	集める	cike–, cikai–	ciki–	cikye	cikyāte	cikyire
√ci (A.)	集める	cice–, cicai–	cici–	cicye	cicyāte	cicyire
√ji	勝つ	jige–, jigai–	jigi–	jigāya	jigyatuḥ	jigyuḥ
√hi	駆り立てる	jighe–, jighai–	jighi–	jighāya	jighyatuḥ	jighyuḥ

(9) √bhū ［なる］は不規則語幹 babhūv– をとり、長母音 ū は全体を通して保たれる。

parasmaipada

	sg.	du.	pl.
1	babhūva	babhūviva	babhūvima
2	babhūvitha, babhūtha	babhūvathuḥ	babhūva
3	babhūva	babhūvatuḥ	babhūvuḥ

(10) √ah ［言う］は parasmaipada において一部、完了形がない。
1人称の単・両・複数と、2人称複数の形がない。

parasmaipada

	sg.	du.	pl.
1	––––	––––	––––
2	āttha	āhathuḥ	––––
3	āha	āhatuḥ	āhuḥ

(11) √vid ［知る］は、語幹重複しない。

この完了形の意味は、現在の意味に用いられる。

parasmaipada

	sg.	du.	pl.
1	veda	vidva	vidma
2	vettha	vidathuḥ	vida
3	veda	vidatuḥ	viduḥ

語根が複数の子音で終わるかまたは中間の母音が長い場合には、語幹に強弱の区別がない。

(12) 単純完了の例

単純完了 [1] の例

√kṛṣ (1P.) ［引く、耕す］ cakarṣa

√kḷp (1A.) ［適する］ cakḷpe

√duh (2P.) ［乳を搾る］ dudoha

√duh (2A.) ［乳を搾る］ duduhe

√dṛś (1P.) ［見る］ dadarśa

√nṛt (4P.) ［踊る］ nanarta

√muc (6P.A.) ［解く］ mumoca

√likh (6P.) ［掻く、書く］ lilekha

√viś (6P.) ［はいる］ viveśa

√vṛt (1A.) ［ある、回転する］ vavṛte

√vṛdh (1A.) ［成長する］ vavṛdhe

単純完了 [2] の例

√gad (1P.) ［話す］ jagāda

√tyaj (1P.) ［捨てる］ tatyāja

adhi-√i (1A.) ［学ぶ］ adhijage

√i (2P.) ［行く］ iyāya

√krī (9P.) ［買う］ cikrāya

√bhṛ (1,3P.) ［運ぶ］ babhāra

√paṭh (1P.) ［読む］ papāṭha

√has (1P.) ［笑う］ jahāsa

√śri (1P.) ［赴く］ śiśrāya

√śri (1A.) ［赴く］ śiśriye

√śru (5P.) ［聞く］ śuśrāva

√smṛ (1P.) ［記憶する］ sasmāra

単純完了 [3] の例

√jñā (9P.) ［知る］ jajñau

vi-√dhā (3P.) ［配置する、処理する］ vidadhau

√pā (1P.) ［飲む］ papau

vi-√dhā (3A.) ［配置する、処理する］ vidadhe

√sthā (1P.) ［立つ］ tasthau

√hā (3P.) ［捨てる］ jahau

単純完了 [4] の例

√tan (8P.) ［伸ばす］ tatāna

√tan (8A.) ［伸ばす］ tene

√dah (1P.) ［焼く］ dadāha

√naś (4P.) ［滅びる］ nanāśa

√pat (1P.) ［落ちる］ papāta

√bhaj (1P.) ［分配する］ babhāja

√man (4,8A.) ［考える］ mene

√labh (1A.) ［得る］ lebhe

√tṝ (1P.) ［渡る］ tatāra

apa-√rādh (5P.) ［傷つく］ apararādha

√yam (1P.) ［抑制する］ yayāma

単純完了 [5] の例

√vac (2P.) ［言う］ uvāca

√vac (2A.) ［言う］ ūce

√vad (1P.) ［話す］ uvāda

√yaj (1P.) ［崇める］ iyāja

√vap (1P.) ［撒く］ uvāpa

√vas (1P.) ［住む］ uvāsa

√vah (1P.) ［運ぶ］ uvāha

√yaj (1A.) ［崇める］ īje

単純完了 [6] の例

√grah (9P.) ［捉える］ jagrāha

√grah (9A.) ［捉える］ jagṛhe

√vyadh (4P.) ［刺貫く］ vivyādha

√svap (2P.) ［眠る］ suṣvāpa

単純完了 [7] の例

√khan (1P.) ［掘る］ cakhāna

√gam (1P.) ［行く］ jagāma

√ghas (1A.) ［食べる］ jaghāsa

√jan (4A.) ［生まれる］ jajñe

√han (2P.) ［殺す］ jaghāna

単純完了 [8] の例

√ci (5P.) ［集める］ cikāya

√ci (5P.) ［集める］ cicāya

√ci (5A.) ［集める］ cikye

√ci (5A.) ［集める］ cicye

√ji (1P.) ［勝つ］ jigāya

√hi (5P.) ［駆り立てる、押しやる］ jighāya

5．複合完了の特徴

(1) 動詞の現在語幹に不変化の –ām を付けて作られる。

これに、単純完了の √kṛ ［なす］，√bhū ［なる］，√as ［ある］を付けて活用される。

古典サンスクリットにおいては √kṛ, √bhū より √as の方が多く用いられる。

１０類動詞と第２次活用動詞（特に使役動詞）の完了形を作る場合に用いられる。

現在語幹（語根末母音の guṇa 化） ＋ –ām の付加 ＝ 複合完了

現在語幹（子音にはさまれた中間短母音の guṇa 化） ＋ –ām の付加 ＝ 複合完了

しかし √vid の短母音 i は例外である。

√gaṇ ［数える］ (10P.) gaṇayati (3. sg. pres.);

gaṇaya– ＋ –ām → gaṇayām ＋ √as （の単純完了形）＝ √gaṇ の複合完了

parasmaipada

	sg.	du.	pl.
1	gaṇayām–āsa	gaṇayām–āsiva	gaṇayām–āsima
2	gaṇayām–āsitha	gaṇayām–āsathuḥ	gaṇayām–āsa
3	gaṇayām–āsa	gaṇayām–āsatuḥ	gaṇayām–āsuḥ

√īkṣ ［見る］ (1A.) īkṣate (3. sg. pres.);

īkṣa– ＋ –ām → īkṣām ＋ √kṛ （の単純完了形）＝ √īkṣ の複合完了

ātmanepada

	sg.	du.	pl.
1	īkṣāñ–cakre	īkṣāñ–cakṛvahe	īkṣāñ–cakṛmahe
2	īkṣāñ–cakṛṣe	īkṣāñ–cakrāthe	īkṣāñ–cakṛḍhve
3	īkṣāñ–cakre	īkṣāñ–cakrāte	īkṣāñ–cakrire

(2) √bhī, √hrī, √bhṛ, √hu が複合完了の活用をするとき、 –ām の付加する前に第３類活用動詞のように重複される。　母音の内連声は –e, –o ＋ 母音＝ –ay, –av ＋ 母音

	語根	意味	語幹	語根末母音の guṇa 化		複合完了
3P.	√bhī	［恐れる］	bibhī–	bibhe ＋ ām	bibhayām	bibhayām–āsa
3P.	√hrī	［恥じる］	jihrī–	jihre ＋ ām	jihrayām	jihrayāṃ–babhūva
3P.	√bhṛ	［捕まえる］	bibhṛ–	bibhar ＋ ām	bibharām	bibharāñ–cakāra
3P.	√hu	［供える］	juhu–	juho ＋ ām	juhavām	juhavām–āsa

(3) 完了形の ātmanepada の形は、完了の受動態（ Perfect Passive ）の意味を表す。

jaghāna ［彼は殺した］　　jaghne ［彼は殺された］

kathayām–āsa ［彼は言った］　　kathayām–āse ［それは言われた］

複合完了の例

√ās (2A.) ［座る］ āsāṃ cakre　　√cur (10P.) ［盗む］ corayām āsa

√cur (10P.) ［盗む］ corayāṃ cakāra

［完了形］　rāmaḥ kathāṃ kathayāñcakre (ātmanepada)

［ラーマは話を語った］

［完了受動態］　rāmeṇa kathā kathayāñcakre (passive)

［ラーマによって話が語られた］

６．完了分詞（ perfect participle ）

(1) parasmaipada の完了分詞

単純完了の弱語幹に –vāṃs をつけて強語幹が作られる。

単純完了の弱語幹に –vat をつけて（ –bhyām, –bhis, –bhyas, –su の前で）

中語幹は作られる。

もし弱語幹が、単音節であるなら、 i が挿入される。

単純完了の３人称複数語尾 –ḥ (visarga) を –s に変化することによって弱語幹は作られる。

語根	完了弱語幹	完了強語幹	完了中語幹	3.pl. 単純完了	完了弱語幹
√kṛ	cakṛ	cakṛvāṃs	cakṛvat	cakruḥ	cakrus
√nī	ninī	ninīvāṃs	ninīvat	ninyuḥ	ninyus
√gam	jagm	jagmivāṃs	jagmivat	jagmuḥ	jagmus
√sthā	tasth	tasthivāṃs	tasthivat	tasthuḥ	tasthus
√tan	ten	tenivāṃs	tenivat	tenuḥ	tenus

完了分詞（–vas）

強語幹　（ –vāṃs で終わる）

中語幹　（ –vat で終わる）

弱語幹　（ –uṣ で終わる） uṣ の前で先行する短母音 i は脱落する。

vidvas (having known)

強語幹 vid ＋ vāṃs 中語幹 vid ＋ vat 弱語幹 vid ＋ uṣ

男性形

	sg.	du.	pl.
N.	vidvān	vidvāṃsau	vidvāṃsaḥ
Ac.	vidvāṃsam	〃	viduṣaḥ
I.	viduṣā	vidvadbhyām	vidvadbhiḥ
D.	viduṣe	〃	vidvadbhyaḥ
Ab.	viduṣaḥ	〃	〃
G.	〃	viduṣoḥ	viduṣām
L.	viduṣi	〃	vidvatsu
V.	vidvan	vidvāṃsau	vidvāṃsaḥ

中性形

	sg.	du.	pl.
N.	vidvat	viduṣī	vidvāṃsi
Ac.	〃	〃	〃
I.	viduṣā	vidvadbhyām	vidvadbhiḥ
D.	viduṣe	〃	vidvadbhyaḥ
Ab.	viduṣaḥ	〃	〃
G.	〃	viduṣoḥ	viduṣām
L.	viduṣi	〃	vidvatsu
V.	vidvat	viduṣī	vidvāṃsi

(m.)

	N. sg.	N. pl.	I. sg.	I. pl
jagmivas ［行った］	jagmivān	jagmivāṃsaḥ	jagmuṣā	jagmivadbhiḥ
jaghnivas ［殺した］	jaghnivān	jaghnivāṃsaḥ	jaghnuṣā	jaghnivadbhiḥ
tasthivas ［立った］	tasthivān	tasthivāṃsaḥ	tasthuṣā	tasthivadbhiḥ
ninīvas ［導いた］	ninīvān	ninīvāṃsaḥ	ninyuṣā	ninīvadbhiḥ
upeyivas ［近づいた］	upeyivān	upeyivāṃsaḥ	upeyuṣā	upeyivadbhiḥ
vidvas* ［賢者］	vidvān	vidvāṃsaḥ	viduṣā	vidvadbhiḥ

＊この中で vidvas は、伝統的に現在分詞と認識されている。

例 udyāne tasthivadbhyāṃ (I.) narābhyāṃ (I.) steno dṛṣṭaḥ

［庭に 立っていた 2人の男は 盗賊を見た］

harer gṛhaṃ jagmuṣe bhrātre kiṃkareṇa-annaṃ dattam

［ハリの家に 行った 兄弟に 召使いによって食べ物は与えられた］

［ハリの家に 行った 兄弟に 召使いは食べ物を与えた］

(2) ātmanepada の完了分詞

単純完了の3人称両数の人称語尾 -āte のかわりに、弱語幹に -āna をつけることによって作られるが、古典サンスクリットにおいて現われることはない。

√jan → jajñāte (pf. 3. du. A.) → jajñāna (pf.act.pt. A.)

活用は、 a で終わる男・中性名詞と ā で終わる女性名詞のように変化する。

第９章　未来組織

§２６　未来組織

１．２種類の未来形

(1) 複合未来（ periphrastic future, first future ）（ लुट् ）（ tās–future ）

「その日以来」すなわち遠い未来を表わし、日時・期限が明示され、確実に起こることの予想される事柄について、好んで使用される。

(2) 単純未来（ simple future, second future ）（ लृट् ）(sya–future)

広く一般に未来の事柄を表わし、その日のうちに起こること＝‘近接未来’を表わす。

２．未来時制に関する３つの動詞語根

(1) seṭ（ sa ＋ iṭ ）動詞語根

語根部と（ y を除く）子音で始まる接尾辞あるいは語尾との間に、

結合母音 i （インド文法学の術語で iṭ という）が挿入される。

１０類動詞のすべての語根と、使役活用・意欲活用・強意活用・派生動詞の語根と、

子音で終わるすべての語根と、 ṝ と ū で終わるすべての語根は複合未来で結合母音 i が挿入される。

例外　結合母音 i が挿入されない語根

k で終わる語根の中で	√śak
c で終わる語根の中で	√pac, √muc, √ric, √vac, √sic
ch で終わる語根の中で	√pracch
j で終わる語根の中で	√tyaj, √nij, √bhaj, √bhañj, √bhrasj, √masj, √muj √yaj, √yuj, √rañj, √ruj, √vij, √sṛj, √sañj, √svañj
d で終わる語根の中で	√ad, √kṣud, √khid, √tud, √mud, √pad, √bhid √vid, √śad, √sad, √skand, √sidh, √chid
dh で終わる語根の中で	√krudh, √kṣudh, √bandh, √yudh, √rādh √rudh, √vyadh, √śudh, √sādh, √sidh, √budh
n で終わる語根の中で	√man, √han
p で終わる語根の中で	√āp, √kṣip, √tap, √tṛp, √trap, √dṛp √vap, √śap, √sṛp, √svap, √lip, √lup
bh で終わる語根の中で	√yabh, √labh, √rabh
m で終わる語根の中で	√gam, √nam, √yam, √ram

ś で終わる語根の中で　√kruś, √daṃś, √diś, √dṛś, √mṛś
√viś, √spṛś, √riś, √ruś, √liś
ṣ で終わる語根の中で　√kṛṣ, √tuṣ, √tviṣ, √duṣ, √dviṣ, √piṣ
√viṣ, √śiṣ, √śuṣ, √śliṣ, √puṣ, √mṛṣ
s で終わる語根の中で　√ghas, √vas
h で終わる語根の中で　√dah, √dih, √duh, √nah, √ruh, √lih, √vah

(2) aniṭ(an ＋ iṭ) 動詞語根　（結合子音 i が挿入されない語根）

1, 2, 3, 4, 5, 6, 7, 8, 9類動詞で ṝ と ū 以外の
母音で終わる語根は未来時制では結合母音 i を挿入しない。

例外　i を挿入する語根

√tri, √śvi, √ḍī, √śī, √yu, √ru, √nu, √smu, √kṣu, √kṣṇu, √ūrṇu
√jāgṛ, √vṛ, √daridrā　(語末の ā は消失する。)

(3) veṭ (vā ＋ iṭ) 動詞語根

結合母音 i の挿入は随意である。次の語根は未来時制では結合子音 i の挿入は随意である。

√radh, √muh, √druh, √snih, √naś, √lubh, √sah, √kṛt, √nṛt

3．複合未来 (periphrastic fufure, first future) (लुट्)

(1) 複合未来の作り方

[1] 接尾辞 −tṛ (तृच्) を語根に添えて行為者名詞をつくり、
その男性、主格、単数形に助動詞として √as の現在形を付加する。

語根 ＋ tṛ (N. sg. m.) tā ＋ √as （現在形）

しかし、3人称・単数・両数・複数・ parasmaipada ・ ātmanepada においては √as （現在形）
を省き、行為者名詞の主格形 −tā (N. sg.), −tārau (N. du.), −tāraḥ (N. pl.) を用いる。

複合未来の基本活用語尾

	parasmaipada			ātmanepada		
	sg.	du.	pl.	sg.	du.	pl.
1	−tāsmi	−tāsvaḥ	−tāsmaḥ	−tāhe	−tāsvahe	−tāsmahe
2	−tāsi	−tāsthaḥ	−tāstha	−tāse	−tāsāthe	−tādhve
3	−tā	−tārau	−tāraḥ	−tā	−tārau	−tāraḥ

[2] 語根末母音と中間短母音は guṇa 化する。

第１０類動詞は現在形の語幹を保持する。

√bhū → bho ＋ ita → bhav ＋ ita

√bhū [なる] parasmaipada

	sg.	du.	pl.
1	bhavitāsmi	bhavitāsvaḥ	bhavitāsmaḥ
2	bhavitāsi	bhavitāsthaḥ	bhavitāstha
3	bhavitā	bhavitārau	bhavitāraḥ

√śī [横たわる] ātmanepada

	sg.	du.	pl.
1	śayitāhe	śayitāsvahe	śayitāsmahe
2	śayitāse	śayitāsāthe	śayitādhve
3	śayitā	śayitārau	śayitāraḥ

4．単純未来 (simple future, second future) (लृट्)

(1) 単純未来の作り方

[1] –i で終わるすべての語根は結合母音 i を挿入する。

√gam の parasmaipada の単純未来形は結合母音 i を挿入する。

√han の parasmaipada でも ātmanepada でも結合母音 i を挿入する。

単純未来の基本活用語尾

	parasmaipada			ātmanepada		
	sg.	du.	pl.	sg.	du.	pl.
1	–syāmi	–syāvaḥ	–syāmaḥ	–sye	–syāvahe	–syāmahe
2	–syasi	–syathaḥ	–syatha	–syase	–syethe	–syadhve
3	–syati	–syataḥ	–syanti	–syate	–syete	–syante

[2] 語根末母音と子音に挟まれた中間短母音は guṇa 化する。

第１０類動詞の語根は現在形を保つ。

√gaṇ ［数える］（10P.A.） parasmaipada 単純未来

	sg.	du.	pl.
1	gaṇayiṣyāmi	gaṇayiṣyāvaḥ	gaṇayiṣyāmaḥ
2	gaṇayiṣyasi	gaṇayiṣyathaḥ	gaṇayiṣyatha
3	gaṇayiṣyati	gaṇayiṣyataḥ	gaṇayiṣyanti

√labh ［得る］（1A.） ātmanepada 単純未来

	sg.	du.	pl.
1	lapsye	lapsyāvahe	lapsyāmahe
2	lapsyase	lapsyethe	lapsyadhve
3	lapsyate	lapsyete	lapsyante

5．未来の不規則形

- √grah の未来形は長母音 ī を挿入する。

  √grah［捉らえる］ grahīṣyati （単純未来）（3. sg. P.） grahītā （複合未来）（3. sg. P.）

- 長母音 ṝ で終わる語根は短母音 i あるいは、長母音 ī を挿入する。

  √tṝ ［渡る］ tariṣyati （単純未来）（3.sg.P.） taritā （複合未来）（3.sg.P.）

  tarīṣyati （単純未来）（3.sg.P.） tarītā （複合未来）（3.sg.P.）

- √vah ［運ぶ］ vakṣyati （単純未来）（3.sg.） voḍhā （複合未来）（3.sg.）
- √pracch［問う］prakṣyati （単純未来）（3.sg.） praṣṭā （複合未来）（3.sg.）
- √vas ［住む］の単純未来 語根末 s は、t にかわる。 vatsyati （単純未来）（3.sg.）
- 中間短母音 ṛ をもつ語根は guṇa 化するか、または ṛ を r におきかえる。

  √dṛś ［見る］ drakṣyati （単純未来）（3.sg.） draṣṭā （複合未来）（3.sg.）

  √sṛj ［放出する］ srakṣyati （単純未来）（3.sg.） sraṣṭā （複合未来）（3.sg.）

  √kṛṣ ［引く、耕す］ karkṣyati （単純未来）（3.sg.） karṣṭā （複合未来）（3.sg.）

  √kṛṣ ［引く、耕す］ krakṣyati （単純未来）（3.sg.） kraṣṭā （複合未来）（3.sg.）

  √spṛś ［触れる］ sparkṣyati （単純未来）（3.sg.） sparṣṭā （複合未来）（3.sg.）

  √spṛś ［触れる］ sprakṣyati （単純未来）（3.sg.） spraṣṭā （複合未来）（3.sg.）

● いくつかの (A.) の動詞は、未来形で (P.) の形もとる。

√vṛt ［～である］ → vartiṣyate , vartsyati

√man ［考える］ → maniṣyate , maṃsyati

◎ いくつかの (P.) の動詞は、未来形で (A.) の形もとる。

√gam ［行く］ → gamiṣyati , gaṃsyate

6．未来受動態（ future passive ）

ātmanepada の未来形の形をとる。

jeṣyati ［彼は勝つであろう］ He will conquer.

jeṣyate ［彼は征服されるであろう］ He will be conquered.

母音で終わる語根と √han, √grah, √dṛś は未来受動態において任意の形をとる。

語末の母音は vṛddhi 化し、語末の ā は –āy– に変わる。

√han → ghān

√grah → grāh

√dṛś → darś に変わる。 その時 結合母音 i が挿入される。

未来受動態の１人称・単数形

語根	複合未来受動態		単純未来受動態	
	一般形	特殊形	一般形	特殊形
√śru	śrotāhe	śrāvitāhe	śroṣye	śrāviṣye
√nī	netāhe	nāyitāhe	neṣye	nāyiṣye
√han	hantāhe	ghān(t)itāhe	haniṣye	ghāniṣye
√grah	grahītāhe	grāhitāhe	grahīṣye	grāhiṣye
√dṛś	draṣṭāhe	darśitāhe	drakṣye	darśiṣye

例

rāmaḥ vākyam bhāṣiṣyate （未来）

［ラーマは言葉を話すだろう］

rāmeṇa vākyam bhāṣiṣyate （未来受動態）

［ラーマによって言葉は話されるであろう］

7. 未来分詞（future participles）（स्यत्, स्यमान）

単純未来分詞 parasmaipada と ātmanepada は、第6類動詞の現在分詞と同じ様式に従って作られる。

未来分詞と現在分詞との大きな異なりは、未来分詞における sya, ṣya, iṣya の挿入にある。

未来形（3. pl. P.）の人称語尾 –syanti を –syat に置き換えて、未来分詞 parasmaipada が作られる。

未来形（3. pl. A.）の人称語尾 –syante を –syamāna に置き換えて、未来分詞 ātmanepada が作られる。

例　√jñā の未来形 jñā–sya–nti（3. pl. P.）を jñā–sya–t に置き換えて、未来分詞 parasmaipada が作られる。

　√jñā の未来形 jñā–sya–nte（3. pl. A.）を jñā–sya–māna に置き換えて、未来分詞 ātmanepada が作られる。

語根	単純未来（3. pl. P.）	未来分詞（P.）	単純未来（3. pl. A.）	未来分詞（A.）	単純未来受動態	未来受動分詞
√jñā	jñāsyanti	jñāsyat	jñāsyante	jñāsyamāna	jñāyiṣyante	jñāyiṣyamāṇa
√śru	śroṣyanti	śroṣyat	śroṣyante	śroṣyamāṇa	śrāviṣyante	śrāviṣyamāṇa
√han	haniṣyanti	haniṣyat	haniṣyante	haniṣyamāṇa	ghāniṣyante	ghāniṣyamāṇa
√pat	patiṣyanti	patiṣyat	patiṣyante	patiṣyamāṇa		
√vah	vakṣyanti	vakṣyat	vakṣyante	vakṣyamāṇa		

未来分詞の parasmaipada の活用変化は、第6類動詞の現在分詞の様式に従って変化する。

例えば、任意的に強語幹において n を保持する。

	sg.	du.	pl.
男性形 N.	dāsyan / dāsyat	dāsyantau / dāsyatau	dāsyantaḥ / dāsyataḥ
中性形 N.	dāsyat	dāsyantī / dāsyatī	dāsyanti
女性形 N.	dāsyantī / dāsyatī		

未来分詞は「（まさに）～しようとしている」「～するところである」という意味を表わす。

gamiṣyan ［～へ行こうとしている］　ghāniṣyamāṇā kanyā ［殺されようとしている少女］

§27 条件法（Conditional）（लृङ्）

1. 用法

実現しないような仮定を含む条件文（反事実的条件文）を表現することに使用される。

すなわち、非現実的条件文にのみ 用いられる。条件法は、条件文と主文の両方に

使われなければならない。

2. 語形

直説法過去と単純未来が組み合せて作られたような形式をとっている

- 単純未来に直説法過去のアウグメント a を語頭につける。
- 第一類動詞の直説法過去と同様の語尾変化である。

［ a （アウグメント）＋語根＋ sya, ṣya, iṣya ＋直説法過去人称語尾 ］

	parasmaipada			ātmanepada		
	sg.	du.	pl.	sg.	du.	pl.
1	–syam	–syāva	–syāma	–sye	–syāvahi	–syāmahi
2	–syaḥ	–syatam	–syata	–syathāḥ	–syethām	–syadhvam
3	–syat	–syatām	–syan	–syata	–syetām	–syanta

3. √kṛ と √labh の条件法

- 単純未来と同様の規則で結合母音 i が挿入される。

  不規則形も単純未来の場合と全く同様である。

√kṛ ［なす］の条件法　parasmaipada

	sg.	du.	pl.
1	akariṣyam	akariṣyāva	akariṣyāma
2	akariṣyaḥ	akariṣyatam	akariṣyata
3	akariṣyat	akariṣyatām	akariṣyan

√labh ［得る］の条件法 ātmanepada

	sg.	du.	pl.
1	alapsye	alapsyāvahi	alapsyāmahi
2	alapsyathāḥ	alapsyethām	alapsyadhvam
3	alapsyata	alapsyetām	alapsyanta

yadi rāmaḥ āgamiṣyat ahaṃ tasmai dakṣiṇām adāsyam

［もしラーマが来ていたならば、私は彼に祭儀の謝礼を与えただろう］

（含意） ［ラーマは来なかったので、私は彼に謝礼を与えなかった］

yadi śatruḥ bāṇapatham ayāsyat tarhi saḥ amariṣyat

［もし敵が矢の射程に入っていたならば、死んでいただろう］

（含意） ［敵は矢の射程内に来なかったので、敵は死ななかった］

yadi mama pitā atra āgacchet tarhi sa modeti

［もし私の父がここに来るならば、彼は喜んだであろう］

この文は、反事実的条件文ではないので、サンスクリットでは願望法を使用する。

4．条件法の受動態（Conditional passive）

条件法の受動態は条件法の ātmanepada と同じ形をとり、未来の受動態と同じ任意の活用形をとる。

yadi pitā-āgamiṣyat sarve'tokṣyan

［もし万一父が来ていたならば全員喜んだであろう］

（含意） ［父は来なかったので、喜ばなかった］

yadi mūrkheṇa na-ānāyiṣyadhvaṃ vyajeṣyadhvam

yadi mūrkheṇa na-āneṣyadhvaṃ vyajeṣyadhvam

［もし、あなたが、あの愚か者の言う通りにしていなかったなら、あなたは勝っていただろう］

第１０章　受動活用（受動態）

§２８　受動態【karmaṇi prayogaḥ】(Passive voice, pass.)

１．現在組織の受動態語幹の作り方 ［語根＋ ya ＋４類動詞 ātmanepada の人称語尾］

● 語根に接尾辞 ya を添えて語幹を作り、常に４類動詞の ātmanepada の活用と同一である。

√nī → nīyate (pres.); anīyata (impf.); nīyatām (ipv.); nīyeta (opt.)

● １０類動詞と使役の場合は語幹から aya を省き、受動態接尾辞 ya を添えて受動態語幹を作る。

√cur → corayate (pres.) → coryate (pass.)

● 語根末の i, u は 延長される。 √ji ＋ ya ＝ jīya−, √śru ＋ ya ＝ śrūya−

● 語根末の ā および二重母音（e, ai, o）は ī となる。 √dhā, √mā, √hā, √sthā

√dā ＋ ya ＝ dīya−, √gai ＋ ya ＝ gīya−, √pā ＋ ya ＝ pīya−

● 語根末の ṛ は、単子音に先立たれるときは ri に、複子音に先立たれる時は ar となる。

√hṛ ＋ ya ＝ hriya−, √smṛ ＋ ya ＝ smarya−.

● 語根末の ṝ は īr （唇音の後では ūr ）となる。 唇音とは p, ph, b, bh, m の子音である。

√stṝ ＋ ya ＝ stīrya−, √pṝ ＋ ya ＝ pūrya−.

２．受動動詞の不規則形

● 語根末子音の前の鼻音は一般に脱落する。

例　√daṃś【daśyate】［咬む］　√bhraṃś【bhraśyate】［落ちる］

√bhañj【bhajyate】［破る、粉砕する、裂く］　√śaṃs【śasyate】［報告する、語る］

√bandh【badhyate】［縛る、結ぶ］

● saṃprasāraṇa の場合

例　√grah【gṛhyate】［掴む、取る］　√pracch【pṛcchyate】［問う］

√yaj【ijyate】［祭祀する］　√vac【ucyate】［言う］

√vad【udyate】［話す］　√vap【upyate】［播く］

√vas【uṣyate】［住む］　√vah【uhyate】［運ぶ］

√hve【hūyate】［呼ぶ］　√svap【supyate】［眠る］

● その他の不規則形

例　√śās【śiṣyate】［命令する］　√śī【śayyate】［横たわる］

√jñā【jñāyate】［知る］　√nand【nandyate】［喜ぶ］

3．態の変更

(1) 能動態 より 受動態 への態の変更

能動態の主語は、 I. 格に代わり

能動態の目的語は、 N. 格に代わる。

動詞は、 **parasmaipada** から **ātmanepada** へ代わり、

主語によって人称と数は、変化する。

能動態の時制と法は、維持されなければならない。

N. 格	［王は］	**nṛpaḥ**	**nṛpeṇa**	［王によって］	I. 格
能動動詞	［征服した］	**ajayat**	**ajīyanta**	［征服された］	受動動詞
Ac. 格	［敵達を］	**arīn**	**arayaḥ**	［敵達は］	N. 格
	［王は、敵達を征服した］		［敵達は、王によって征服された］		
	nṛpo 'rīn ajayat		**nṛpeṇa-arayo 'jīyanta**		

時制と数は保持される。 直接目的語は受動態では N. 格に置かれる。

(2) 受動態 より 能動態 への態の変更

受動態の I. 格は、 N. 格に代わり

受動態の主語は、 目的格に代わる。

動詞は、 **ātmanepada** から **parasmaipada** へ代わり

主語によって人称と数は、変化する。

受動態の時制と法は、維持されなければならない。

I. 格［あなた達二人によって］ **yuvābhyām**	**yuvām** ［あなた達二人は］ N. 格
N. 格［井戸は］ **kūpaḥ**	**kūpam** ［井戸を］ Ac. 格
受動動詞 ［守られるべきだ］ **rakṣyeta**	**rakṣetam** ［守るべきだ］ 能動動詞
［あなた達二人によって井戸は守られるべきだ］	［あなた達二人は井戸を守るべきだ］
yuvābhyāṃ kūpo rakṣyeta	**yuvāṃ kūpaṃ rakṣetam**

4．受動態の用法

rājā kṣatriyaṃ hanti ［王は武人を殺す］

kṣatriyo rājñā hanyate ［武人は王によって殺される］

sa māṃ paśyati ［彼は私を見る］

ahaṃ tena dṛśye ［私は彼に見られる］

sa tvām ajahāt ［彼はあなたを捨てた］

tvaṃ tena-ahīyathāḥ ［あなたは彼に捨てられた］

「語る」を意味する動詞が受動態で使われる時（間接目的語）、

語られる対象となるものは N. 格に置く。

語られることは、 Ac. 格を使う。

sa na kim ucyate ［彼に何も語らない］

5．非人称の受動態の用法【bhāve prayogaḥ】

サンスクリットにおいては能動態が他動詞（目的語をとる動詞）だけでなく自動詞（目的語をとらない動詞）の時にも受動態が形成される。

この自動詞としての受動態は bhāve construction と呼ばれる。

能動態	非人称の受動態
The horse runs. ［馬が走る］	The action of running is being done by the horse. ［走ることが、馬によってなされている］

＊ 非人称の受動態の動詞は、常に３人称単数（ātmanepada. 3rd, sg.）の形を取る。

(1) 能動態より非人称の受動態への変化

（主語は）能動態の N. 格は I. 格になる。

（述語は）能動態より非人称の受動態（pass. A. 3. sg.）に変化する。

能動態の時制、法は受動態においても維持される。

能動態			非人称の受動態		
N.	saritaḥ	［諸々の河は］	I.	saridbhiḥ	［諸々の河によって］
(pres.)	vahanti	［流れる］	(pass.)	uhyate	［流れがなされる］
(P. 3. pl.) √vah			(A. 3. sg.) √vah		
	sarito vahanti			saridbhir uhyate	

(2) 非人称の受動態より能動態への変化

（主語は）非人称の受動態の I. 格は N. 格になる。

（述語は）非人称の受動態 (pass. 3. sg.) より能動態に変化する。

受動態の時制、法は能動態においても維持される。述語の人称、数は主語に一致する。

非人称の受動態			能動態		
(I. pl.)	yuṣmābhiḥ	［君達によって、それは］	(N. pl.)	yūyam	［君達は］
(pass. opt.)	udyeta	［語られるべきである］	(pres. opt.)	vadeta	［話すべきである］
(A. 3. sg.) √vad （願望法　受動態）			(P. 2. pl.) √vad （願望法　能動態）		
	yuṣmābhirudyeta			yūyaṃ vadeta	

(3) 非人称の受動態の命令形は丁寧な命令あるいは勧奨を表わす。

devāḥ khādanti　［神々は食べる］（能動態）

devaiḥ khādyate　［神々は食べておられる］（非人称受動態）

nṛpah amanyata　［王は考えた］（能動態）

nṛpeṇa amanyata　［王は考えておられた］（非人称受動態）

(4) 非人称の受動態の慣用的用法

ucyate　［と言われている；ということだ］　　yujyate　［にふさわしい］

dṛśyate　［のようだ；のように思われる］

第１１章　派生動詞

§２９ 派生動詞の種類

派生動詞（ derivative verb ）の中に、４つの区分がある。

Ⅰ **使役活用動詞**（ Causative ）（ णिच् ）

Ⅱ **意欲活用動詞**（ Desiderative ）（ सन् ）

Ⅲ **強意活用動詞**（ Intensive, Frequentative ）（ यङ् ）

Ⅳ **名詞起源動詞**（ Denominative ）（ नामधातु ）

Ⅰ　Ⅱ　Ⅲ は、動詞の語根より派生した動詞である。

Ⅳ は、名詞語幹より派生した動詞である。

§３０ 使役活用動詞（ Causative ）（ णिच् ）

使役活用は、語根によって表わされた動作を他のものに行わせることを意味する。

１．使役活用の特徴

活用は第１０類語根動詞と同じである。

韻律上短い中間母音は **guṇa** となる。

語根末尾の母音は **vṛddhi** となる。

接尾辞 **–aya** を添加して現在語幹を作る。

● 韻律上短い中間母音 **a** をもつ語根

vṛddhi をとり **a** は延長される。

√pat (1)［落ちる］ → **pātayati**

√śam (10)［見る］ → **śāmayati**［”見る”の意味のときだけの形］

例外

√jan［生まれる］ → **janayati**

√cam (1P.)［食べる］ → **camayati**

√ghaṭ (1A.)［努力する］→ **ghaṭayati**

√vyath (1A.)［揺らぐ］→ **vyathayati**

√gam［行く］ → **gamayati**

√śam (4P.)［静まる］ → **śamayati**

√prath (1A.)［拡がる］ → **prathayati**

√tvar (1A.)［急ぐ］ → **tvarayati**

● –ā, –e, –ai, –o で終わる語根は接尾辞として **–paya–** をつける。

√dā［与える］ → **dāpayati**

√gai［歌う］ → **gāpayati**

● グナ化して -paya- をつける。
√ṛ ［行く］ → arpayati
√hrī ［恥じる］ → hrepayati
● 語末母音は ā に変わり -paya- をつける。
√ji ［克服する］ → jāpayati
√krī ［買う］ → krāpayati
● √pā (1P.) ［飲む］ → pāyayati
√pā (2P.) ［守護する］ → pālayati
● 任意に -n- を挿入する。
√prī ［喜ぶ］ → prīṇayati, prāyayati
√dhū (5) ［揺れる］ → dhūnayati, dhāvayati
● √ruh は２つの形をとる。
√ruh ［成長する］ → rohayati, ropayati
● adhi-√i ［学ぶ］ → adhyāpayati
● √han ［殺す］ → ghātayati
● √bhī ［恐怖を起こさせる］ → bhāpayate, bhīṣayate
√bhī ［何かの道具によって驚かす］ → bhāyayati

２．使役活用の主要語形

√śru ［聞く］ 使役活用語幹 śrāvay-

	parasmaipada	ātmanepada	Passive
現在形	śrāvayati	śrāvayate	śrāvyate
過去形	aśrāvayat	aśrāvayata	aśrāvyata
命令形	śrāvayatu	śrāvayatām	śrāvyatām
願望形	śrāvayet	śrāvayeta	śrāvyeta
完了形	śrāvayāmāsa	śrāvayāmāse	śrāvayāmāse
複合未来	śrāvayitā	śrāvayitā	śrāvayitā
単純未来	śrāvayiṣyati	śrāvayiṣyate	śrāvayiṣyate
条件法	aśrāvayiṣyat	aśrāvayiṣyata	aśrāvayiṣyata
祈願法	śrāvyāt	śrāvayiṣīṣṭa	śrāvayiṣīṣṭa

3．使役活用の用法

(1) 使役動詞を使っていない文の中にある自動詞の主語は、使役の文の中で目的語になる。

【基本文】 udyāne vṛkṣo (N.) rohati (√ruh pres. 3. sg.) ［庭に木が育つ］
【使役文】 udyāne vṛkṣaṃ (Ac.) ropayāmi ［庭に木を私が育てる］（私が植える）

【基本文】 mitrāya tvaṃ kupyasi ［友人のことであなたは、腹を立てる］
【使役文】 mitrāya tvāṃ kiṃ kopayati ［友人のことで何があなたを腹立たせるのか？］

【基本文】 śatravaḥ (N.) svargam agacchan ［敵たちは天国へ行った］
【使役文】 śatrūn (Ac.) svargam agamayat ［彼は敵たちを天国に行かせた］

【基本文】 sve (N.) vedārtham aviduḥ ［彼自身はヴェーダの意味を理解した］
【使役文】 svān (Ac.) vedārtham avedayat ［彼は彼自身にヴェーダの意味を理解させた］

【基本文】 devā (N.) amṛtam āśnan ［神々は不死の妙薬を食べた］
【使役文】 devān (Ac.) amṛtam āśayat ［彼は神々に不死の妙薬を食べさせた］

【基本文】 vidhir (N.) vedam adhyaita ［梵天はヴェーダを学んだ］
【使役文】 vidhiṃ (Ac.) vedam adhyāpayat ［彼は梵天にヴェーダを教えさせた］

【基本文】 pṛthvī (N.) salila āsta ［大地は水の上に坐した］
【使役文】 pṛthvīm (Ac.) salila āsayat ［彼は大地を水の上に座らせた］

(2) 使役動詞を使っていない文の中にある他動詞の主語は、使役の文の中で一般に I. 格に置かれる。基本文における動詞の直接目的は Ac. 格のままで残る。

【基本文】 dāsī (N.) annaṃ (Ac.) pacati ［女中は食物を調理する］
【使役文】 sā dāsyā (I.) annaṃ (Ac.) pācayati ［彼女は女中に食物を調理させる］

【基本文】 rāmaḥ (N.) patnīṃ (Ac.) tyajati ［ラーマは妻を捨てる］
【使役文】 sa rāmeṇa (I.) patnīṃ (Ac.) tyājayati ［彼はラーマに妻を捨てさせる］

【基本文】 vīro (N.) 'riṃ (Ac.) hanti ［英雄は敵を殺す］

【使役文】 rājā vīreṇa- (I.) -ariṃ (Ac.) ghātayati ［王は英雄に敵を殺させる］

(3) 例外　次の他動詞は自動詞の規則に従がう。

[1] 運動を示す他動詞

【基本文】 putro (N.) grāmaṃ gacchati ［息子は村にいく］

【使役文】 pitā putraṃ (Ac.) grāmaṃ gamayati ［父は息子を村に生かせる］

【基本文】 rāmo govindam gamayati ［ラーマはゴーヴィンダに行かせる］

【使役文】 viṣṇumitro rāmeṇa govindaṃ gamayati

［ヴィシュヌミトラはラーマを通してゴーヴィンダを行かせる］

しかし √nī, √vah はこの規則に従がわない。

√nī, √vah では、動作主は I. 格で動作者が「運転する人」の意味で使用される。

【基本文】 dhātrī (N.) śiśuṃ nayati ［看護婦が子供を運ぶ］

【使役文】 mātā dhātryā (I.) śiśuṃ nāyayati ［母が看護婦に子供を運ばせる］

【基本文】 dāso (N.) bhāraṃ vahati ［召使いが荷物を運ぶ］

【使役文】 bhartā dāsena (I.) bhāraṃ vāhayati ［主人は召使いに荷物を運ばせる］

しかし √vah が「吹く、流れる」という自動詞の意味をとる場合、自動詞の規則に従う。

nadī (N.) vahati ［河が流れる］

sraṣṭā nadīṃ (Ac.) vāhayati ［創造主が河を流す］

[2] 飲食を意味する他動詞

【基本文】 bālā (N.) modakān aśnanti (√aś) ［子供たちが肉を食べる］

【使役文】 mātā bālān (Ac.) modakān āśayati

［母は子供たちに肉を食べさせる］

【基本文】 pathiko (N.) jalaṃ pibati ［旅人は水を飲む］

【使役文】 ahaṃ pathikaṃ (Ac.) jalaṃ pāyayāmi ［私は旅人に水を飲ます］

√smṛ ［後悔して思い出す］［悲しみをもって考える］以外の意味で使用されるとき、√bhakṣ ［食べる］、√svād ［食べる］、√ghrā ［嗅ぐ］、√ad ［食べる］、√khād ［食べる］は、この規則に従わない。 動作主は I. 格が使用される。

śatruṇā (I.) viṣaṃ (Ac.) khādayati (bhakṣayati, ādayati)
［敵に毒を彼は食べさせる］

[3] 「理解する、読む、見る、話す」を意味する動詞

śiṣyāḥ (N.) pustakam adhīyate bodhanti ca
［生徒たちは本を読み理解する］

guruḥ śiṣyān (Ac.) pustakam adhyāpayati bodhayati ca
［先生は生徒たちに本を読ませ理解させる］

√dṛś ［～を見る］は parasmaipada ではこの規則に従い ātmanepada では任意となる。

taṃ darśaya gṛham ［彼に家を見せなさい］

taṃ (tena) gṛhaṃ darśayasva ［彼に家を見せなさい］

√kṛ と √hṛ において基本文の主語は使役活用において Ac. 格または I. 格となる。

pāpam-akaroḥ ［あなたは、罪を犯した］

kas tvāṃ (Ac.) pāpam akārayat ［誰があなたに罪を犯させたのか］

kas tvayā (I.) pāpam akārayat ［誰があなたに罪を犯させたのか］

āsanaṃ hara ［座席を取り払いなさい］

bhṛtyaṃ (Ac.) āsanaṃ hāraya ［召使いに席を取り払わせなさい］

bhṛtyena (I.) āsanaṃ hāraya ［召使いに席を取り払わせなさい］

4．使役受動態 (causative passive)

使役動詞の aya を ya に変換し、 ātmanepada の人称語尾変化をする。

使役の行動させられる動作主は主格に置かれる。 最初の直接目的は、そのまま Ac. 格でおかれる。

【基本文】 rāmo grāmaṃ gacchati ［ラーマは村に行く］

【使役受動態】 rāmo grāmaṃ gamyate ［ラーマは村に行かされる］

【基本文】 śūdraḥ kaṭam karoti ［シュードラはマットを作る］

【使役受動態】 śūdraḥ kaṭam kāryate ［シュードラはマットを作らされる］

行為をさせる動作主は I. 格におかれる。

【使役受動態】 **śūdro rājñā kaṭam kāryate** ［シュードラは王によってマットを作らされる］

● 語根が「知ること」「食べること」を意味する場合

なされるべきことは、 N. 格に置かれ、なすべき動作主は、 Ac. 格に置かれる。

または、逆に置かれる場合もある。

rājā dharmaṃ jñāpyate / dharmo rājānaṃ jñāpyate

［王は、自分の義務を 知らされる］

bālo bhojanaṃ bhojyate / bhojanaṃ bālaṃ bhojyate

［少年は食物を食べさせられる］

第１０類動詞では使役活用も同じ形である。

corayati ［彼は盗む］［彼は盗ませる］

受動態においても

gamyate ［彼は行かされる］［それは行かれる］（ **bhāva** 構文において）

このような場合は文脈によって使役かどうかを判断しなければならない。

§３１ 意欲活用（ desiderative ）（ सन् ）

意欲活用は語根によってあらわされた行為をしようと欲する強い意欲・意向を表す。意欲動詞は次のように不定詞を使う場合と同じ意味を表わす。自分自身の願望を表す時に使用される。

cikīrṣati = kartum icchati

［～することを欲する］

１．意欲活用の特徴

(1) 語根は、第３類動詞の規則に従って重複される。

語根の母音が **a, ā, ī, ṛ, ṝ** のとき、重字の母音は **i** である。

√**tan** ［伸ばす］ → **titan-**

√**sthā** ［立つ］ → **tiṣṭhā-**

√**sṛj** ［放出する］ → **sisṛj-**

語根母音が **ū** のとき、または唇音（ **p, ph, b, bh, m** ）によって

先行した語根母音が **ṛ** のとき、重字の母音は **u** である。

√**mṛ** ［死ぬ］ → **mumṛ-**

(2) 重複された語根に –s 、または –iṣ が附加される場合

–u, –ū, –ṛ, –ṝ で終わる語根は aniṭ である。

例外

√ṛ, √kṝ, √gṝ, √ghṛ, √pū

√smi ［笑う］ → sismayiṣ– seṭ 動詞である。

√pracch ［問う］ → pipṛcchiṣ– seṭ 動詞である。

次の語根は parasmaipada において aniṭ であり ātmanepada において seṭ である。

√vṛt ［回転する］ → vivartiṣ– (A.), vivṛts– (P.)

√vṛdh ［成長する］ → vivardhiṣ– (A.), vivṛdhs– (P.)

√kḷp ［適する］ → cikalpiṣ– (A.), cikḷps– (P.)

次の語根は parasmaipada において seṭ であり、 ātmanepada において aniṭ である。

√kram ［歩く］ → cikramiṣ– (P.), cikraṃs– (A.)

√gam ［行く］ → jigamiṣ– (P.), jigāṃs– (A.)

(3) 意欲活用の接尾辞 s の前では aniṭ の動詞は不変化のままである。

例外

aniṭ 語根の語根末の –i, –u は延長される。

√dru ［走る］ → dudrūṣ–

aniṭ 語根の語根末の –ṛ, –ṝ は īr に変化し、唇音（ p, ph, b, bh, m ）の後で ūr に変化する。

√tṝ ［渡る］ → titīrṣ–

√mṛ ［死ぬ］ → mumūrṣ– (mṛ → mūr → mumūr → mumūrṣ)

adhi–√gam と √han の中間母音 a は延長され √han の h は gh に変化する。

adhi–√gam ［学ぶ］ → adhijigāṃs–

√han ［殺す］ → jighāṃs– (han → jighan → jighāṃs)

(4) seṭ 語根は語根末母音と中間短母音をグナ化する。

√kṝ ［まき散らす］ → cikariṣ–

例外

子音で始まり、中間短母音は i, u であり、 y 以外の子音で終わる語根の場合、グナ化は任意におこなわれる。

√mud ［喜んでいる］ → mumudiṣ– または mumodiṣ–

(5) 活用語尾

活用は第一種活用 (Thematic verb) に従う。完了形は複合完了の形をとり、アオリストは
–is アオリストをとる。

本来 ātmanepada 活用の √mṛ ［死ぬ］は意欲活用においては parasmaipada で活用される。

本来 parasmaipada 活用の √jñā ［知る］、√śru ［聞く］、√dṛś ［見る］、
√smṛ ［記憶する］は意欲活用においては ātmanepada で活用される。

2．意欲活用の例

√āp ［得る］

現在	īpsati	過去能動分詞	īpsitavant
受動態	īpsyate	現在分詞 (P.)	īpsant
使役	īpsayati	現在分詞 (A.)	īpsamāna
単純未来	īpsiṣyati	未来分詞 (P.)	īpsiṣyant
複合未来	īpsitāsmi	未来分詞 (A.)	īpsiṣyamāna
複合完了	īpsāṃ cakāra	–is アオリスト	aipsīt
過去受動分詞	īpsita		

√vṛt ［回転する］

parasmaipada における aniṭ 語根　　語幹 vivṛts–

parasmaipada

	sg.	du.	pl.
1	vivṛtsāmi	vivṛtsāvaḥ	vivṛtsāmaḥ
2	vivṛtsasi	vivṛtsathaḥ	vivṛtsatha
3	vivṛtsati	vivṛtsataḥ	vivṛtsanti

ātmanepada における seṭ 語根　　語幹 vivartiṣ–

ātmanepada

	sg.	du.	pl.
1	vivartiṣe	vivartiṣāvahe	vivartiṣāmahe
2	vivartiṣase	vivartiṣethe	vivartiṣadhve
3	vivartiṣate	vivartiṣete	vivartiṣante

意欲活用語幹から、意欲の意味をもつ形容詞（-su,-iṣu）
および女性名詞（-sā, -iṣā）が作られる。

語根	意欲活用語幹	形容詞	名詞
√bhuj ［食べる］	bubhukṣ-	bubhukṣu	bubhukṣā ［飢え］
√jñā ［知る］	jijñās-	jijñāsu	jijñāsā ［知ろうとする意欲］
√ji ［克服する］	jigīṣ-	jigīṣu	jigīṣā ［征服欲］［競争］
√pā ［飲む］	pipās-	pipāsu	pipāsā ［渇き］
√labh ［得る］	lips-	lipsu	lipsā ［得ようとする願望］
√muc ［解く］	mumukṣ-	mumukṣu	mumukṣā ［解こうとする願望］
√mṛ ［死ぬ］	mumūrṣ-	mumūrṣu	mumūrṣā ［死への願望］
√kṛ ［なす］	cikīrṣ-	cikīrṣu	cikīrṣā ［～をなそうとする願望］

mumūrṣu ［死のうと望んでいる、まさに死のうとしている］
cikīrṣu ［～をなそうとする］

3．複雑で不規則な意欲活用

adhi-√i ［学ぶ］ adhijigāṃsate
√gam ［行く］ jigamiṣati
√ji ［克服する］ jigīṣati
√dhā ［置く］ dhitsati
√pad ［行く］ pitsate
√rabh ［掴む］ ripsate
√han ［殺す］ jighāṃsati
√dṛś (A.) ［見る］ didṛkṣate
√smṛ (A.) ［記憶する］ susmūrṣate
√muc ［解く］ mokṣate, mumukṣati, mumukṣate
√śak ［能う］ śikṣati ［～し得ることを願う、学ぶ］
√śru (A.) ［聞く］ śuśrūṣate ［～を聞きたいと思う、に従う］

√āp ［得る］ īpsati
√ci ［集める］ cicīṣati, cikīṣati
√dā ［与える］ ditsati
√pat ［落ちる］ pipatiṣati, pitsati
√mā ［測る］ mitsati
√labh ［得る］ lipsate
√jñā (A.) ［知る］ jijñāsate
√mṛ ［死ぬ］ mumūrṣate

4．意欲活用形に置いて意味に変化を起こす動詞がある。

√kit(√cit)	［認める、求める］	cikitsati	［癒す、薬を投与する］
√tij	［鋭くなる］	titikṣate	［耐える］
√gup	［隠す、守る］	jugupsate	［嫌う、～を非難する］
√bādh	［圧迫する］	bībhatsate	［嫌悪する、～を忌み嫌う］
√man	［考える］	mīmāṃsate	［研究する、熟考する］

§32 強意活用 (intensive, frequentative)

強意活用 は、動作が強度に又は反復して行われることを示す。

語根は子音で始まり一音節からなる語根にほとんど限定される。

1．強意活用の特徴

● 重複規則に従い接尾辞 ya を加えて語幹を作る。活用は第1種活用の ātmānepada に従う。ya を加えないで語幹を作る場合は、活用は、第2種活用の parasmaipada の活用に従う。

重複音節の母音は、グナ化する。

√rud → rorud-　　√nī → nenī-

重複音節の a は延長される。

√tap → tātap-

-an, -am, -al で終わる語根の a は延長されることなく重複する。

√jan → jañjan-　　√gam → jaṅgam　　√gal → jaṅgal

中間母音 ṛ を持った語根では重複の後で ī が挿入される。

√nṛt → narīnṛt-　　√kṛṣ → carīkṛṣ-

-ṛ で終わる語根では重字で ṛ が e に変わり ṛ は rī に変化する。

√kṛ → cekrī-　　√sṛ → sesrī-　　√hṛ → jehrī-

● 重複語根は受動態のように扱われる。

現在形 ātmanepada に ya が加わる。

2．強意活用の例

√nṛt の強意活用　　ātmanepada

	sg.	du.	pl.
1	narīnṛtye	narīnṛtyāvahe	narīnṛtyāmahe
2	narīnṛtyase	narīnṛtyethe	narīnṛtyadhve
3	narīnṛtyate	narīnṛtyete	narīnṛtyante

不規則形

√dah ［焼く］ → dandahyate　　√pad ［行く］ → panīpadyate

√car ［動く］ → cañcuryate　　√pat ［落ちる］ → panīpatyate

強意の活用形　√tap ［熱する］

現在形	tātapyate	現在分詞 (f.)	tātapyamānā
過去形	atātapyata	未来	tātapsyate
命令形	tātapyatām	完了	tātapāñcakre
願望形	tātapyeta	祈願法	tātapsīṣṭa
現在分詞	tātapyamāna		

未来・完了・祈願法の時に子音で終わる語根では強意活用の ya が脱落する。

§33　名詞起源の動詞 (denominative) (nāmadhātu)

名詞起源動詞は、名詞・形容詞の語幹に次の接尾辞をそえて動詞語幹を作り、

第一種活用の動詞のごとく活用する。

1．接尾辞を伴わない場合

क्विप् (---)

名詞・形容詞の語幹に語幹母音 a を添える。

［～のごとく振舞う、～に似る］を意味し、 parasmaipada で活用する。

語末の母音はグナ化し、内連声規則に従う。

kṛṣṇa iva ācarati = kṛṣṇati (3. sg. P.) ［クリシュナのごとく振舞う］

kavir iva ācarati = kavayati (3. sg. P.) ［詩人のごとく振舞う］

pitā-iva ācarati = pitarati (3. sg. P.) ［父のごとく振舞う］

-an で終わる名詞の a は延長され ān となる。

rājā-iva ācarati = rājānati (3. sg. P.) ［王のごとく振舞う］

2．接尾辞を伴なう場合

(1) -ya,-īya 接尾辞を伴う場合

क्यच् (k)ya(c)

この接尾辞は、主語の個人的な欲望を表わし、「〜を欲する」を意味する。

parasmaipada で活用する。

名詞語幹末の -a, -ā は -ī になる。

putram icchati = putrīyati (3. sg. P.) ［彼は子供を欲しい］

名詞語幹末の i, u は ī, ū と延長される。

patim icchati = patīyati (3. sg. P.) ［夫を求める］

名詞語幹末の ṛ は rī にかわる。

netāram icchati = netrīyati (3. sg. P.) ［指導者を望む］

-an 語幹の名詞は -a 語幹のように扱われ -ī となる。

rājānam icchati = rājīyati (3. sg. P.) ［王を欲する］

［（人、物を）〜のごとく扱う、見なす］を意味する。

śiṣyān putrān iva ācarati = śiṣyān putrīyati (3. sg. P.)
［彼は、生徒達を息子のように扱う］

(2) -kāmya 接尾辞を伴う場合

-काम्यच् kāmya(c)

［〜を欲する］を意味して、parasmaipada で活用する。

dhanam icchati = dhanakāmyati (3. sg. P.) ［富を望む］

yaśa icchati = yaśaskāmyati (3. sg. P.) ［名声を望む］

putram aicchat = aputrakāmyat (3. sg. P. impf.) ［息子を望んだ］

(3) -ya 接尾辞を伴う場合

क्यङ् (k)ya(ṅ)

［〜のごとく振舞う］を意味し、ātmanepada で活用する。

この接尾辞 ya の前で、名詞語幹末の a, i, u, は ā, ī, ū と延長される。

taruṇa iva ācarati = taruṇāyate (3. sg. A.) ［若者のごとく振舞う］

sakhā iva ācarati = sakhīyate (3. sg. A.) ［友人のごとく振舞う］

語末の ṛ は rī となる。

pitā-iva ācarati = pitrīyate (3. sg. A.) ［父親のごとく振舞う］

(4) -aya 接尾辞を伴う場合

अय aya

その形は１０類および使役活用と同様である。

-an で終わる名詞は、語末の n は消滅し、 a は ā に延長される。

rājā-iva ācarati = rājāyate (3. sg. A.) ［王のごとく振舞う］

-as で終わる名詞で apsaras ［天女］の場合は必ず -as は ā になる。

apsarā iva ācarati = apsarāyate (3. sg. A.) ［天女のごとく振舞う］

その他の場合は任意の形をとる。

vidvān iva ācarati = vidvāyate / vidvasyate (3. sg. A.) ［賢者のごとく振舞う］

-kā で終らない女性名詞は女性語幹を失う。

hariṇī iva ācarati = hariṇāyate (3. sg. A.) ［めす鹿のごとく振舞う］

bālikā iva ācarati = bālikāyate (3. sg. A.) ［少女のごとく振舞う］

形容詞から作られる時は［～の状態にある、～になる］を意味する。 (nominal verb)

śabdāyate (3. sg. A.) ［声音を出す］

kalahāyate (3. sg. A.) ［けんかをする］

kṛṣṇāyate (3. sg. A.) ［黒くなる］

bāṣpāyate (3. sg. A.) ［涙を流す］

phenāyate (3. sg. A.) ［あわを出す］

uṣmāyate (3. sg. A.) ［熱を出す］

dhūmāyate (3. sg. A.) ［煙を出す］

sudināyate (3. sg. A.) ［良い天気である］

durdināyate (3. sg. A.) ［悪い天気である］

sukhāyate (3. sg. A.) ［幸福を感じる］

duḥkhāyate (3. sg. A.) ［苦痛を感じる、不幸である］

第１２章　準動詞

分詞には、現在分詞、未来分詞、過去分詞、完了分詞があり、

動詞の分詞でありながら、**名詞と同じ格変化をする。**

§３４　現在分詞

現在分詞には次の３つの種類がある。

parasmaipada の現在能動分詞 (Present active participle)

ātmanepada の現在能動分詞 (Present active participle)

現在受動分詞 (Present passive participle) である。

１．現在能動分詞（能動活用の現在分詞） (present active participle ; pres. act. pt.)

(1) **parasmaipada** の現在分詞【śatṛ】

強語幹では –(a)**nt** 、弱語幹では –(a)**t** 、を添えて作る。

作り方は、 **parasmaipada** の３人称・複数・現在 (P. 3. pl. pres.) の格語尾 –**anti** を –**at** に置換することによって作られる。

語根		3. pl. pres.		pres. pt.		
√nī	→	**nayanti**	→	**nayat**	(leading)	①［導く］
√div	→	**dīvyanti**	→	**dīvyat**	(playing)	④［遊ぶ］
√viś	→	**viśanti**	→	**viśat**	(entering)	⑥［入る］
√cur	→	**corayanti**	→	**corayat**	(stealing)	⑩［盗む］
√as	→	**santi**	→	**sat**	(being)	②［～である］

parasmaipada の現在分詞の男性形と中性形の格変化は、 **dhīmat** の活用に従うが、以下の点で相違する。

- 男性形 N. sg. の a は長音化しない。
- 中性形 N. Ac. V. du. は第１，４，１０類動詞では必ず強語幹 (–**ant**) をとるが、第６類動詞では随意である。

女性形は（P．１２４－１２６）を参照

gacchat (m.) (going)

	sg.	du.	pl.
N.	gacchan	gacchantau	gacchantaḥ
Ac.	gacchantam	〃	gacchataḥ
I.	gacchatā	gacchadbhyām	gacchadbhiḥ
D.	gacchate	〃	gacchadbhyaḥ
Ab.	gacchataḥ	〃	〃
G.	〃	gacchatoḥ	gacchatām
L.	gacchati	〃	gacchatsu
V.	gacchan	gacchantau	gacchantaḥ

gacchat (n.) (going)

	sg.	du.	pl.
N.	gacchat	gacchantī	gacchanti
Ac.	〃	〃	〃
V.	〃	〃	〃

gacchantī (f.) (going)

	sg.	du.	pl.
N.	gacchantī	gacchantyau	gacchantyaḥ
Ac.	gacchantīm	〃	gacchantīḥ
I.	gacchantyā	gacchantībhyām	gacchantībhiḥ
D.	gacchantyai	〃	gacchantībhyaḥ
Ab.	gacchantyāḥ	〃	〃
G.	〃	gacchantyoḥ	gacchantīnām
L.	gacchantyām	〃	gacchantīṣu
V.	gacchantī	gacchantyau	gacchantyaḥ

現在能動分詞（ P. ）の用法

rāmaḥ gacchati ［ラーマは行きつつある］の文を、 (Pres.act,pt.P.) を使って

rāmaḥ gacchan または rāmaḥ gacchan bhavati で置き換えることはできない。

現在分詞を使った文は、関係代名詞を使う文と似ているが、進行状態を表すことはできない。

［現在能動分詞 P. ］の例

mārgeṇa gacchantam naram aham paśyāmi

［道に沿って歩いている男性を私は見る］

yaḥ naraḥ mārgeṇa gacchati tam aham paśyāmi

［道に沿って歩く男性を私は見る］

［現在能動分詞 A. ］の例

mayā saha vivadamānām nārīm aham nindāmi

［私と口論している女性を私は非難する］

yā nārī mayā saha vivadate tām aham nindāmi

［私と口論する女性を私は非難する］

［現在受動分詞］の例

mayā paṭhyamānāni pustakāni tubhyam na dāsyāmi

［私が今読んでいる本を、君に私は与えないでしょう］

yāni pustakāni mayā paṭhyante tāni tubhyam na dāsyāmi

［私が読むところの本を、君に私は与えないでしょう］

nayat 第１類動詞 / dīvyat 第４類動詞 / corayat 第１０類動詞

男性形				中性形			
	sg.	du.	pl.		sg.	du.	pl.
N.	nayan dīvyan corayan	nayantau dīvyantau corayantau	nayantaḥ dīvyantaḥ corayantaḥ	N.V.	nayat dīvyat corayat	nayantī dīvyantī corayantī	nayanti dīvyanti corayanti
Ac.	nayantam dīvyantam corayantam	nayantau dīvyantau corayantau	nayataḥ dīvyataḥ corayataḥ	Ac.	nayat dīvyat corayat	nayantī dīvyantī corayantī	nayanti dīvyanti corayanti

viśat 第6類動詞

(m.) N. Ac. は、 nayat の活用と同じ。

(n.) N. Ac. V. sg. viśat / du. viśatī (viśantī) / pl. viśanti

parasmaipada の3人称複数・現在 (3. pl. pres. P.) の格語尾 −anti, −ati から

−at に置換することによって作られる。

−at で終わる現在能動分詞の格変化は (p.105-109) を参照。

2類動詞と3類動詞は、3人称・単数・現在において −ati で終わる。

強語幹において −n を挿入しない。 marut のように活用する。

6類動詞の場合にも、随時適用される。

語根	(3. pl. pres.)	P. 現能分 (N. sg. m.)	(N. du. m.)	(N. pl. m.)
√jāgṛ (2)	jāgrati	jāgrat	jāgratau	jāgrataḥ
√dā (3)	dadati	dadat	dadatau	dadataḥ
√hu (3)	juhvati	juhvat	juhvatau	juhvataḥ

強語幹において −n を挿入しない現在分詞の女性形も n なしに活用される。

dadat (m.)　　　　dadatī (f.)

(2) ātmanepada の現在分詞

−māna を添えて作られる。 (1. 4. 6. 10.)

作り方は、 ātmanepada の3人称・単数・現在 (A. 3. sg. pres.) の格語尾 −te を

−māna に置換することによって作られる。

	3. sg. pres.		pres. pt.		
√labh	labhate	→	labhamāna	(obtaining)	① [獲得する、遭う]
√man	manyate	→	manyamāna	(thinking)	④ [考える、思う]
√mṛ	mriyate	→	mriyamāṇa	(dying)	⑥ [死ぬ]
√mṛg	mṛgayate	→	mṛgayamāṇa	(seeking)	⑩ [求める]

男性形は deva に、中性形は phala に、女性形は senā の活用に従う。

		sg.	du.	pl.
(m.)	N.	labhamānaḥ	labhamānau	labhamānāḥ
(n.)	N.	labhamānam	labhamāne	labhamānāni

● 第1種活用 (1. 4. 6. 10.) 動詞では ātmanepada の3人称・複数・現在 (3. pl. pres. A.) の格動詞 –ante を –māna に置換することによって作られる。

√labh → labhante (3. pl. pres. A.) → labhamāna (Pres.act.pt, ātmanepada)

● 第2種活用 (2. 3. 5. 7. 8. 9) 動詞では ātmanepada の3人称・複数・現在 (3. pl. pres. A.) –ate を –āna に置換することによって作られる。

語根	(3. pl. pres. A.)	A．現能分	語根	(3. pl. pres. A.)	A．現能分
√dviṣ	dviṣate	dviṣāṇa	√rudh	rundhate	rundhāna
√dā	dadate	dadāna	√tan	tanvate	tanvāna
√su	sunvate	sunvāna	√krī	krīṇate	krīṇāna
√ās		āsīna	√ci	cinvate	cinvāna
√śī		śayāna	√jñā	jānate	jānāna

2．**現在受動分詞 （受動活用の現在分詞）** (present passive participle ; pres. p. pt.)

受動活用【śānac】の現在分詞は全て –māna を添えて作られる。 作り方は受動活用の3人称・単数・現在 (pass. 3. sg. pres.) の格語尾 –te を –māna に置換する。

	3. sg. pres. pass.		pres. pt. pass.		
√gam	gamyate	→	gamyamāna	(being gone to)	① [行く]
√dā	dīyate	→	dīyamāna	(being given)	① [与える]
√kṛ	kriyate	→	kriyamāṇa	(being done)	⑧ [為す、作る]
√smṛ	smaryate	→	smaryamāṇa	(being remembered)	① [思い出す]
√cur	coryate	→	coryamāṇa	(being stolen)	⑩ [盗む]

男性形は deva に、中性形は phala に、女性形は senā の活用に従う。

§35 過去分詞

1．**過去受動分詞**【niṣṭhā kta】(past passive participle ; p.pass.pt.; ppp.)

事件の終結またはその結果として生じた状態をあらわす。

動詞が他動詞に属するときは受動の意味をもち、自動詞から作られたときは能動の意味を持つ。

(1) 過去受動分詞は母音に終わる語根および子音に終わる aniṭ 語根に接尾辞 –ta を添えて作られる。

条件法や祈願法、準動詞の構成の場合

語根＋結合母音 i （印度文法術語で iṭ という）＋子音（ y 以外）で始まる接尾辞（語尾）

文法家は iṭ 挿入に関して語根を seṭ （ iṭ を伴う語根） aniṭ （ iṭ を伴わない語根）

veṭ （随意の語根）の三種にわける。

一般に母音（ ū, ṝ を除く）に終わる単綴の語根が aniṭ に属し、子音に終わる語根が

seṭ に属するが、決定的なものでないために個々の語根について記憶する必要がある。

√ji	jita	√smṛ	smṛta	√tyaj	tyakta	√muc	mukta	√sic	sikta
√mṛ	mṛta	√hṛ	hṛta	√āp	āpta	√kṣip	kṣipta	√sṛj	sṛṣṭa
√snā	snāta	√nī	nīta	√puṣ	puṣṭa	√as	asta	√diś	diṣṭa
√śru	śruta	√ci	cita	√dīp	dīpta	√tuṣ	tuṣṭa	√stu	stuta

過去受動分詞の例

√as【asta】④［投げる］　√ji【jita】①［勝つ］　√snā【snāta】②［水浴をする］

√ci【cita】⑤［集める］　√smṛ【smṛta】①［思い出す］

√dīp【dīpta】④［燃え上がる、輝く］　√nī【nīta】①［導く、連れて行く］

√puṣ【puṣṭa】④［繁栄する］　√mṛ【mṛta】⑥［死ぬ］

√sic【sikta】⑥［注ぐ、水をかける］　√āp【āpta】⑤［獲得する、遭う］

√hṛ【hṛta】①［取る、盗む］　√śru【śruta】⑤［聞く］

√sṛj【sṛṣṭa】⑥［放出する、流す］　√stu【stuta】②［称賛する、賛嘆する］

√muc【mukta】⑥［解く、解放する］　√kṣip【kṣipta】⑥［投げる、急ぐ］

√tyaj【tyakta】①［捨てる］　√diś【diṣṭa】⑥［指示する］　√tuṣ【tuṣṭa】④［満足する］

(2) 多くの場合、子音に終わる seṭ 語根は、 –ta の前に結合母音 i を挿入する。

√krīḍ	krīḍita	√kup	kupita	√nind	nindita	√cur	corita	√bhakṣ	bhakṣita
√jīv	jīvita	√sev	sevita	√kamp	kampita	√gaṇ	gaṇita	√bhāṣ	bhāṣita
√rakṣ	rakṣita	√śikṣ	śikṣita	√pat	patita	√cal	calita	√rud	rudita
√likh	likhita	√yāc	yācita	√jalp	jalpita	√cint	cintita	√rac	racita

過去受動分詞の例

√kamp【kampita】① [震える]　√kup【kupita】④ [怒る]

√krīḍ【krīḍita】① [遊ぶ、楽しむ、戯れる]　√gaṇ【gaṇita】⑩ [数える]

√cal【calita】① [動く、行く]　√cint【cintita】⑩ [思う、考える]

√jalp【jalpita】① [つぶやく、話す]　√jīv【jīvita】① [生存する]

√pat【patita】① [飛ぶ、落ちる、墜落する]　√bhakṣ【bhakṣita】⑩ [食べる、貪り食う]

√bhāṣ【bhāṣita】① [言う、話す]　√yāc【yācita】① [求める、乞う、懇願する]

√rakṣ【rakṣita】① [保護する、守護する、番をする、見張る]　√nind【nindita】① [非難する]

√rac【racita】⑩ [形成する]　√rud【rudita】② [泣き叫ぶ]

√śikṣ【śikṣita】① [習得する、学ぶ]　√sev【sevita】① [仕える、奉仕する]

√cur【corita】⑩ [盗む]　√likh【likhita】⑥ [書く]

(3) 次の語根末尾の m および n で終わる動詞は –ta の前で語根の鼻音を失う。

√gam	gata	√nam	nata	√kṣaṇ	kṣata	√man	mata
√yam	yata	√ram	rata	√tan	tata	√han	hata

過去受動分詞の例

√kṣaṇ【kṣata】⑧ [傷つける、害する、怪我をする]　√gam【gata】① [行く]

√tan【tata】⑧ [延ばす、拡げる、増す]　√yam【yata】① [保つ、支える、抑制する]

√nam【nata】① [屈む、敬礼する]　√ram【rata】① [愉しむ、休息する、戯れる]

√man【mata】④ [考える、思う]　√han【hata】② [打つ、殺す]

(4) 次の語根末尾の m および n で終わる動詞は語根の母音が長音化する。

√kram	krānta	√dam	dānta	√kṣam	kṣānta
√klam	klānta	√śam	śānta	√śram	śrānta

過去受動分詞の例

√kram【krānta】① [歩く]
√kṣam【kṣānta】①④ [辛抱する]
√śam【śānta】④ [平静である]
√klam【klānta】④ [疲れる]
√dam【dānta】④ [飼い馴らす]
√śram【śrānta】④ [疲れる]

(5) 次の saṃprasāraṇa をとりうる動詞は ya, ra, va がそれぞれ i, ṛ, u になる。

√yaj	iṣṭa	√pracch	pṛṣṭa	√vac	ukta	√vap	upta	√vah	ūḍha
√vyadh	viddha	√grah	gṛhīta	√vad	udita	√vas	uṣita	√svap	supta

過去受動分詞の例

√yaj【iṣṭa】① [崇める]
√vah【ūḍha】① [運ぶ]
√pracch【pṛṣṭa】⑥ [問う]
√vas【uṣita】① [住む]
√vad【udita】① [言う]
√vac【ukta】② [言う]
√grah【gṛhīta】⑨ [掴む]
√vyadh【viddha】④ [貫く]
√svap【supta】② [眠る]
√vap【upta】① [撒く]

(6) 語根末尾が一つの帯気音 dh, bh, h で終わる場合は、それぞれ d, b, g に変わり、
接尾辞の –ta は –dha に変わる。(–ddha, –bdha, –gdha)

√yudh	yuddha	√sidh	siddha	√kṣubh	kṣubdha	√muh	mugdha / mūḍha
√rudh	ruddha	√labh	labdha	√dah	dagdha	√snih	snigdha

例外

√ruh rūḍha, √sah soḍha

過去受動分詞の例

√kṣubh【kṣubdha】④［かき乱す］ √muh【mugdha】④［失神する］
√muh【mūḍha】④［失神する］ √labh【labdha】①［獲得する］
√rudh【ruddha】⑦［包囲する、妨げる、阻止する］ √ruh【rūḍha】①［成長する］
√sidh【siddha】④［達成する］ √snih【snigdha】④［愛着する］
√yudh【yuddha】④［戦う］ √dah【dagdha】①［焼く］ √sah【soḍha】①［耐え忍ぶ］

(7) いくつかの語根は –ta の代わりに –na をとる。

√bhid	bhinna	√tṝ	tīrṇa	√pṝ	pūrṇa	√chid	chinna
√dṝ	dīrṇa	√lī	līna	√lū	lūna	√pad	panna

過去受動分詞の例

√bhid【bhinna】⑦［破る、割る、折る、壊す］ √pṝ【pūrṇa】③［満たす］
√chid【chinna】⑦［切る］ √dṝ【dīrṇa】⑨［裂ける］ √lī【līna】⑨［執着する、消える］
√lū【lūna】⑨［切る］ √pad【panna】④［行く］ √tṝ【tīrṇa】①［渡る］

(8) 不規則な語根

√dā	datta	√sthā	sthita	√pā	pīta	√khan	khāta	√hā	hīna	√pac	pakva
√dhā	hita	√mā	mita	√gai	gīta	√jan	jāta	√hve	hūta	√śuṣ	śuṣka

男性形は deva 中性形は phala の活用に従う。

過去受動分詞の例

√khan【khāta】①［掘る］ √gai【gīta】①［歌う］ √jan【jāta】④［生まれる］
√pac【pakva】①［調理する］ √pā【pīta】①［飲む］ √mā【mita】②［測る］
√śuṣ【śuṣka】④［乾燥する、萎える］ √sthā【sthita】①［立つ］ √dhā【hita】③［置く］
√hā【hīna】③［捨てる］ √hve【hūta】①［呼ぶ］ √dā【datta】①［与える］

2．過去能動分詞【niṣṭhā ktavatu】(past active participle ; p.act.pt.)

過去能動分詞は過去受動分詞に –vat を添えて作られる。

例　√ji　　jita ＋ vat　　jitavat

男性形と中性形の格変化は、dhīmat の活用に従う。

女性形は（P．124－126）を参照

男性形

	sg.	du.	pl.
N.	gatavān	gatavantau	gatavantaḥ
Ac.	gatavantam	〃	gatavataḥ
I.	gatavatā	gatavadbhyām	gatavadbhiḥ
D.	gatavate	〃	gatavadbhyaḥ
Ab.	gatavataḥ	〃	〃
G.	〃	gatavatoḥ	gatavatām
L.	gatavati	〃	gatavatsu
V.	gatavan	gatavantau	gatavantaḥ

中性形

	sg.	du.	pl.
N.	gatavat	gavatī	gatavanti
Ac.	〃	〃	〃
V.	〃	〃	〃

男性形				中性形			
	sg.	du.	pl.		sg.	du.	pl.
N.	jitavān	jitavantau	jitavantaḥ	N.	jitavat	jitavatī	jitavanti
Ac.	jitavantam	jitavantau	jitavataḥ	Ac.	jitavat	jitavatī	jitavanti

すべての分詞は、形容詞（修飾語）のように用いられる。

（現能分） **patantau vṛkṣāv apaśyam** ［倒れている二本の木を私は見た］

（現受分） **jalena nīyamāno bālo 'mriyata** ［水に流されている子供は死んだ］

（過能分） **śatruṃ hatavate vīrāya puṣpāṇy adīyanta** ［敵を殺した英雄に花が与えられた］

（過受分） **pitrā nindito 'haṃ gṛhād adhāvam** ［父に叱られた私は家から飛び出した］

過去分詞

過去分詞は、語根から直接作られる。語根または第２次活用動詞の語幹に接辞 **ta, ita** あるいは特定の語根に接辞 **na** を添えて作られる。過去分詞は動作の完結あるいはその結果として生じた状態を表わす。他動詞から作られたときは受動の意味を持ち、自動詞から作られたときは能動の意味を持つ。過去分詞は単独にまたは複合語の一部として広く用いられ、修飾語としてだけでなく述語として過去を表わす時制の代わりとなる。

３．過去受動分詞・過去能動分詞 の特別用法

過去分詞は、述語として過去を表わす時制の代用となる。

このような場合も修飾語として扱われる。

dāso jalam ānayat = dāso jalam ānītavān （過能分）［召使いは水を運んだ］

dāsena jalam ānīyata = dāsena jalam ānītam （過受分）［召使いによって水は運ばれた］

態の変更

能動態 **mitrāṇi** (N. pl.) **tvāṃ dṛṣṭavanti** （過去能動分詞は N. pl. n.）

［友達は、あなたを見た］

受動態 **mitrais tvaṃ** (N. sg.) **dṛṣṭaḥ** （過去受動分詞は N. sg. m.）

［友達によって、あなたは見られた］

４．過去受動分詞の用法

- 形容詞（修飾語）として
- 受動態の述語【**karmaṇi ktaḥ**】として

主語を修飾する場合は注意する必要がある

vīro rājñā hataḥ (vīro rājñā hata āsīt)

［英雄は、王によって殺された］

● 能動の意味をもつ述語【kartari ktaḥ】として

日本語において能動態で言うところを、英語では受動態で表現する例が多い。

例 (be surprised at, be engaged in, be devoted to, be killed)

√gam (行く) 等の移動を示す動詞、√sthā [立つ]; √vas [住む]; √ruh [登る];
√jan [生まれる]; (目覚める) の意味を表わす動詞や大部分の自動詞、他にも
√ās [座る]; √śliṣ [抱擁する]; √śī [横たわる]; √jṝ [老いる]; 等の
サンスクリットの過去受動分詞も、能動の意味をもち、**受動の意味をもたない。**

grāmād aham āgataḥ [村より私は来た] sā tatra-āsitā [彼女はそこに坐った]

putro jātaḥ [息子が生まれた] kapī vṛkṣam ārūḍhau [2匹の猿が木に登った]

(sā) āgatavatī [p. act. pt.] = (sā) āgatā [p. p. pt] [彼女が来た]

● 過去受動分詞が述語として使用されるとき、**性・数・格がその主語と一致** しなければならない。

一般動詞の場合のように過去分詞のときも、3人称の代名詞が省略される。

主語が1人称・2人称の場合は √as によって表現される。

tasmāt asmi śrutavān [彼から私は聞いた]

kṛtavān asi priyaṃ na me [あなたは、私の気に入ることをしなかった]

gato 'smi = gato 'ham [私は行った]

na gataḥ [彼は行かなかった]

● 過受分は非人称受動態【bhāve ktaḥ】のように **主格・単数の中性形で表わされる。**

mayā yuddham
[私によって戦われた (私は、戦った)]

iti tena-uktam (iti tena-uktam āsīt)
[〜と彼によって言われた (〜と彼は言った)]

vṛkṣeṇa patitam
[木によって倒された (木が倒れた)]

jitam tena rājñā
[その王は勝った]

tena gatam [彼は行った]

● 「望む」、「知る」、「尊敬する」、の意味をもつ動詞とともに **現在の意味** で使用される。

> 【注意】過去分詞が、現在【vartamāne ktaḥ】の意味で使用されるとき、動作者は、具格 (I.) でなく、属格 (G.) におかれる。

rāmasya pūjitaḥ [彼はラーマによって崇められる]

● 分詞と共に api が使われるとき譲歩の意味を持ち（・・・けれど）と訳される。

iṣṭā api paṇḍitā na-āgacchanti

［（私達が）望んでいたにもかかわらず、賢者たちは来なかった］

iṣṭān api paṇḍitān na paśyāmaḥ

［私たちは望んでいたけれど、賢者たちに会えなかった］

● 過去分詞は、過去と完了の意味を表わす。

praviṣṭa ［入った、入ってしまった］ vismṛta ［忘れた、忘れてしまった］

● -ta で終わる過去受動分詞は、中性の抽象代名詞（中性名詞の活用）の意味で使われる。

jīvitam ［生命］ hasitam ［笑い］

［能動的意味で］ vṛddha ［老人］ mṛta ［死人］ buddha ［仏陀］

● 分詞は iva とともに用いられて比喩をあらわす。

5．過去能動分詞の用法

英語にはこのような分詞はない。

過去受動分詞＋ vat ［男・中性形の変化は、 dhīmat の活用に従う］

過去受動分詞＋ vatī ［女性形の変化は nadī の活用形を参照（ p.70 ）］

● 名詞として

kṛtavān (N.sg.) ［成し遂げた人］

● 一般に能動の意味をもつ過去の動詞として使われるが、
同様の表現は過去受動分詞でも可能である。

sa tad uktavān (tad uktaṃ tena) ［彼はそれを言った］

sā tatra sthitā (sā tatra sthitavatī) ［彼女はそこに立った］

6．過去分詞の用法の比較

nalena phalāni akhādyanta. (past imperfect)

nalena phalāni khāditāni. (p.pass.p.)

［ナラによって 果実は 食べられた］

nalena agamyata. (past imperfect)

nalena gatam. (ppp.intransitive)

［ナラによって 行くことがなされた］

nalo gṛham agacchat. (past imperfect)

nalo gṛhaṃ gatavān. (p.act.p.)

［ナラは　家に　行った］

sā abhāṣata. (past imperfect)

sā bhāṣitavatī. (p.act.p.)

［彼女は　言った］

nalaḥ gatavān. (p.act.p.)

nalaḥ gataḥ. (p.pass.p.)

［ナラは　行った］

sītā sthitavatī. (p.act.p.)

sītā sthitā. (p.pass.p.)

［シーターは　立った］

nalaḥ phalāni akhādat. (past imperfect)

nalaḥ phalāni khāditavān. (p.pass.p.)

［ナラは　果実を　食べた］

● 完了の意味を表す過去分詞

［現在完了］

nalaḥ gataḥ bhavati. (nala is gone.)

［過去完了］

nalaḥ gataḥ abhavat. (nala was gone.)

［未来完了］

nalaḥ gato bhaviṣyati. (nala will be gone.)

文の時制は √as , √bhū 動詞の時制によって決定され、過去分詞は１つの行為が他の行為がなされる以前にすでに完了していることを意味する。

§36 絶対分詞 (abs.)

今までの分詞は形容詞のようなものであったり、述語としても広く使われるものであった。
しかし、（ **gerund, continuative, absolutive** と呼ばれる）［遊離分詞］絶対分詞は
決して変化しない不変化詞である。
本書では、絶対分詞を (abs.) と略す。

1．絶対分詞の作り方

(1) –tvā で終わる絶対分詞

–(i)tvā は、語根のみで用いられる時、語根または第２次活用の語根に付加される。
その方法は、過去受動分詞の形成の場合と同じであり（ p.303-306 ）参照
そして、その過去受動分詞の接尾辞 –ta の代りに –tvā を付加して形成される。
しかし第１０類動詞と第２次活用動詞（使役動詞等）の –aya 語幹は –ayitvā となり例外である。

語根	過去受動分詞	絶対分詞
√kr̥	kr̥ta	kr̥tvā

例　√kr̥【kr̥tvā】, √dā【davā】, √gam【gatvā】, √paṭh【paṭhitvā】,
√labh【labdhvā】, √cur【corayitvā】第１０類動詞

● 否定の接頭辞 a, an は動詞接頭辞と見なされないので、絶対分詞は –tvā の形をとる。

a–√kr̥ → akr̥ta (p. p. pt.) → akr̥tvā 絶対分詞
a–√han → ahata (p. p. pt.) → ahatvā 絶対分詞
na tava–arim ahatvā tasya rājyaṃ labhyethāḥ
［あなたの敵を殺すことなくして彼の王国を（あなたは）得られないでしょう］

(2) –ya で終わる絶対分詞

–ya は、動詞接頭辞を伴う時、子音と長母音で終わる語根に付加される。
–tya は、動詞接頭辞を伴う時、短母音で終わる語根に付加される。

動詞接頭辞を伴い -ya, -tya の２つの形をとる絶対分詞は、語根末の子音が
n と m で終わる語根と過去受動分詞において、語根末の鼻音が脱落する動詞である。
しかし、第１０類動詞と第２次活用動詞（使役動詞等）の -aya 語幹は
-ayya となり例外である。

動詞接頭辞＋語根	絶対分詞
upa-√gam vi-√ji	upagamya　upagamayya（使役） vijitya

例　pari-√kṣip【parikṣipya】, anu-√bhū【anubhūya】, ā-√dā【ādāya】,
vi-√ji【vijitya】, prati-√śru【pratiśrutya】, anu-√kṛ【anukṛtya】,
ā-√gam【āgamya】, ā-√gam【āgatya】, pra-√nam【praṇamya】,
pra-√nam【praṇatya】, anu-√man【anumanya】, anu-√man【anumatya】,
upa-√gam【upagamya】, upa-√gam【upagamayya】（使役）

(3) -am で終わる絶対分詞

-am に終わる絶対分詞は極めて稀である。 むしろ二つの行為が同時になされる場合に 用いられる。
作り方は、 3. sg. aorist. passive. の場合と同一である。

√vad → vādam　　√dā → dāyam

２. 絶対分詞の用法

「〜して、して後」 (after, when, after having)

(1) 分詞の動作主（意味上の主語）と主文の動作主（主語）が一致するとき、
主文の動作に先立って行なわれた動作を表現する時に、絶対分詞が使用る。
二つの動作が同時に行なわれるときにも使用される。
絶対分詞は決して主文の後に置かれることはない。
一般に、主文の目的語等も絶対分詞に先立たない。
サンスクリットでは動作の継続表現を ca で繋がれた節よりもむしろ絶対分詞で表現する。

snātvā aham abhakṣayam ［（私は）沐浴して、私は食事をした］
māṃ dṛṣṭvā mātā atuṣyat ［（母は）私を見て、母は大喜びした］

(2) 絶対分詞がいくつか使用されている時は、主文の主語は絶対分詞の前か、最後にくる絶対分詞と主文の動詞の間に置かれる。

āgamya dṛṣṭvā ca aham ajayam ［（私は）来て、そして（私は）見て、私は勝った］

aham āgamya dṛṣṭvā ca ajayam ［私は来て、そして（私は）見て、（私は）勝った］

(3) 主文の動詞との密接な関係からシャンカラ等の南インドの思想家の中には主文の後に前置詞として置く例がある。

例 **muktvā** ［～を除いて、は別として］ (except) （ Ac. 支配）

akṛtvā ［～をすることなく］ **ahatvā** ［～を殺すことなく］

muktvā ［～を除いて、は別として］ (Ac.＋)

varjayitvā ［～を除いて、は別として］ (Ac.＋)

parityajya ［～を除いて、は別として］ (Ac.＋) ,

uddiśya ［～めざして、について、のために］ (Ac.＋)

puraskṛtya ［～に関して、について］ (Ac.＋)

adhikṛtya ［～に関して、について］ (Ac.＋)

upetya ［～に関して、について］ (Ac.＋)

ārabhya ［～以来］ (Ab.＋)

vihāya ［～よりも多く、にもかかわらず、を除いて］ (Ac.＋)

apahāya ［～を除いて］ (Ac.＋) **ādāya** ［～とともに］ (Ac.＋)

(4) 絶対分詞は 能動的意味をもつのみで、 **受動的意味を持たない。** しかし主文の動詞が受動態ならば、絶対分詞の意味上の主語は、具格で示される主文の主語で表わされる。

［受動態］ **gṛham āgamya pitrā nindito 'ham** （過受分）

［（父が）家に帰ってくるなり、父によって私は叱られた］

この場合、「家に帰ってくる」という動作と「叱る」という動作は両方とも「父によって」なされているから、態が変っても絶対分詞は変化することがない。

［能動態］ **gṛham āgamya pitā māṃ ninditavān** （過能分）

［（父が）家に帰ってくるなり、父は私を叱った］

(5) 絶対分詞の時制 は主文の動詞の時制によって決まる。

(6) 絶対分詞 –am の用法

● 何度も繰返された過去の行為をあらわす。

smāraṃ (abs.) smāraṃ (abs.) vīravadhaṃ (Ac.) so'rodīt

［何度も何度も思い出して、英雄の死に彼は涙を流した］

● 複合語の後分として用いられ時には、受動態と能動態の意味をもつ。

samūlaghātaṃ vyanāśayad-arīn

［敵たちを根元から殺して破壊した（彼は敵たちを根絶した）］

vandigrāhaṃ gṛhītā ［捕虜になって、彼女は捕らえられた（彼女は捕虜になった）］

akṛtakāram ［驚くべきことをして］

agrebhojam ［前もって食べて］

anyathākāram ［別のやり方でして］

kathaṅkāram ［どのようにして］

cūrṇapeṣam ［粉にして］

cauraṅkāram ［泥棒だと言って］

jīvagrāham ［生け捕りにして］

tathākāram ［そのようにして］

paśumāram ［家畜を殺すように］

bāhūtkṣepam ［腕を振り上げて］

yathākāram ［そのようにして］

samūlaghātam ［根絶して］

svāduṅkāram ［おいしくして］

3. 絶対句 (absolute ; abs.)

絶対句［遊離節・遊離用法・絶対節・独立句］ (absolute)

絶対句とは主文の動作主（主語）と分詞の動作主（意味上の主語）が一致しないときに、「主語＋分詞」は主文から独立するので absolute と呼ばれる。

The sun having set, we went home. (The sun ≠ we)

［日が暮れて、我々は家に帰った］

すべての絶対句は副詞節に置き換えることができる

The boys being tired, the master stopped the class. (The boys ≠ the master)

→ Because the boys were tired, the master stopped the class.

［少年たちが疲れたので先生は授業をやめた］

The hunter having gone, the birds began to sing. (The hunter ≠ the birds)

→ After the hunter went, the birds began to sing.

［狩人が去った後、鳥たちは歌い始めた］

Your father being there, you did not rise from your seat. (Your father ≠ you)

→ Although your father was there, you did not rise from your seat.

［あなたの父親がそこに居るのに、あなたは席を立とうとしなかった］

サンスクリットにおいて二つの絶対句の形式がある。最も普通の形式はＬ格の絶対句 (Locative absolute) であり、Ｇ格の絶対句 (Genitive absolute) は稀である。
二つの絶対句において **分詞とその主語は性・数・格において一致** しなければならない。
忘れてはならないのは **絶対句の主語と主文の主語が一致する場合は絶対分詞** を使うことである。

絶対分詞		主文	
［絶対分詞の主語＝主文の主語］	**主語 ＋絶対分詞**	主語	述語
（絶対分詞は不変化）			

Locative absolute		主文	
［分詞の主語≠主文の主語］	**主語＋分詞**	主語	述語
（分詞の主語＝性・数・ L. 格＝分詞）	(L.) (L.)		

Genitive absolute		主文	
［分詞の主語≠主文の主語］	**主語＋分詞**	主語	述語
（分詞の主語＝性・数・ G. 格＝分詞）	(G.) (G.)		

§37　不定詞【tumun】(infinitive ; inf.)

1．不定詞の作り方

不定詞は語根末の母音、および語根に単子音に従われる短母音がグナの階次を示す語根に -(i)tum を添えて作られる。

√gam → gantum ; √ji → jetum ; √bhū → bhavitum

–aya 語幹（第10類動詞）においては –ay は保持され、 –itum が付加される。

√cur → corayitum　　多くの動詞はその不定詞を不規則に形成する。

2．不定詞の用法

● 動作の目的をあらわす場合 「～するために」

vidyām adhigantuṃ sa āgataḥ

［知識を　得るために 彼は　やって来た。］

● 「～を望む・を知る・をあえてする・あきる・得る・～し始める・～できる」の意味をもつ動詞または、時（ avasaraḥ ）・時点・適合・可能性・能力・技術を意味する語と共に用いられる。

pātum asamartho 'smi ［飲むことが 私にはできない］

gītaṃ śrotum icchati ［歌を聞くことを彼は望む］

dhāvitum ārabhata ［走り始めた］

ahaṃ gantum icchāmi ［私は行くことを望む］

sa rājānaṃ hantuṃ śaknoti ［彼は王を殺すことができる］

bhojanaṃ bhoktuṃ vidyate ［食べられる食物がある］

tatra gantuṃ balaṃ na vidyate tasya ［そこに行くだけの力を彼は持たない］

idānīm avasara ātmānaṃ darśayitum ［今こそ自らを示すときである］

● √arh 「値する・義務がある・～すべきである・～してください」と共に丁寧な命令の意味で使われる。 (ought to, should)

māṃ rakṣitum arhasi　　［私を守ってください］

bhavān āgantum arhati　　［あなた様は来るべきである＝来なさい］

● 不定詞には本来、能動・受動の区別はないが、受動の意味が表現される時は、不定詞に伴う動詞が受動態の形をとる。

(active)　vṛkṣān draṣṭum ārabhe　　［木々を見ることを私は始める］

(passive)　mayā vṛkṣā draṣṭum ārabhyante　［私によって木々は、見られ始める］

(active) **aham taṃ hantuṃ śaknomi** ［私は、彼を殺すことができる］

(passive) **sa mayā hantuṃ śakyate** ［彼は、私によって殺されることができる］

(active) **sa pustakaṃ paṭhitum icchati** ［彼は、本を読むことを望む］

(passive) **tena pustakaṃ paṭhitum iṣyate** ［彼によって本を読まれることが、望まれる］

● 使役の不定詞 (caus.inf.)

使役語幹（**–ay**）＋ **–itum**

〃 （**pay**）＋ **–itum**

例 **√dā → dātum** (inf.), **dāpayitum** (caus.inf.)

(caus.) **sa kavibhiḥ kathāḥ kārayati** ［彼は詩人たちに多くの物語を作らせる］

(caus.inf.) **sa kavibhiḥ kathāḥ kārayitum icchati**

［彼は詩人たちに多くの物語を作らせることを望む］

§３８ **動詞的形容詞** (gerundive ; ger.)

１．**動詞的形容詞の作り方**

サンスクリットの gerundive はラテン語の gerundive の意味と関連して
動（詞的）形容詞と訳され３種の作り方がある。

> この gerundive の呼び名は他に **「動詞的形容詞」「未来受動分詞」「義務分詞」**
> **「必然分詞」** と呼ばれる。
> 一般に Apte 等のインドの学者は **potential passive participle** と呼び
> W.D.Whitney は **future passive participle** と呼ぶ。

語尾変化は **–a** で終わる男性名詞（**deva**）・中性名詞（**vana**）
または **–ā** で終わる女性名詞（**senā**）の語尾変化に従う。

２． **動詞的形容詞の３つの種類**

(1) –(i)**tavya** の付加される場合。

● –ā 以外の語根末の母音と中間短母音は **guṇa** 化する。
語幹は不定詞の場合と共通である。

√śru ［聞く］→ śrotavya　　√āp ［得る］→ āptavya
√chid ［切る］→ chettavya　　√gam ［行く］→ gamtavya
√dṛś ［見る］→ draṣṭavya　　√vah ［運ぶ］→ voḍhavya
√grah ［把握する］→ grahītavya

- –aya 語幹は –ayitavya となる。

√budh ［知る］→ bodhayitavya (caus.)

(2) –anīya (aṇīya) の付加される場合。

- 語根末の母音と中間短母音は guṇa 化する。 –tavya に比べ使用頻度は低い。

√smṛ ［思い出す］→ smaraṇīya
√dṛś ［見る］→ darśanīya
√pūj ［崇拝する］→ pūjanīya

- –aya 語幹は aya の代わりに –anīya を付加する。

√budh ［知る］→ bodhanīya (caus.)

(3) –ya の付加される場合。

- 接尾辞 –यत्【ya(t)】の付加される場合。

√ –ā,–e,–ai,–o で終わる語根母音→ –e に変化する。
√dā ［与える］→ deya
√pā ［飲む］→ peya

- 接尾辞 यत्【ya(t)】の付加される場合。

√ –a,–i,–ī,–u,–ū,–ṛ,–ṝ,–p,–ph,–b,–bh,–m,–v で終わる語根母音→ guṇa 化する。
√ji ［勝つ］→ jeya
√śru ［聞く］→ śravya
√labh ［得る］→ labhya

- 接尾辞 यत्【ya(t)】の付加される場合。

√śak ［できる］→ śakya
√sah ［堪え忍ぶ］→ sahya

● 接尾辞 ण्यत् 【(ṇ)ya(t)】の付加される場合。

√-ṛ, √-a と子音で終わる語根母音 → vṛddhi 化する。

√kṛ ［する］→ kārya ; √paṭ ［読む］→ pāṭya

√vac ［言う］→ vācya,vākya ; √has ［笑う］→ hāsya

√chid ［切る］→ chedya ; √sic ［撒く］→ secya

● क्यप् 【(k)ya(p)】の付加される場合。

指示文字 p の規則によって短母音で終わる語根に t が付加される。

√i ［行く］→ itya ; √stu ［褒める］→ stutya

ā√dṛ ［尊敬する］→ ādṛtya ; √bhṛ ［仕える］→ bhṛtya

√kṛ ［する］→ kṛtya ; √śās ［教える］→ śiṣya

3．動詞的形容詞の用法

(to be --ed, who is to be -ed, the man who is to be -ed.) 「〜されるべき」と訳され、gerundive は、修飾語・述語として使用され、必然、可能、義務、適合をあらわし、語根によって表現された行為や状態がなされなければならないことを示す。

vācyam ［言うべきである］ vaktavyam ［言わざるを得ない］

vacanīyam ［必ず言われるだろう］

sa hantavyaḥ ［彼は殺されるべきである］［彼は殺されなければならない］

(1) 非人称構文（ bhāve constraction) の場合

gerundive は［過去受動分詞のように］単数・中性・主格の形をとり、行為が将来必然的に行なわれることを示す。

(2) 述部の形容詞や名詞は I. 格（ G. 格）に置かれ、主語に訳す必要がある。

mayā gantavyam ［私は行かねばならない］ ｛義務｝

tena tatra gantavyam ［彼はそこに行かねばならない］ ｛義務｝

tenāpi śabdaḥ kartavyaḥ ［彼も音を立てるにちがいない］ ｛義務｝

etad darśanīyam ［これは必見の価値がある］ ｛適合｝

tvayā draṣṭavyam ［あなたは見るだろう］ ｛未来｝

(3) 名詞・代名詞の修飾語および述語として使われる場合　gerundive は、主語に性数格が一致する。

rājā mantribhiḥ stutyaḥ ［大臣たちは王をほめたたえるにちがいない］

stutyaḥ (N.sg.m.) = rājā (N.sg.m.)

(gerundive)　　　　（主語）

(4) bhāvya-, bhavitavya- は将来起こる高い必要性や可能性を示し、

(must be, in all probability is [are]) と訳される。

述部の形容詞や名詞は I.(G.) 格に置かれ、主語に訳す必要がある。

tena balavatā bhavitavyam ［彼は強いはずだ］

(5) gerundive の使役用法

vi-√dhā　　vidhāpanīya ［与えさせるべき］

√śaṃs　　śaṃsayitavya ［称賛させるべき］

(6) √śak の２つの用法

√śak の gerundive の形（śakya）が、主語と一致する場合

so'rir hantuṃ śakyaḥ ［その敵を殺すことができる］ ariḥ = śakyaḥ

te mayā rakṣituṃ śakyāḥ ［私は彼らを守ることができる］ te = śakyāḥ

(7) 中性・単数・主格の形 śakyam として使われる場合

te mayā rakṣituṃ śakyam ［私は彼らを守ることができる］

idaṃ pustakaṃ tvayā paṭhituṃ śakyam ［あなたはこの本を読むことができる］

tatra gantuṃ śakyam ［そこに行くことができる］

śakyam ［それは可能だ］

第１３章　名詞造語法

§３９　概要

すべてのサンスクリットの単語は動詞語根から派生する。

一般に、名詞語幹は動詞語根に接尾辞を添えて語幹を作る。

接尾辞を第一次【**kṛt**】（ primary suffixes ）と第二次【**taddhita**】（ secondary suffixes ）に区別する。

第１次接尾辞によって作られた語幹を第１次派生語（ primary derivatives ）と呼び、
第２次接尾辞によって作られた語幹を第２次派生語（ secondary derivatives ）と呼ぶ。

語根に直接接尾辞を添えて語幹を作る。この接尾辞を第１次接尾辞（ primary suffixes ）（ **kṛt pratyaya** ）と呼ぶ。

√ 語根＋第１次接尾辞 ＝第１次語幹 **kṛdanta**（ primary stems ）

√kṛ ＋ tṛ ＝ kartṛ

さらにこの語幹に添えられる接尾辞を第２次接尾辞（ secondary suffixes ）（ **taddhita pratyaya** ）と呼ぶ。

語幹＋第２次接尾辞＝第２次語幹 **taddhitānta**（ secondary stems ）

kartṛ ＋ tva ＝ kartṛtva

§４０　指示文字

接尾辞の前後に１ないし２つの文字が添えられる、
これを **anubandha**（ indicatory sign ）と呼び、基本的語根あるいは語の変化を示す。
本書では「指示文字」と訳す。指示文字は言葉のアクセントによって多少異なる。
例えば　**√kṛ ＋【(ṇ)aka】＝ kāraka**
この接尾辞 **aka** は、**ṇaka** と表示される。この場合【(ṇ)】が **anubandha** である。
√kṛ においては、この **anubandha** が、語根末の母音 **ṛ** を **vṛddhi** 化するとの指示を与える。

1．指示文字の意味

kṛt 第1次接尾辞における anubandha の意味

● anubandha の一般的規則

第1次接尾辞の前では、語根の語末母音と子音にはさまれた中間短母音に

guṇa 化の指示を与える。

● anubandha が【(k)】または【(ṅ)】のときは guṇa 化しない。

√kṛ ＋【(k)ta】＝ kṛta

過去受動分詞を示す接尾辞は【(k)ta】であり【(k)】が anubandha である。

● anubandha が【(ñ)】または【(ṇ)】のときは、

語根の語末母音と子音にはさまれた中間短母音 a に、 vṛddhi 化の指示を与える。

語根の語末母音が ā のときは āy となる。

√bhū ＋ uka(ñ) ＝ bhāvuka ; √dhā ＋ (ṇ)aka ＝ dhāyaka

● anubandha が【(gh)】のとき、

語根の語末子音 c は k に変化する。

語根の語末子音 j は g に変化する。

√śuc ＋【(gh)a(ñ)】＝ śoka

● anubandha が【(p)】のとき、

短母音で終わる語根に t が添えられる。

anu-√kṛ ＋【(l)ya(p)】＝ anukṛtya

§41 kṛt 接尾辞（第1次接尾辞）(primary suffixes)

1．第1次派生語

√ 動詞語根に付加される接尾辞は、 kṛt と呼ばれる。

kṛt 接尾辞によって作成された言葉を kṛdanta （第1次派生語）という。

(1) 接尾辞 -(i)tavya の付加される場合

● -ā 以外の語根末の母音と中間短母音は guṇa 化する。

語幹は不定詞の場合と共通である。

√śru ［聞く］→ śrotavya　　√āp ［得る］→ āptavya

√chid ［切る］→ chettavya　　√gam ［行く］→ gamtavya

√dṛś ［見る］→ draṣṭavya　　√vah ［運ぶ］→ voḍhavya

√grah ［把握する］→ grahītavya

● -aya 語幹は -ayitavya となる。

√budh ［知る］→ bodhayitavya (caus.)

(2) 接尾辞 -anīya (aṇīya) の付加される場合。

● 語根末の母音と中間短母音は guṇa 化する。 -tavya に比べ使用頻度は低い。

√smṛ ［思い出す］→ smaraṇīya　　√dṛś ［見る］→ darśanīya

√pūj ［崇拝する］→ pūjanīya

● -aya 語幹は aya の代わりに -anīya を付加する。

√budh［知る］→ bodhanīya (caus.)

(3) 接尾辞 -ya の付加される場合。

● 接尾辞 -यत्【ya(t)】の付加される場合。

√ -ā で終わる語根母音→ -e に変化する。

√dā ［与える］→ deya ;　　√pā ［飲む］→ peya

● 接尾辞 यत्【ya(t)】の付加される場合。

√ -a,-i,-ī,-u,-ū,-ṛ,-ṝ,-p,-ph,-b,-bh,-m,-v で終わる語根母音→ guṇa 化する。

√ji ［勝つ］→ jeya ;　　√śru ［聞く］→ śravya

√labh ［得る］→ labhya

● 接尾辞 यत्【ya(t)】の付加される場合。

√śak ［できる］→ śakya ;　　√sah ［堪え忍ぶ］→ sahya

● 接尾辞 ण्यत्【(ṇ)ya(t)】の付加される場合。

√-ṛ, √-a と子音で終わる語根母音 → vṛddhi 化する。

√kṛ ［する］→ kārya ;　　√paṭ ［読む］→ pāṭya

√vac ［言う］→ vācya ;　　√has ［笑う］→ hāsya

√chid ［切る］→ chedya ;　　√sic ［撒く］→ secya

● क्यप्【(k)ya(p)】の付加される場合。

指示文字 p の規則によって短母音で終わる語根に t が付加される。

√i ［行く］→ itya ;　　√stu ［褒める］→ stutya

√dṛ ［尊敬する］→ dṛtya ;　　√bhṛ ［仕える］→ bhṛtya

√kṛ ［する］→ kṛtya ;　　√śās ［教える］→ śiṣya

(4) क्त्वा【(k)tvā】と ल्यप्【(l)ya(p)】［絶対分詞 –tvā, –ya ］

(5) णमुल्【(ṇ)am(ul)】［絶対分詞 –am ］

この接尾辞における【(ṇ)】の指示文字（anubandha）は、子音にはさまれた中間母音 a と語末母音の vṛddhi 化の指示を与える。

√śru ［聞く］→ śrau ＋ am ＝ śrāvam

√bhuj ［享楽する］→ bhojam

√has ［笑う］→ hāsam

例外 √han ［殺す］→ ghātam

(6) तुमुन्【tum(un)】［目的をあらわす不定詞 –tum ］

(7) क्तिन्【(k)ti(n)】［女性抽象名詞 –ti ］

非常に多くの名詞を作り、過去受動分詞の作り方と同じである。

√śru ［聞く］	→ śruti	［聴聞］
√smṛ ［思い出す］	→ smṛti	［記憶］
√bhuj ［享楽する］	→ bhukti	［喜び］
√śram ［疲れる］	→ śrānti	［疲労］
√gam ［行く］	→ gati	［動作］
√sthā ［立つ］	→ sthiti	［位置］
√budh ［覚める］	→ buddhi	［知性］

これらの女性名詞は mati のように変化する。

(8) 動作主名詞を形成する接尾辞

● ण्वुल्【ṇvul】［動作主名詞 –aka ］

この接尾辞における【(ṇ)】の指示文字（anubandha）は、子音にはさまれた中間母音 a と語末母音の vṛddhi 化の指示を与える。

–ā, –e, –ai, –o で終わる語根の後に y を付ける。

√ –ā, –e, –ai, –o ＋ y ＋ aka

√nī ［導く］	→ nāyaka	［指導者］	vṛddhi 化
√naś ［滅びる］	→ nāśaka	［破壊者］	vṛddhi 化
√muc ［解く］	→ mocaka	［解放者］	vṛddhi 化
√dā ［与える］	→ dāyaka	［提供者］	y の挿入
√pac ［調理する］	→ pācaka	［料理人］	vṛddhi 化

● तृच्【tṛ(c)】［動作主名詞 –tṛ ］

√nī ［導く］ → netṛā ［指導者］

√gam ［行く］ → gantṛā ［～へ行く者］

√dā ［与える］ → dātṛā ［与えるもの、施主］

√bhṛ ［負う］ → bhartṛ ［指示者、指揮者］

多くの動詞は接尾辞の前に –i– を挿入する。活用は（ p.80-81 ）参照。

● अण्【a(ṇ)】［動作主名詞 –a ］

この接尾辞における【(ṇ)】の指示文字（anubandha）は子音にはさまれた

中間母音 a と語末母音の vṛddhi 化の指示を与える。これらの動作主名詞は **男性形** である。

–ā, –e, –ai, –o で終わる語根の後に y を付ける。

√ –ā, –e, –ai, –o ＋ y ＋ a

kumbhaṃ karoti （ kumbha ＋ √kṛ ） ＝ kumbhakāra ［陶工］

tantūn vayati （ tantu ＋ √ve ） ＝ tantuvāya ［織り手］

karṇam dharati （ karṇa ＋ √dhṛ ） ＝ karṇadhāra ［船頭］

vāri vahati （ vāri ＋ √vah ） ＝ vārivāha ［雲］

● णिनि【(ṇ)in(i)】［動作主名詞 –in ］

この接尾辞における【(ṇ)】の指示文字（anubandha）は子音にはさまれた

中間母音 a と語末母音の vṛddhi 化の指示を与える。

–ā, –e, –ai, –o で終わる語根の後ろに y を付ける。

√ –ā, –e, –ai, –o ＋ y ＋ in

mantrayate ［相談する］ → mantrin ［大臣］

pra–√vas ［旅立つ］ → pravāsin ［家にいない者］

apa–√rādh ［無礼をはたらく］ → aparādhin ［有罪の者］

【a(ṇ)】と同様に【(ṇ)in(i)】は、名詞のあとに置かれた動詞の語根と共に使われ、

習慣や繰返しの概念を伝える。

māṃsaṃ bhuṅkte → (māṃsa ＋ √bhuj) ＝ māṃsabhojin ［肉食の人］

satyaṃ vadati → (satya ＋ √vad) ＝ satyavādin ［真実を語る人］

prāṇān dadāti → (prāṇa ＋ √dā) ＝ prāṇadāyin ［生命を救う人］

mano harati → (manas ＋ √hṛ) ＝ manohārin ［心を魅惑する人］

名詞と形容詞の活用形は（ p.110-111 ）参照。女性形の活用は（ p.124-126 ）参照。

● अच् 【a(c)】［動作主名詞 –a ］

直接目的語のあとに置かれた √hṛ とともに

rogaṃ harati ［病気を滅する］

(roga + √hṛ) = rogahara ［医者］

duḥkhaṃ harati ［苦を滅する］

(duḥkha + √hṛ) = duḥkhahara ［苦を滅する者］

直接目的語のあとに置かれた √arh とともに

nindām arhati (nindā + √arh) = nindārha ［非難に値する者］

L. 格のあとに置かれた √śī とともに

śayyāyāṃ śete (śayyā + √śī) = śayyāśaya ［寝台に横たわる者］

bhūmau śete (bhūmi + √śī) = bhūmiśaya ［地面に横たわる者］

次の語根とともに

√pac ［調理する］ → paca ［料理］

√cal ［動く］ → cala ［動き］

√sṛp ［はう］ → sarpa ［蛇］

√div ［遊ぶ］ → deva ［神］

√car ［動く］ → cara ［スパイ］

● क 【(k)a】

この接尾辞における【(k)】の指示文字は guṇa 化の指示を与える。

この接尾辞は ā で終わる語幹に付加され、 Ac. 格の名詞によって先行される。

（しかし、 √sthā は L. 格の名詞によって先行される。）

または動詞接頭語によっても先行される。そして語根の語末 ā は消える。

jalaṃ dadāti ［雨を与える］（ jala–√dā + 【(k)a】） = jaladaḥ (m.) ［雲］

madhu pibati ［蜜を飲む］（ madhu–√pā + 【(k)a】） = madhupaḥ (m.) ［蜂］

gṛhe tiṣṭhati ［家の中に立っている］

（ gṛha–√sthā + 【(k)a】） = gṛhasthaḥ (m.) ［家長］

abhi–jānāti ［知る］（ abhi–√jñā + 【(k)a】） = abhijña (adj.) ［良く知った］

nir–bhāti ［光る］（ nir–√bhā + 【(k)a】） = nibhaḥ (m.) ［出現、光］

su–tiṣṭhati ［うまく住す］（ su–√sthā + 【(k)a】） = sustha (adj.) ［健康な］

● ड【(ḍ)a】

この接尾辞は名詞または動詞接頭辞によって始まる √jan に加えられる。

√jan は ja になる。

名詞あるいは su, dus によって始まる √gam に付加される。

√gam は ga になる。

sarasi jāyate ［池の中に生まれる］（ saras-√jan + 【(ḍ)a】） = sarojaṃ ［ハス］

aṇḍāt jāyate ［卵から生まれる］（ aṇḍa-√jan + 【(ḍ)a】） = aṇḍajaḥ ［鳥］

agre jāyate ［初めに生まれる］（ agra-√jan + 【(ḍ)a】） = agrajaḥ ［兄］

adhvānaṃ gacchati ［道を行く］（ adhvan-√gam + 【(ḍ)a】） = adhvagaḥ ［旅人］

khe gacchati ［天空に行く］（ kha-√gam + 【(ḍ)a】） = khagaḥ ［鳥］

sukhena gacchati ［容易に動く］（ su-√gam + 【(ḍ)a】） = suga ［簡単に動く］

(11) ल्युट्（ lyuṭ ）【ana】［多数の中性名詞 -ana ］

● 自らの行為

√gam + 【ana】 = gamanam ［行くこと］

● 手段

caryate anena ［これによって動かされる］

√car + 【ana】 = caraṇam ［足］

bhūṣyate anena ［これによって飾られる］

√bhūṣ + 【ana】 = bhūṣaṇam ［飾り］

● 場所

bhūyate asmin ［ここに保存される］ √bhū + 【ana】 = bhavanam ［家］

sthīyate asmin ［ここに留まる］ √sthā + 【ana】 = sthānam ［場所］

(12) घञ्【(gh)a(ñ)】

この接尾辞における【(gh)】の指示文字は、語末子音 -c, -j を

それぞれ -k, -g に変化させる指示を与える。

【(ñ)】の指示文字は、語幹母音の vṛddhi 化と

語尾から２番目の a を vṛddhi 化する指示を与える。

√bhaj ［分配する］ + 【(gh)a(ñ)】 = bhāgaḥ ［分け前］ (-j → -g)

√labh ［得る］ + 【(gh)a(ñ)】 = lābhaḥ ［獲得］

√bhuj - bhogaḥ ［食べる → 食べること］

√yuj - yogaḥ ［つなぐ → 結合］

√dah - dāhaḥ ［燃える → 燃えること］

(13) क्विप् 【(kvip)】語根名詞

この接尾辞は、【(kvip)】全てが、指示文字（anubandha）である。

語根そのものが名詞（ 通例 f. ）として用いられたもの。

pariṣīdati ［回りに座る］（pari–√sad ＋【(kvip)】）＝ pariṣad ［集会］

mitraṃ dveṣṭi ［友を憎む］（mitra–√dviṣ ＋【(kvip)】）＝ mitradviṣ ［友人を憎むもの］

dharmaṃ vetti ［法を知る］（dharma–√vid ＋【(kvip)】）＝ dharmavid ［法を知る人］

【(kvip)】における【(p)】の指示文字は短母音で終わる語根の語末に t を付加する指示を与える。

śatrūn jayati ［敵たちを 征服する］（ śatru–√ji ＋【(kvip)】）＝ śatrujit ［征服者］

§42 taddhita 接尾辞（第２次接尾辞）

名詞・形容詞の他ほとんどあらゆる品詞に付加される接尾辞は、 taddhita と呼ばれる。

taddhita 接尾辞によって作成された言葉を taddhitānta （第２次派生語）という。

［名詞・形容詞の他ほとんどあらゆる品詞］ ＋ ［ taddhita 接尾辞］

＝ ［ taddhitānta 第２次派生語］

語頭音節の vṛddhi 化

母音あるいは y で始まる taddhita 接尾辞の前で語幹末の a, i は消滅し、

u は guṇa 化する。

１．第２次派生語

(1) अण् 【a(ṇ)】

● ある人の子孫（apatya）を示す。

bhṛgor apatyam（ bhṛgu ＋【a(ṇ)】）＝ bhārgavaḥ ［ブリグの子孫］

● ある神の信徒を示す。

viṣṇu ＋【a(ṇ)】＝ vaiṣṇavaḥ ［ヴィシュヌ教徒］

śiva ＋【a(ṇ)】＝ śaivaḥ ［シヴァ教徒］

● 特別の場所に生まれ育った人を示す。

mathurā + 【a(ṇ)】 = māthuraḥ ［マトゥラー出身の人］

videha + 【a(ṇ)】 = vaidehaḥ ［ヴィデーハの国民］

● 抽象名詞を作る。

śiśorbhāvaḥ ［子供の状態］ (śiśu + 【a(ṇ)】) = śaiśavam ［幼年期］

surabhi ［芳香のある］ + 【a(ṇ)】 = saurabham ［芳香］

(2) टक् (ṭak) 【ika】

● ある人の子孫を示す。

revatyā apatyam (revatī + 【ika】) = raivatika ［レーヴァティの子孫］

● 特別の場所あるいは時期に生まれた人を示す。

vasanta + 【ika】 = vāsantikaḥ ［春の、春生まれの人］

● 適合性を示す

samāje sādhuḥ ［集会にふさわしい人］

(samāja + 【ika】) = sāmājikaḥ ［集会の参加者］

● ［〜に属する、〜に関する］付属、関連を示す。

veda + 【ika】 = vaidikam ［ヴェーダに関する］

(3) ढक् (ḍhak) 【eya】

● ある人の子孫を示す。

atrer-apatyam (atri + 【eya】) = ātreya ［アトリ仙の子孫］

● ある神の信者を示す。 agni + 【eya】 = āgneyaḥ ［アグニ神の信者］

(4) यञ् 【ya(ñ)】

● ある人の子孫を示す。

caṇakasya - apatyam (caṇaka + 【ya(ñ)】) = cāṇakyaḥ ［チャナカの子孫］

● 抽象名詞を示す。

samasya bhāvaḥ (sama + 【ya(ñ)】) = sāmyam ［同等］

sundara + 【ya(ñ)】 = saundaryam ［美］

mūrkha + 【ya(ñ)】 = maurkhyam ［愚かさ］

2. 抽象名詞を作る接尾辞

● त्व【tva】［中性形の抽象名詞 tva ］

prabhu ＋【tva】= prabhutvam ［君主の地位］

andha ＋【tva】= andhatvam ［盲目］

rāja ＋【tva】= rājatvam ［王たること、王らしさ］

● तल् (tal)【tā】［女性形の抽象名詞 –tā ］

śukla ＋ tā ＝ śuklatā ［白さ、白色］

paṭu ＋ tā ＝ paṭutā ［賢明さ］

> śūnya ＋ tā ＝ śūnyatā ［空という事実、空性］
>
> 論書・学術書・注文書において用いられ、長い複合語の最後につけられその複雑な内容をまとめる。**「〜という事実、〜の本質」**と訳される。

● इमनिच्【iman(ic)】［男性形の抽象名詞 –iman ］

この接尾辞は形容詞を基礎として、 rājan のように活用する。

語末母音は脱落して iman が付加される。

nīla ＋【iman(ic)】= nīliman ［青色］

rakta ＋【iman(ic)】= raktiman ［赤色］

laghu ＋【iman(ic)】= laghiman ［軽さ］

不規則形

pṛthu ［広い］	prathiman ［広さ、重要さ］
mṛdu ［柔らかい］	mradiman ［柔らかさ、優しさ］
dṛḍha ［堅い］	draḍhiman ［堅固さ］
kṛśa ［痩せた］	kraśiman ［痩せ］
hrasva ［短い］	hrasiman ［短さ］
bhṛśa ［強い］	bhraśiman ［強さ］
priya ［愛しい］	preman ［愛］
mahat ［大きい］	mahiman ［偉大］
guru ［重い］	gariman ［重さ］
dīrgha ［長い］	drāghiman ［長さ］

3. 所有の意味を表わす接尾辞 vin, in, mat(vat)

● विनि【vin(i)】［所有の意味 –vin ］

この接尾辞は –s で終わる語幹と māyā, medhā, sraj に付加される。

–s, māyā, medhā, sraj ＋ vin

medhā ［才能］ medhā ＋【vin(i)】= medhāvin ［才能を有する］

tejas (n.) ［輝き］ tejas ＋【vin(i)】= tejasvin ［輝きを有する、輝かしい］

● इन्【in】［所有の意味 –in ］

この接尾辞は –a で終わる名詞と vrīhi, māyā, daṃṣṭrā に付加される。

dhana ［財宝］ dhan ＋【in】= dhanin ［財宝を有する、裕福な］

māyā ［幻力］ māy ＋【in】= māyin ［幻力を有する］

● मतुप्【mat(up)】［所有の意味 –mat ］

buddhi ［知］ buddhi ＋【mat(up)】= buddhimat ［知を有する］

● –mat が –vat に変化する場合

–a, –ā, –m で終わる単語

dhana ＋ vat = dhanavat ［財産を有する］

vidyā ＋ vat = vidyāvat ［知恵を有する］

語尾から２番目の音節が –a, –m を持っている単語

lakṣmī ＋ vat = lakṣmīvat ［幸運を有する］

破裂音【k,kh, g,gh, c,ch, j,jh, ṭ,ṭh, ḍ,ḍh, t,th, d,dh, p,ph, b,bh 】と

–s で終わる単語

yaśas ＋ vat = yaśasvat ［名声を有する］

taḍit ＋ vat = taḍitvat ［稲妻を有する］

vid ＋ vat = vidvat ［知識を有する］

–vin, –in で終わる活用形は（ p.110-111 ）参照。

女性形の活用は、（ p.124-126 ）参照。

–mat, –vat で終わる活用形は（ p.105-109 ）参照。

女性形の活用は、（ p.124-126 ）参照。

4. vat, maya, mātra の用法

● वतिच् 【vat(ic)】［副詞 –vat］

副詞を作る接尾辞であり、不変化である。「〜のごとく」と訳される。

vīravat yudhyate ［英雄のように彼は闘う］

● मयट् 【maya(ṭ)】［形容詞 –maya］

「〜からなる、〜から作られた、〜に富んでいる」を意味する形容詞を作る。

kāṣṭhamaya ［木から作られた、木製の］

ghṛtamaya ［ギー油で満ちた］

● मात्रच् 【mātra(c)】［形容詞 –mātra］

「〜のみからなる、〜一途、〜一般、〜のみ」の意味で使用され、

過去受動分詞の後で、「〜する限り、〜するやいなや」と訳される。

jānumātra ［膝までとどく］

jātimātreṇa ［カーストのみによって］

praviṣṭamātre dūte ［使者が入るやいなや］

第１４章　複合語

§　４３　複合語

１．複合語の概要

複合語 समासः samāsaḥ **(compound ; comp.)**

単語同士の明白な関係を示すために、従属節や、性・数・格に適合した単語と語尾を用いて、複合語を構成している単語に分解することをサンスクリット語で【 vigraha 】［分解すること、分析］といい、その語句を vigraha-vākya ［分解語句］と呼ぶ。

複合語を単語に分解して説明する方法は、サンスクリットを註釈する上で伝統的かつ共通した特徴であり、この註釈の方法を理解することなしに適切に註釈書を使いこなしサンスクリットを理解することは不可能に近い。

種々の単語の格語尾は、文中の単語と単語の間にある種々の関係を知らせるものである。これら単語の相互関係をインドの文法家たちは、【 vyapekṣa 】と呼ぶ。

格語尾をもつ全ての単語は、それ自体の独自性を持っているが、それ以上に文中においては、他の語を修飾したり、他の語によって修飾されたりしている。

そこでサンスクリットでは文法的相互関係に立つ２語あるいは数語を結合する複合法が特に発達した。これを【 samasyante 】*(thrown together)* ［一緒に結合された、寄せ集めて作られた］語【 samāsaḥ 】［複合語］と呼ぶ。

複合語は個々の個別的な単語として扱われることはなく、分割できない単語の集まりを形成する一集合体【 ekārthibhāvaḥ 】と呼ばれる。

２．複合語の形式

● ある時制で活用された動詞以外、文中のすべての語は複合語となることができる。

● 複合語中の２語間の格語尾変化の有無により２つの分類がある。

格語尾変化がそのまま残っている複合語［ aluk 複合語］

【 aluk samāsaḥ 】【 na luk samāsaḥ 】

parasmai + padam = parasmaipadam　　ātmane + padam = ātmanepadam

januṣā + andhaḥ = januṣāndhaḥ　　dūrādāgataḥ, vācaspati, yudhiṣṭhiraḥ

格語尾変化を失い、複合された単語の語末の語のみが格語尾変化をする複合語［ luk 複合語］

● 一般に、名詞複合語を構成する単語の数に制限はないが、
基本的形式は A （前の部分）＋B（後の部分）によって表わされる。
A の性は原則として男性形の語幹の形を維持し、
その他の場合は I. 格複数 –bhiḥ の格語尾の語幹（中語幹）の形をとる。

vane vāsī = vanavāsī 森の中の住人＝［森の住人］
nadyāḥ tīram = nadītīram 河の岸＝［川岸］【 nadī → nadībhiḥ → nadī 】
rājñaḥ putraḥ = rājaputra 王の子＝［王子］【 rājan → rājabhiḥ → rāja 】
tena kṛtam = tatkṛtam かれによる行為＝［かれの行為］
pañcamī bhāryā = pañcamabhāryā ［5番目の妻］

例外 gopī–nāthā ［牛飼い女の主人（クリシュナ）］の場合は、明白に女性を強調するためである。

● AとBのサンディー規則は多くの複合語の間で認められ外連声に従う。
例 dīrgha ＋ āyus ＝ dīrghāyuḥ ［長生き］

3．複合語の分類 1

複合語内では重要度が高い語の位置によって、複合語は4つに分類される。

(1) 並列複合語【dvandvaḥ】
【 ubhaya–padārtha–pradhānaḥ 】(A ＝ B)
［AとBの意味がどちらも同じだけの重要度をもって並列されている複合語］

(2) 限定複合語【tatpuruṣaḥ】
【 uttara–padārtha–pradhānaḥ 】(A < B)
［Bの意味の方がAよりも重要度をもってAがBを限定する複合語］

(3) 所有複合語【bahuvrīhiḥ】
【 anya–padārtha–pradhānaḥ 】(A, B < C)
［A、B以外の他の言葉の意味の方が複合語それ自体よりも重要度をもつ複合語であり、
他の言葉の意味を補助することになる。全体として所有所属を意味する修飾語となって
他の事物を修飾する複合語］

(4) 不変化複合語【**avyayībhāvaḥ**】

【 **pūrva-padārtha-pradhānaḥ** 】(A > B)

［Aの意味がBよりも重要度をもつ複合語］

4．複合語の分類　2

複合語には分析・分解【**vigraha**】という観点から２つの分類がある。

(1) anityaḥ samāsaḥ

［複合語を実際に構成している各々の単語を用いて分解可能である複合語］

śatruhato vīraḥ = **śatruṇā hato vīraḥ** ［（敵によって殺された）英雄は］

cakrapāṇiḥ = **cakraṃ pāṇau yasya saḥ** ［（武器）円盤を手にもつ者＝ヴィシュヌ神］

dakṣiṇapūrvā = **dakṣiṇasyāḥ pūrvasyāś ca, diśaḥ antarālam**

［南と西の中央方向＝南西］

(2) nityaḥ samāsaḥ【**avigrahaḥ asvapadavigraho vā nityasamāsaḥ**】

［複合語を実際に構成している単語自体を用いても分解できなく、

複合語を実際に構成している単語自体と異なる言葉を使うことによってのみ分解可能である複合語］

kṛṣṇadehaḥ ［蜂］ ≠ **kṛṣṇaḥ dehaḥ yasya saḥ** ［黒い身体をもつもの］

kanyāntaram ［他の女］ = **anyā kanyā** ［他の女］ **anyatara** ≠ **anyā**

dhṛṣṭadyumnaḥ ［ドゥルパダ（**drupada**）の息子でありドゥラウパディー（**draupadī**）の兄弟］

jayadrathaḥ ［シンドゥ国の王でありドゥリヨーダナ **duryodhana** の義兄弟］

jamadagniḥ ［婆羅門でありブリグ（**bhṛgu**）の子孫でありパラシュラーマ（**paraśurāma**）の父］

5．重要な語末の語形変化

次の単語は複合語末（Bの部分）に来ると語形の変化を起こす。

（A） + **ṛc**	→（A） + **ṛca**	［讃歌］
（A） + **pur**	→（A） + **pura**	［都市］
（A） + **ap**	→（A） + **apa**	［水］
（A） + **dhur**	→（A） + **dhura**	［荷］
（A） + **pathin**	→（A） + **patha**	［道］

prati + sāman	→ prati + sāma	[非友好的]
prati + loman	→ prati + loma	[逆行する]
anu + sāman	→ anu + sāma	[友好的]
anu + loman	→ anu + loma	[毛並みに沿った]
ava + sāman, loman	→ ava + sāma, loma	
kṛṣṇa + bhūmi	→ kṛṣṇa + bhūma	
pāṇḍu + bhūmi	→ pāṇḍu + bhūma	
（数詞） + bhūmi	→ （数詞） + bhūma	
数詞 + nadī	→ 数詞 + nada	
数詞 + godāvarī	→ 数詞 + godāvara	
tri + catur	→ tri + catura	
upa + catur	→ upa + catura	
brahman + varcas	→ brahma + varcasa	
hastin + varcas	→ hasti + varcasa	
palya + varcas	→ palya + varcasa	
rājan + varcas	→ rājan + varcasa	
ava + tamas	→ ava + tamasa	[暗黒]
sam + tamas	→ sam + tamasa	
andha + tamas	→ andha + tamasa	
前置詞 + adhvan	→ 前置詞 + adhva	[道]

§ 44 並列複合語

1. **並列複合語**（dvandva samāsa）における語順

A+B において A，B が同等の重要度をもって並列され、

接続詞 ca によって結びつけられ、「Aと（および）B」を意味する複合語である。

[一般には重要な意味をもつ単語が先行する]

● 母音で始まり a で終わる語が先行する。

dhenuḥ ca aśvaḥ ca = aśvadhenū [乳牛と馬]

aśvarathendrāḥ, indrāśvarathāḥ, indrāgnī

● 上記に該当しない場合、 –i , –u で終わる語が先行する。

induḥ ca sūryaḥ ca = indusūryau ［月と太陽］

hariharau, hariharaguravaḥ, hariguruharāḥ

● 音節数の少ない語が先行する。

muniś ca vidvāṃś ca = munividvāṃsau ［聖者と賢者］

● 季節、星座名は自然の順序に従う。

● カースト名は自然の順序、兄弟名は、年長順に置かれる。

2. itaretaradvandvaḥ （相互的並列複合語）

個々の言葉が独自の意味をもち、Bの名詞の性がこの複合語の性を示す。

全体が2つのものを表わす場合には、最後の名詞は両数の形をとる。

【 dvipada–itaretaradvandvaḥ 】

sukhaṃ ca duḥkhaṃ ca = sukhaduḥkhe (n. du.) ［幸福と不幸］

rāmaḥ ca lakṣmaṇaḥ ca = rāmalakṣmaṇau (m. du.) ［ラーマとラクシュマナ］

全体が3つ以上のものを表わす場合には、最後の名詞は複数の形をとる。

【 bahupada–itaretaradvandvaḥ 】

aśvaḥ ca dhenuḥ ca gardabhī ca = aśvadhenugardabhyaḥ (f. pl.)

rāmaḥ ca lakṣmaṇaḥ ca bharataḥ ca śatrughnaḥ ca

= rāmalakṣmaṇabharataśatrughnāḥ

(1) 相互的並列複合語 （ itaretara–dvandva ）の不規則形式

● ṛ で終わる2個の名詞が血族や師弟関係を示す場合、

最初の ṛ で終わる名詞は ṛ が ā に変化する。

vaktā ca śrotā ca = vaktāśrotārau ［話し手と聞き手］

mātā ca pitā ca = mātāpitarau ［母と父］

putra が ṛ で終わる名詞に先行される場合も、同様である。

pitā ca putraś ca = pitāputrau ［父と子］

しかし

netā ca gantā ca = netṛgantārau ［指導者と従う者］

● 2つの神名が複合される場合 vāyu 神が2語の1つに含まれていない最初の神名の語末母音は、ā に変化する。【 devatā-dvandvaḥ 】

mitra + varuṇa = mitrāvaruṇau ［ミトラ神とヴァルナ神］

soma, varuṇa 神の前の agni は agnī になる。

agni + soma = agnīṣomau ［アグニ神とソーマ神］

agni + varuṇa = agnīvaruṇau ［アグニ神とヴァルナ神］

しかし

agni + vāyu = agnivāyū ［アグニ神とヴァーユ神］

● strī ca pumāṃś ca = strīpuṃsau ［男女］

ṛk ca sāma ca = ṛksāme ［リグ・ヴェーダ聖典とサーマ・ヴェーダ聖典］

vāk ca manaś ca = vāṅmanase ［言葉と心］

dyauś ca pṛthvī ca = dyāvāpṛthivyau ［天地］

dyauś ca pṛthvī ca = divasapṛthivyau ［天地］

jāyā ca patiś ca = jāyāpatī, jampatī, dampatī ［妻と夫］

3. samāhāradvandvaḥ （集合的並列複合語）

全体を総括して集合名詞と考える場合には、最後の名詞は、中性単数の形をとる。

pāṇayaś ca pādāś ca (eteṣāṃ samāhāraḥ) = pāṇipādam (n. sg.) ［手足］

pāṇī ca pādau ca (etayoḥ samāhāraḥ) = pāṇipādam (n. sg.) ［手足］

(1) 集合的複合語の基本形式

samāhāra-dvandva **［集合的並列複合語］は次の様な状況で使用される。**

身体の構成要素　karṇau ca netre ca (eteṣāṃ samāhāraḥ) = karṇanetram
［耳と目］

軍隊の構成要素　rathikāś ca aśvārohāś ca (eteṣāṃ samāhāraḥ) = rathikāśvāroham
［御者と騎者］

異なる性の河または国　gaṅgā ca śoṇaś ca (eteṣāṃ samāhāraḥ) = gaṅgāśoṇam
［ガンジス河とショーナ河］

小動物と昆虫　maśakāś ca mācikāś ca (eteṣāṃ samāhāraḥ) = maśakamācikam
［蚊とハエ］

互いに相性の悪い動物　viḍālāś ca muṣikāś ca (eteṣāṃ samāhāraḥ) = viḍālamūṣikam
［猫とネズミ］

● （集合的要素の強い）無生物の場合

yavaś ca dhānyaṃ ca (etayoḥ samāhāraḥ) = yavadhānyam ［麦と穀物］

● 正反対の状態と性質の場合 samāhāra-dvandva は任意に使用される。

sukhaṃ ca duḥkhaṃ ca = sukhaduḥkham ［苦楽］【 samāhāra-dvandva 】
sukhaṃ ca duḥkhaṃ ca = sukhaduḥkhe ［苦と楽］【 itaretara-dvandva 】
śītaṃ ca uṣṇaṃ ca (etayoḥ samāhāraḥ) = śītoṣṇam ［寒暑］
【 samāhāra-dvandva 】
śītaṃ ca uṣṇaṃ ca = śītoṣṇe ［寒さと暑さ］
【 itaretara-dvandva 】

(2) 集合的複合語（ samāhāra-dvandva ）の不規則形式

● -c, -ch, -j, -jh, -ñ, -d, -ṣ, -h で終わる samāhāra-dvandva は中性単数の前で a を付加する。

vāk ca tvak ca = vāktvacam ［言葉と皮膚］

● naktaṃ ca divā ca = naktaṃdivam ［昼夜］
rātrau ca divā ca = rātriṃdivam ［昼夜］
ahani ca divā ca = ahardivam ［毎日］
ahaś ca rātriś ca = ahorātram ［昼夜］
akṣiṇī ca bhruvau ca = akṣibhruvam ［目と眉］

(3) ekaśeṣaḥ

常に（Aの部分）が省略されて（Bの部分）のみが残り、両数・複数をとる。

男性と女性の場合であれば男性の性をとる。男性・女性・中性の場合であれば中性の性をとる。

haṃsaś ca haṃsī ca = haṃsau ［雄雌の白鳥］

mātā ca pitā ca = pitarau ［父と母］ = (mātāpitarau = mātarapitarau)

bhrātā ca svasā ca = bhrātarau ［兄弟と姉妹］ （Aが残り、男性形）

putraś ca duhitā ca = putrau ［息子と娘］（Aが残り、男性形）

śvaśrūś ca śvaśuraś ca = śvaśurau ［配偶者の父と母］（Bが残り、男性形）

tac ca devadattaś ca = te （中性形が残る）

(4) 並列複合語の分類表

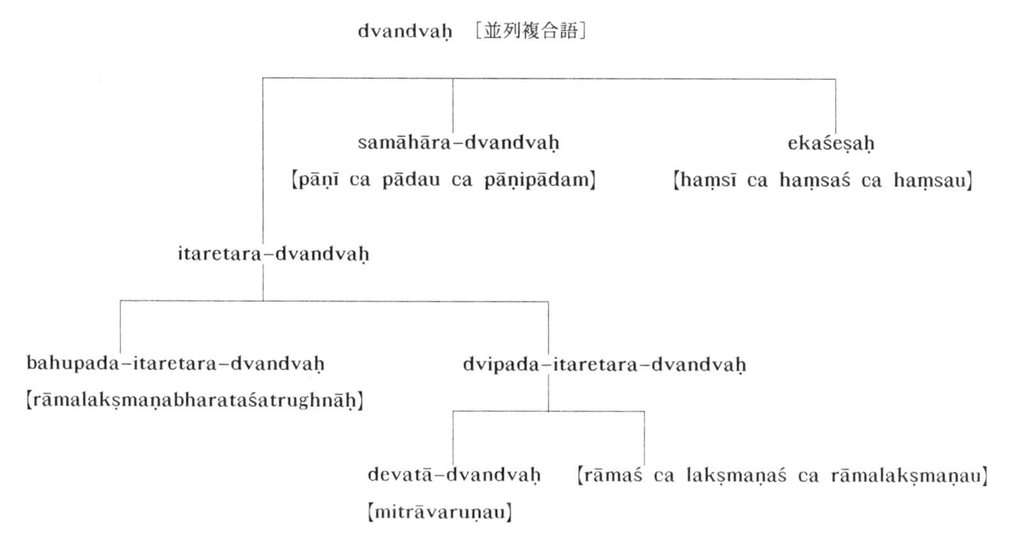

§ 45 限定複合語

1. 限定複合語（ tatpuruṣa samāsa ）の分類

A （前の部分）と B （後の部分）を結合した複合語であるが、

A が B を限定・修飾し、複合語の性は B によって決定される。

【 uttara-padārtha-pradhānaḥ tatpuruṣaḥ 】(Determinative compound)

限定複合語（ tatpuruṣa samāsa ）をインド文法家は次のように分類する。

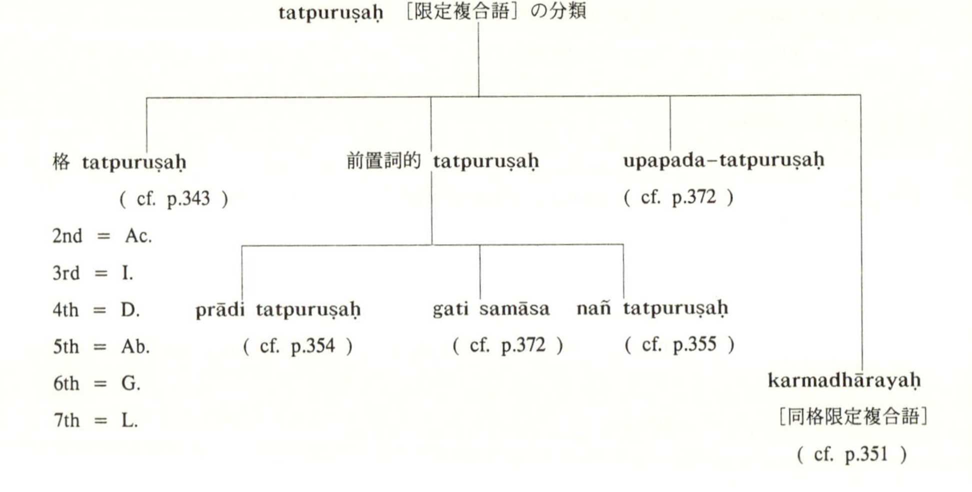

[1] 格限定複合語 （格 – tatpuruṣaḥ ）【 na samānādhikaraṇa 】

（A）と（B）との間に、主格・呼格以外の格の関係が認められる場合。

A（名詞） + B

[2] 同格限定複合語（ karmadhārayaḥ ）【 samānādhikaraṇa 】

（A）と（B）との間の格は主格の関係も含めて同じである。

最も普通の形式は（A）（形容詞）が（B）（名詞）を修飾する場合。

A（形容詞） ＋ B（名詞）

このなかで　（A）（形容詞）が、（A）（数詞）であるとき

数詞限定複合語（ dviguḥ ）と呼ばれる。

A（数詞） ＋ B（名詞）

[3] 前置詞的複合語の場合

gati samāsaḥ, prādi tatpuruṣaḥ, nañ tatpuruṣaḥ

A（不変化辞、動詞接頭辞） ＋ B（準動詞、名詞）

[4] いくつかの kṛt 接尾辞が動詞語根に付加されて種々の意味を表わす語根名詞（語根＋接尾辞）が作られる。 これを語根名詞の前につけられた名詞（ upapada ）の複合語（ tatpuruṣa ）と呼ぶ。

A（名詞） ＋ B（語根名詞）

kumbhaṃ karoti iti kumbhakāraḥ ［壷作りの人］ kāra ＝ 語根名詞

2．格限定複合語

（A）と B の間に格の関係の認められる複合語（格 –tatpuruṣaḥ ）

(1) Ac. 格の限定複合語（目的格の関係にある複合語）【 dvitīyā–tatpuruṣaḥ 】

［Aが第２番目の格である限定複合語］

● Ac. 格の名詞は以下の分詞と共に複合語を作成する。

| A（名詞＝Ａｃ．格） | ＋ śrita, atīta, patita, gata, atyasta, prāpta, āpanna,

(gamī, bubhukṣu)

śrita　kṛṣṇaṃ śritaḥ ＝ kṛṣṇāśritaḥ ［クリシュナに庇護を求めた］

atītaḥ　duḥkham atītaḥ ＝ duḥkhātītaḥ ［苦難を克服した］

patita　narakapatitaḥ ［地獄に落ちた］

gata　āpadgataḥ ［不幸になった］

atyasta　taraṅgātyastaḥ ［波を越えて行く］

gamī　grāmaṃ gamī ＝ grāmagamī ［村に行く、旅人］

bubhukṣu　annaṃ bubhukṣuḥ ＝ annabubhukṣuḥ ［食べ物に飢えた］

āpanna　sukhaṃ āpannaḥ ＝ sukhāpannaḥ ［幸福を得た］

（ prāpta と āpanna は前の部分にくる場合がある。）

prāpta　prāpto jīvikāṃ ＝ prāptajīvikaḥ

prāpta-jīvikaḥ ［生計を立てた］ ＝ jīvikāprāptaḥ

āpanna-jīvikaḥ ［生計を立てた］ ＝ jīvikāpannaḥ

これらすべての分詞は能動的意味（kartari. ktaḥ）で使用される。

特別用法

※ gata ［～へ行った、～へ付随する、～と結びつく、～に属する、～に存在する、～に関する］

citra-gata ［絵の中に見られる］ tvad-gata ［あなたに属する］ （単数形）

loka-gata ［世界に存在する］ sakhī-gata ［友人に関する］

● 期限を示す Ac. 格は、分詞と名詞と共に複合語を作成する。

varṣaṃ yajñaḥ ＝ varṣayajñaḥ ［１年間続く祭式］

(2) I. 格の限定複合語【 tṛtīyā-tatpuruṣaḥ 】［Aが第３番目の格の限定複合語］

● 動作主または、道具を示す I. 格の名詞が特に受動分詞とともに複合語を形成する。

hariṇā trātaḥ ＝ haritrātaḥ ［ハリ神による救済］

nakhaiḥ bhinnaḥ ＝ nakhabhinnaḥ ［爪による傷］＝［掻き傷］

● I. 格の名詞は、次の形容詞または、それと同じ意味の同意語とともに複合語を形成する。

pūrva ［～に早い］ māsena pūrvaḥ = māsa-pūrvaḥ ［1月早い］

sadṛśa ［～に似た］ mātrā sadṛśaḥ = mātṛsadṛśaḥ ［母に似た］

sama ［～と同じ］ pitrā samaḥ = pitṛsamaḥ ［父と同じ］

miśra ［～と混ざった］ guḍamiśraḥ ［砂糖と混ざった］

avara ［～後の］ māsena avaraḥ = māsāvaraḥ ［1月後の］

● I. 格の名詞は他の名詞とともに複合語を形成する。

B が A によって生み出される場合である。

sadācāreṇa sukham = sadācārasukham ［良き指導によって（生み出された）幸福］

dhānyena arthaḥ = dhānyārthaḥ ［穀物によって（生み出された）富］［穀物による富］

(3) D. 格の限定複合語【 caturthī-tatpuruṣaḥ 】（Aが第4番目の格の限定複合語）

● D. 格の名詞は物質が作られる材料を示す他の名詞とともに複合語を形成する。

yūpāya dāru = yūpadāru ［祭柱用の木材］

upānahe carma = upānaccarma ［くつ用の皮］

ghaṭāya mṛd = ghaṭamṛd ［壷の材料の粘土］

● 目的を示す D. 格の名詞は、次の単語と共に複合語を形成する。

（A） + bali bhūtebhyo baliḥ = bhūtabaliḥ ［精霊への供養］

（A） + hita gave hitam = gohitam ［牝牛のために良い］

（A） + sukha gave sukham = gosukham ［牝牛にとって快い］

（A） + rakṣita gave rakṣitam = gorakṣitam ［牝牛のために世話をする］

（A） + artha

※ artha によって形成される複合語は形容詞の形を取る nitya-samāsa である。

artha は修飾する名詞の性・数・格に従って変化する。

bālārtham annam (n.) ［子供のための食物］

kanyārthā mālā (f.) ［少女のための花輪］

● D. 格の aluk 複合語

parasmai-pada ［他人のための語］　ātmane-pada ［自分自身のための語］

(4) Ab. 格の限定複合語【 pañcamī-tatpuruṣaḥ 】［Aが第5番目の格の限定複合語］

● Ab. 格の名詞は bhaya, bhīta, bhīti, bhī 等の恐怖を示す言葉と共に複合語を形成する

caurād bhayaṃ = caurabhayam ［盗人に対する恐怖］

corād bhayaṃ = corabhayam ［盗人に対する恐怖］

vṛkād bhītaḥ = vṛkabhītaḥ ［狼に対する恐怖］ vṛka-bhītiḥ, vṛka-bhīḥ

● Ab. 格の名詞は nirgata, jugupsu と共に複合語を形成する。

● Ab. 格の名詞は次の過去受動分詞と共に複合語を形成する。

apeta　sukhād apetaḥ = sukhāpeta ［幸福を奪う］

apoḍha　kalpanāyā apoḍhaḥ = kalpanāpoḍhaḥ ［思考を越えている、ばか者］

mukta　cakra-muktaḥ ［輪廻から抜け出す］

patita　svarga-patitaḥ ［天国から落ちた、罪人］

narakaṃ patitaḥ = naraka-patitaḥ ［地獄に落ちた］ （ Ac. 格の限定複合語）

apatrasta　taraṅgāpatrastaḥ ［波に対する恐怖］

(5) G. 格の限定複合語【 ṣaṣṭhī-tatpuruṣaḥ 】（Aが第6番目の格の限定複合語）

● 一般に、 G. 格の名詞が他の名詞と共に複合語を形成する

● 全体の一部分を示す中性名詞が、全体を示す G. 格・単数名詞と共に複合語を形成する。

全体の一部分を示す言葉は最初（A）におかれる。

A（部分を示す中性名詞）	+	B（全体を示す名詞）

pūrvaṃ kāyasya = pūrvakāyaḥ ［身体の前面部］

apara ［後の］ + （B）

adhara ［下の］ + （B）

uttara ［上の］ + （B）

ardha ［半分の］ + （B）

madhya ［真ん中の］ + （B）

（部分を示す中性名詞） + （B）　この形の複合語は【 ekadeśī samāsaḥ 】と呼ばれる。

● 時を示す G. 格において、時を示す言葉は最初に置かれる。

māso jātasya tasya = māsajātaḥ ［彼は1ヶ月前に生まれた］

varṣamṛtaḥ ［一年前に死んだ］

(6) L. 格の限定複合語【 saptamī-tatpuruṣah 】［Aが第7番目の格の限定複合語］

● L. 格の名詞は次の修飾語とともに複合語を形成する。

śauṇḍa ［～を熱愛する］ akṣeṣu śauṇḍaḥ = akṣaśauṇḍaḥ ［サイコロばくちに夢中の］

pravīṇa	［～に精通した］	nipuṇa	［～に熟達している］
paṭu	［鋭い］	dhūrta	［悪漢］
paṇḍita	［賢い］	kitava	［悪漢］
kuśala	［～に熟練した］	vyāja	［欺瞞］
capala	［速やかな］		

adhīna ［～に頼る］ īśvare adhi = īśvarādhīnaḥ ［神に頼る］

［複合語において adhi は adhi + īna の形をとる］

● L. 格の名詞は前置詞とともに複合語を形成する

gṛhe antaḥ = gṛhāntaḥ ［家の中に］

行為がなされる昼と夜の部分を示す名詞は、過去受動態分詞とともに複合語を形成する。

madhyāhne dṛṣṭaḥ = madhyāhnadṛṣṭaḥ ［日中に見た］

3． 限定複合語 tatpuruṣa における（A）（前分）と（B）（後分）の語形変化

(1) tatpuruṣa における （A） （前分） の語形変化

aṣṭan ［8の］ + （B）→ aṣṭā + （B）【 dvigu 】

aṣṭākapālaḥ ［8つの kapāla ］［米の粉で作った祭餅］ = puro-ḍāśaḥ

aṣṭāgavam ［8頭だての牛車］ = śakaṭam

asmad ［私の］ + （B）→ mad + （B） （単数の意味を強調したい場合）

udaka ［水の］ + （B）→ uda + （B）

paścāt ［後の、後で］ + （B）→ paścā + （B）

mahat ［偉大な］ ＋ （B）→ mahā ＋ （B）

mahān ca asau rājā ca ＝ mahārājaḥ【 karmadhāraya 】
mahān bāhuḥ yasya saḥ ＝ mahābāhuḥ【 bahuvrīhi 】
mahat ＋ （B）→ mahat ＋ （B）

mahataḥ sevā ＝ mahatsevā【 G. 格 –tatpuruṣa 】

yuṣmad ［あなたの］ ＋ （B）→ tvad ＋ （B） ［単数の意味を強調したい場合］

(2) tatpuruṣa **における（B）（後分）の語形変化**

（A） ＋ anas ［荷車］ →（A） ＋ anasa ; mahānasa ［大荷物］
（A） ＋ ayas ［金属］ →（A） ＋ ayasa
（A） ＋ asthi ［骨］ →（A） ＋ astha ［任意にこの形をとる］
（A） ＋ āyus ［生命］ →（A） ＋ āyuṣa
（A） ＋ icchā ［望み］ →（A） ＋ ṛcchā ; yadṛcchā ［その望み］
（A） ＋ ukṣan ［雄牛］ →（A） ＋ ukṣa【 karmadhāraya 】
（A） ＋ ṛc ［リグ・ヴェーダ讃歌］ →（A） ＋ ṛca ; ardharcaḥ
（A） ＋ chāyā ［陰］ →（A） ＋ chāyam (n.) ［任意に中性の形をとる］
【 G. 格 –tatpuruṣa 】

（A） ＋ takṣan ［大工］ →（A） ＋ takṣa
grāmasya takṣā ＝ grāmatakṣaḥ ［村の大工］

（A） ＋ tamas ［暗黒］ →（A） ＋ tamasa
（A） ＋ dhur ［くびき］ →（A） ＋ dhurā
（A） ＋ pur ［都市、町］ →（A） ＋ pura
（A） ＋ rājan ［王］ →（A） ＋ rājaḥ ; madrāṇāṃ rājā ＝ madrarājaḥ ［マドゥラの王］
（A） ＋ śālā ［小屋］ →（A） ＋ śāla (n.) ［任意に中性の形をとる］
（A） ＋ sabhā (f.) ［集会］ →（A） ＋ sabham (n.) īśvarasabham ［王の会議］

【 genitive-tatpuruṣa 】; rājasabhā (f.)

（A） + varcas ［光］ →（A） + varcasa

（A） + śreyas ［好ましいもの］→（A） + śreyasa【 karmadhāraya 】

（A） + saras →（A） + sarasa ［池］【 karmadhāraya 】

（A） + go ［牝牛］ →（A） + gavaḥ (m.)【 karmadhāraya 】

paramo gauḥ = parama-gavaḥ (m.) ［優れた牝牛］

（数詞） + go → （数詞） + gavam (n.)【 dvigu 】; pañca-gavam (n.) ［５頭の牛の集まり］

（A） + go →（A） + gavī (f.) ［ dvigu 以外のとき］

（A） + ahan ［日］→（A） + ahaḥ (m.)【 karmadhāraya 】

uttamo 'haḥ = uttamāhaḥ ［素晴らしい日］

（数詞） + ahan → （数詞） + ahaḥ (m.)【 dvigu 】

dvayoḥ ahnoḥ samāhāraḥ = dvyahnaḥ ［２日］ ; tryahaḥ, saptāhaḥ

sarva + ahan → sarva + ahṇaḥ (m.) ; sarvāhṇaḥ ［全日］

（不変化詞） + ahan → （不変化詞） + ahnaḥ (m.)【 prādi tatpuruṣa 】

atikrāntam ahnaḥ = atyahnaḥ ［１日超過］

［昼の部分を示す言葉］ + ahan → ［昼の部分を示す言葉］ + ahnaḥ (m.)

【 genitive-tatpuruṣa 】; pūrvāhṇaḥ ［午前］ madhyāhnaḥ ［正午］ sāyāhnaḥ ［夕方］

puṇya, sudina + ahan → puṇya, sudina + aham (n.)【 karmadhāraya 】

puṇyam ahaḥ = puṇyāham ［聖なる日］

（数詞） + rātri (f.) ［夜］ → （数詞） + rātram (n.)【 dvigu 】

dvayoḥ rātryoḥ samāhāraḥ = dvirātram (n.) ［２夜］

navānāṃ rātrīṇām samāhāraḥ = navarātram (n.) ［９夜］

（不変化詞） + rātri (f.) → （不変化詞） + rātraḥ (m.)【 prādi tatpuruṣa 】
atikrānto rātrim = atirātraḥ (m.) ［夜通し］
sarva, puṇya + rātri (f.) → sarva, puṇya + rātraḥ (m.)【 karmadhāraya 】
sarvārātriḥ (f.) = sarvarātraḥ (m.) ［全夜］ puṇyarātraḥ ［聖夜］

（夜の部分を示す言葉） + rātri (f.) → （夜の部分を示す言葉） + rātraḥ (m.)
【 genitive-tatpuruṣa 】
pūrvaṃ rātreḥ = pūrva-rātraḥ (m.) ［夜の前半、初夜］ madhya-rātraḥ (m.) ［真夜中］

ahaḥ + rātri (f.) → ahaḥ + rātraḥ (m.)【 dvandvaḥ 】
ahaḥ + rātri (f.) → ahaḥ + rātram (n.)【 dvandvaḥ 】
ahaś ca rātriś ca = aho-rātraḥ (m.) ［昼と夜］
ahaś ca rātriś ca = aho-rātram (n.) ［昼と夜］

（A） + sakhi ［友］ →（A） + sakhaḥ (m.) （ nañ tatpuruṣa 以外のとき）

【 G. 格 -tatpuruṣa 】; kṛṣṇasya sakhā = kṛṣṇasakhaḥ ［クリシュナの友人は］
sakhi (m.) → sakhā (N. sg. m.) ; na sakhā = asakhā【 nañ tatpuruṣa 】

（A） + pathin ［道］ →（A） + patham (n.)【 tatpuruṣa 】
apatham (n.) ［悪路］ apanthāḥ (m.)

（数詞） + pathin →（数詞） + patham (n.)【 dvigu 】; tripatham ［３つの道］

（不変化詞） + pathin →（不変化詞） + patham (n.)【 karmadhāraya 】
virūpaḥ panthāḥ = vipatham (n.) ［悪路］ apanthāḥ (m.)

3. **同格限定複合語** (karmadhārayaḥ)

tatpuruṣa と同じくAによってBは限定されるが（A） A B の間は、 N. 格の関係であり、同一人物又は事に関して同一の場において述べられる。

インド文法家パーニニは同格限定複合語を tatpuruṣaḥ samānādhikaraṇaḥ karmadhārayaḥ（共通基体をもつ限定複合語）と定義した。

形容詞＋名詞 （もっとも一般的な形式である）

【 viśeṣaṇa-pūrva-pada-karmadhārayaḥ 】（修飾する語が前の部分に置かれる同格限定複合語）

A（形容詞） ＋ B（名詞）

nīlam ＋ utpalam ＝ nīlotpalam ［青い蓮華］ nīlaṃ ca tat utpalaṃ ca ＝ nīlotpalam

nīla はその属性である" 青さ" を通して同一の基体に属している。

utpala はその全体的または部類" 蓮性" を通して同一の" 青性" に属している。

すなわち「青なるものは」＝「蓮である」、「蓮なるものは」＝「青である」という同格関係である。

Aの mahat は karmadhāraya と bahuvrīhi において mahā になる。

形容詞＋形容詞

【 viśeṣaṇobhaya-pada-karmadhārayaḥ 】（前後両方の語が修飾語である同格限定複合語）

● 色を示す２つの形容詞の場合

A（色を示す形容詞） ＋ B（色を示す形容詞）

śvetaṃ ca raktaṃ ca ＝ śvetaraktam ［紅白の］

śuklaś ca-asau kṛṣṇaś ca ＝ śuklakṛṣṇaḥ ［黒白の］

● ２つの過去受動分詞の場合で、Bが否定辞 a- で始まる場合。

A（過去受動分詞） ＋ B（過去受動分詞）

dṛṣṭaṃ ca tad adṛṣṭaṃ ca ＝ dṛṣṭādṛṣṭam ［姿を見せたかと思った途端に見えなくなった］

● 前後につながりのある行動を示す過去受動分詞が２つある場合、最初の行動が前に置かれる。

pūrvaṃ suptaḥ paścād utthitaḥ ＝ suptotthitaḥ ［最初に寝て後で起きた］＝［寝て起きた］

(1) 比喩をあらわす同格限定複合語

比喩には次の３つの要素が考えられる

例えば「月のような顔」という場合

描写対象 （ **upameya** 又は **upamitam** ） ［たとえられるもの］、 例えば『顔』

比較基準 （ **upamāna** ） ［たとえるもの］その描写対象を比較によって描写するために比較の基準とされるもの、 例えば『月』

比較を可能にする共通する属性（ **sāmānyo dharmaḥ** or **sādhāraṇa-dharmaḥ** ） ［共通属性］ 例えば『美しい輝き』

比喩の代表例として、直喩（ **upamā** ）と隠喩（ **rūpaka** ）の２つの類型が考えられる。

直喩の例［君の瞳は宝石のようだ］ X is like Y.

隠喩の例［君の瞳は宝石だ］ X is Y.

直喩は、あるもの (X) を表わすのに、それと似ている別のもの (Y) で表現する
言語手段の一種である。その類似性の表現として、「～のような」、「～みたいな」のような表現を用いることにより、ある対象を他のものにたとえて述べる。

隠喩も、基本的には、あるものをその対象と似ている別のものにたとえる表現法の一種である。
この場合も、たとえるものと、たとえられるものの間には、何らかの類似性が保証されていなければならない。ただし、そのたとえとしての類似性や関連性を示す表現が背後におかれた比喩が隠喩である。

[1] **upamāna-pūrva-pada-karmadhārayaḥ** （比較基準が前の位置に置かれる同格限定複合語）

A（比較基準）	+	B（共通属性）

megha iva śyāmaḥ = **meghaśyāmaḥ** ［雲のように黒い］

megha ［雲］ = **upamāna** ［たとえるもの］（比較基準）

śyāma ［黒い］ = ［たとえの根拠］（共通属性）

[2] upamānottara-pada-karmadhārayaḥ ［比較基準が後の位置に置かれる同格限定複合語］

A（描写対象） + B（比較基準）

vyāghra iva puruṣaḥ = puruṣavyāghraḥ ［虎のように（勇敢な）人］
［その人は虎のようだ］
puruṣa ［人］ = upameya ［たとえられるもの］（描写対象）
vyāghra ［虎］ = upamāna ［たとえるもの］（比較基準）

puruṣaḥ siṃha iva = puruṣasiṃhaḥ ［獅子のように（勇敢な）人］
［その人はライオンのようだ］

puruṣa ［人］ = upameya ［たとえられるもの］（描写対象）
siṃha ［ライオン］ = upamāna ［たとえるもの］（比較基準）

mukhaṃ candra iva = mukhacandraḥ ［月のように（輝く）顔］
［その顔は月のようだ］

mukha ［顔］ = upameya ［たとえられるもの］（描写対象）
candra ［月］ = upamāna ［たとえるもの］（比較基準）

mukhaṃ kamalam iva = mukhakamalam ［蓮のような顔］
［その顔は蓮のようだ］

mukha ［顔］ = upameya ［たとえられるもの］（描写対象）
kamala ［蓮］ = upamāna ［たとえるもの］（比較基準）

[1] においては、「共通属性」が実際に表わされているが、 [2] は、「比喩表示語 iva 」と「共通属性」の機能を前提として、それを約束の上で省略した比喩表現である。

[3] avadhāraṇa-pūrva-pada-karmadhārayaḥ

［限定する語が前の位置に置かれる同格限定複合語］

表現形態上からみて、「比喩表示語 iva 」と「共通属性」の省略がある場合が、

隠喩（ rūpaka ）である。

A（描写対象） + B（比較基準）

形態上、複合語の直喩と隠喩は全く同一である。

mukham candra iva = mukhacandraḥ ［きみの顔は月のようだ］【 upamā 】［直喩］

直喩では、比較基準（B） upamāna = candra が強調される。

mukham eva candraḥ = mukhacandraḥ ［きみの顔は月だ］【 rūpaka 】［隠喩］

隠喩では、描写対象（A） upameya = mukha が強調される。

(2) 数詞限定複合語【 dvigu 】【 saṃkhyā-pūrva-pada-karmadhārayaḥ 】

数詞複合語とは数詞が前の位置に置かれる同格限定複合語である。

A（数詞） + B（名詞）

最も一般的な形は、集合（ samāhāraḥ ）体を表現する集合名詞である。

そして、集合名詞複合語（ samāhāra-dvigu ）は一般に中性・単数であるが

女性・単数 -ī の場合もある。

trayāṇāṃ lokānāṃ samāhāraḥ = trilokam (n. sg.) ［三界］

trayāṇāṃ bhuvanānāṃ samāhāraḥ = tribhuvanam ［三界］

女性形の場合 trilokī (f. sg.),

pañcarājī ［5人の妃］ saptapadī ［結婚を誓う7歩］

pañcānāṃ vaṭānāṃ samāhāraḥ pañcavaṭī ［5種のイチジクの木］

(3) 特殊な複合語

【 prādi samāsa 】or【 prādi tatpuruṣaḥ 】

prādiḥ = pra + ādi （ pra 等の接頭辞の複合語）

A（接頭辞） + B（名詞）

pra-gata-ādy-arthe （ N. 格支配の tatpuruṣa ）

pragataḥ ācāryaḥ = prācāryaḥ ［優れた師匠］

abhigataḥ mukham = abhimukham ［直面している］［好意的な］

ati-krānta-ādy-arthe （ Ac. 格支配の tatpuruṣa ）
atikrāntaḥ mālāṃ = atimālaḥ ［美しさや香りにおいて花輪をしのぐ］
atikrāntaḥ velāṃ = ativelam ［限界を越えている］
atikrāntaḥ māyām = atimāyaḥ ［幻影を越えて］
atikrāntaḥ mātrām = atimātraḥ ［量を越えている］

ava-kruṣṭa-ādy-arthe （ I. 格支配の tatpuruṣa ）
avakruṣṭaḥ kokilayā = avakokilaḥ ［コーキラ鳥によって魅了された］

pari-glāna-ādy-arthe （ D. 格支配の tatpuruṣa ）
pariglānaḥ adhyayanāya = paryadhyayanaḥ ［勉強に飽きた］
udyuktaḥ yuddhāya = udyuddhaḥ ［戦える状態］

niṣ-krānta-ādy-arthe （ Ab. 格支配の tatpuruṣa ）
niṣkrāntaḥ grāmāt = nirgrāmaḥ ［村から出ていった］

(4) 不変化辞のついた複合語

２つの不変化辞 ku と a は名詞と形容詞と共に karmadhāraya 複合語を形成する。

| A（不変化辞） | ＋ | B（名詞または形容詞） |

● ku は「悪い」 kutsita を意味する。

ku ＋ （ ratha または、母音で始まる語） → kat ＋ （ ratha または、母音で始まる語）
kutsitaḥ aśvaḥ = kadaśvaḥ ［悪い馬］
ku ＋ （ pathin 「小さい」の意味）→ kā ＋ （ pathin 「小さい」の意味）
kutsitaḥ panthāḥ = kāpantham ［悪路］（ kupathaḥ ）
īṣat ［少ない］ jalam = kājalam ［少量の水］（ kujalam ）

● 否定辞の a- は、母音の前では an- になる。（ nañ tatpuruṣaḥ ）

na kṛtam = akṛtam ［何もなされない］
na ādaraḥ = anādaraḥ ［無関心］

a- によって形成された tatpuruṣa の（B）位置での語形変化はおこらない。
しかし、 pathin は例外である。

na rājā = arājā, arājan ［王でない者］
na panthā = apanthāḥ と apatham と apathaḥ ［邪道］

(5) 同格限定複合語の分類表

karmadhārayaḥ ——

- 【 viśeṣaṇa-pūrvapada-karmadhārayaḥ 】
  [修飾する語が前の部分に置かれる同格限定複合語]
  (nīlāni ca tāni utpalāni = nīlotpalāni)

- 【 viśeṣaṇobhayapada-karmadhārayaḥ 】
  [前後両方の語が修飾語である同格限定複合語]
  (kṛṣṇaś ca asau sāraṅgaś ca = kṛṣṇasāraṅgaḥ)

- 【 upamāna-pūrvapada-karmadhārayaḥ 】
  [比較基準 upamāna が前の位置に置かれる同格限定複合語]
  (meghaḥ iva śyāmaḥ = meghaśyāmaḥ)

- 【 upamānottarapada-karmadhārayaḥ 】
  [比較基準 upamāna が後の位置に置かれる同格限定複合語]
  (puruṣaḥ siṃha iva = puruṣasiṃhaḥ)

- 【 saṃbhāvanā-pūrvapada-karmadhārayaḥ 】
  (jagaḥ iti manīṣā = gajamanīṣā)

- 【 avadhāraṇa-pūrvapada-karmadhārayaḥ 】
  [限定する語が前の位置に置かれる同格限定複合語]
  (vidyā eva dhanam = vidyādhanam)

- 【 dviguḥ 】(saṃkhyā-pūrvapada-karmadhārayaḥ)
  数詞限定複合語 [数詞が前の位置に置かれる同格限定複合語]
  (trayāṇāṃ bhuvanānāṃ samāhāraḥ tribhuvanam)

- 【 śākapārthivādiḥ 】
  [最初の複合語 śākapriyaḥ の２番目に位置する priyaḥ は脱落する]
  (śākapriyaḥ pārthivaḥ = śākapārthivaḥ)

- 【 mayūravyaṃsakādiḥ 】
  [名詞が前の位置に置かれ名詞を修飾する形容詞が後ろに置かれる]
  (mayūraś ca asau vyaṃsakaś ca = mayūravyaṃsakaḥ)

§ 46 所有複合語

1. 所有複合語 anyapadārthapradhāno bahuvrīhiḥ (attributive compound) の概要

所有・所属を表わす意味が加わった形容詞として複合語の支分以外の他の事物を修飾することにより複合語の意味が完成し、あるいは名詞化されて用いられる複合詞が bahuvrīhi 複合語と呼ばれるものである。全体で「～を持つ」という意味の形容詞となる。［有財釈］

このような複合語は英語においては次のような例で表わされる。

(six-cyllinder engine) ［6気筒をもつエンジン＝6気筒エンジン］
(high-spirited horse) ［元気のいい馬］ (narrow-minded person) ［度量の狭い人］
(good-natured man) ［気立てのよい人］

mahān bāhuḥ yasya saḥ = mahābāhuḥ ［偉大な腕をもつ、勇士］
pītaṃ ambaraṃ yasya saḥ = pītāmbaraḥ ［黄色い衣装をまとっている、ハリ神］

2. 所有複合語における特別の規則

● Aの位置の形容詞 mahat ［大きい］は mahā になる。

（A） mahat + （B） =（A） mahā + （B）

● Bの位置に身体の部分を表す名詞が来るとき

sakthi ［腿］→ saktha

（A） + （B） sakthi =（A） + （B） saktha

akṣi ［目］→ akṣa

（A） + （B） akṣi =（A） + （B） akṣa

● dvi, tri の数詞がAの位置にあるとき

Bの位置の mūrdhan ［頭］は mūrdha になる。

（A） dvi + （B） mūrdhan =（A） dvi + （B） mūrdha
（A） tri + （B） mūrdhan =（A） tri + （B） mūrdha

● **a-, dus-, su-** によって先行されるとき
Bの位置の **prajā** は **prajas** に **medhā** ［思慮］は **medhās** になる。
（A） **a, dus, su** ＋ （B） **prajā** ＝（A） **a, dus, su** ＋ （B） **prajas**
aprajas ［子孫を持たない、子孫のない、（子供）のない］

（A） **a, dus, su** ＋ （B） **medhā** ＝（A） **a, dus, su** ＋ （B） **medhās**
durmedhas ［愚かな］ **sumedhas** ［賢い］

● **dharma** ［法］は一語の後で **dharman** になる。
vidita-dharman ［法を知る］

● **dhanus** ［弓］は所有複合語の語末において **dhanvan** になる。
śārṅga-dhanvan ［角製の弓を持つ＝ヴィシュヌ神］

● **gandha** ［香り］は、 **ud-, pūti-, su-, surabhi-** および
比較を表す語のあとでは **-gandhi** になる。

su-gandhi ［芳香を持つ］

● **pāda** ［足］は比較、数を表す語と **su** の後では **pat** になる。
su-pat ［美しい足を持つ］

● **samāsānta** （複合語の末尾に添えられ、第２次派生語を作る虚辞的接尾辞）である **-ka** は、
語幹（B）が **-ī, -u, -ṛ** で終わるときに添えられ所有複合語である事を明確にする。
しかし、比較級 **-īyas** を持つ語幹は決して **-ka** を付加されない。

● 所有複合語は本来、形容詞の役目をするから、
複合語の（B）の位置に立つ名詞が女性名詞である場合でも、その本来の性を失って、
所有複合語が修飾しようとする名詞に合わせ男性・中性名詞化する。

3. 同格所有複合語【 samānādhikaraṇa-bahuvrīhiḥ 】

(1) 複合語の（A）と（B）が同じ格である所有複合語を同格所有複合語と呼ぶ。

A man whose heart is kind. ［心が優しい人］ ＝ a kind-hearted man. ［優しい心の人］
の場合 kind-hearted は whose heart is kind で置き換えられる。

すなわち、同格所有複合語は常に形容詞節の縮約形なのである。
同格所有複合語の場合は Ac. 格から L. 格までの６格が許される。

naro yasya hṛdayaṃ dayālu bhavati = dayāluhṛdayo naraḥ
［（優しい＝心）を所有している人］の場合、
関係代名詞 **yasya** と動詞 **bhavati** が取り去られ、
dayālu ［優しい］述部が **hṛdayam** ［心］主部の前に置かれ、
hṛdayam は中性名詞であるが **naraḥ** 男性名詞を修飾する形容詞の一部として
本来の性を失い修飾する名詞 **naraḥ** の持っている性をとり、 **dayāluhṛdayaḥ** となり
男性化するのである。

同様に女性化・中性化は次のように起こる。
nārī yasyāḥ hṛdayaṃ dayālu (bhavati) = dayāluhṛdayā nārī ［心が優しい女性］
においては、 **nārī** の性によって **dayāluhṛdayā** と女性化するのである。

mitraṃ yasya hṛdayaṃ dayālu (bhavati) = dayāluhṛdayaṃ mitram ［心が優しい友人］
においては、 **mitram** の性によって **dayāluhṛdayaṃ** と中性化するのである。

(2) 特に発達した形式として、過去分詞（-ta, -na）＋名詞＝所有複合語
（ **Ac. 格の場合**）
sa (N.) grāmaḥ yaṃ (Ac.) jalaṃ (N.) prāptam (N.) ＝ prāptajalo grāmaḥ
［水が到達したところの村］ ＝ ［水が到達した村］

jalaṃ prāptaṃ yaṃ saḥ grāmaḥ ＝ prāptajalo grāmaḥ
prāptam udakaṃ yaṃ saḥ ＝ prāptodakaḥ（ grāmaḥ ）［水が到達するところの（村）］

（ I. 格の場合）

sa (N.) bālaḥ yena (I.) āhāraḥ (N.) bhuktaḥ (N.) = bhuktāhāro bālaḥ

［その少年によって食べ物が食べられた］＝［食べ物を食べた少年］

āhāraḥ bhuktaḥ yena saḥ bālaḥ = bhuktāhāro bālaḥ

ūḍhaḥ rathaḥ yena saḥ = ūḍharathaḥ (hayaḥ)

（ D. 格の場合）

sa devaḥ yasmai (D.) ajaḥ (N.) upahṛtaḥ (N.) = upahṛtājaḥ devaḥ

［神に山羊がいけにえとして捧げられた］＝［山羊を捧げられた神］

ajaḥ upahṛtaḥ yasmai saḥ devaḥ = upahṛtājaḥ devaḥ

upahṛtaḥ paśuḥ yasmai saḥ = upahṛtapaśuḥ (rudraḥ)

（ Ab. 格の場合）

sa taḍāgaḥ yasmāt (Ab.) śiśuḥ (N.) uddhṛtaḥ (N.) = uddhṛtaśiśuḥ taḍāgaḥ

［湖から子供が引き上げられた］＝［子供が引き上げられた湖］

śiśuḥ uddhṛtaḥ yasmāt saḥ taḍāgaḥ = uddhṛtaśiśuḥ taḍāgaḥ

uddhṛtaḥ odanaḥ yasyāḥ sā = uddhṛtaudanā (sthālī)

（ G. 格の場合）

sa muniḥ yasya (G.) manaḥ (N.) śāntam (N.) = śāntamanaḥ muniḥ

［聖者の心は静である］＝［心が静かな聖者］

manaḥ śāntam yasya saḥ muniḥ = śāntamanaḥ muniḥ

pītam ambaraṃ yasya saḥ = pītāmbaraḥ (hariḥ)

（ L. 格の場合）

sa deśaḥ yasmin (L.) bahavaḥ (N.) vīrāḥ (N.) (santi) = bahuvīraḥ deśaḥ

［その国の中に多くの英雄がいる］＝［多くの英雄がいる国］

bahavaḥ vīrāḥ yasmin saḥ deśaḥ = bahuvīraḥ deśaḥ

vīrāḥ puruṣāḥ yasmin saḥ = vīrapuruṣakaḥ (grāmaḥ)

注意

インド古来、所有複合語の説明・注解形式には次のような関係文が用いられる。

vyākulamanāḥ pitā = vyākulaṃ manaḥ yasya sa pitā
［心を悩ましている父親］

4．**異格所有複合語**【 vyadhikaraṇa-bahuvrīhiḥ 】

複合語の中で（A）と（B）が同格［形容詞的関係］でなく異なった格の関係を持つ複合語を
異格所有複合語と呼ぶ。
この場合は G. 格と L. 格の２格のみが許される。

(1) 比喩を表わす所有複合語［（A）に G. 格をとる］

candrasya iva śobhā yasya saḥ = candraśobhaḥ ［月のごとく輝くもの］
candrasya iva kāntiḥ yasya saḥ = candrakāntiḥ ［月のごとく愛らしいもの］［月長石］
vyāghrasya iva ābhā yasya saḥ = vyāghrābhaḥ ［虎のような姿のもの］

(2) （B）の位置に L. 格の意味を持つ所有複合語

asiḥ pāṇau yasya saḥ = asipāṇiḥ ［剣を手に持っているもの］
cakram pāṇau yasya (yasmin) saḥ = cakrapāṇiḥ ［円盤を手に持っているもの＝ヴィシュヌ神］
candraḥ śekhare yasya saḥ = candraśekharaḥ ［月を冠にもつもの＝シヴァ神］
śaśī śekhare yasya saḥ = śaśiśekharaḥ ［月を冠にもつもの＝シヴァ神］
śūlam pāṇau yasmin saha = śūlapāṇiḥ ［三つ叉の戟をもつもの＝シヴァ神］

5．接頭辞をともなう所有複合語【 prādi-bahuvrīhiḥ 】

所有複合語の（A）が接頭辞（upasarga）を伴う過去受動分詞である場合
所有複合語になるとき接頭辞のみになり、過去受動分詞自身が消え去ってしまう場合もある。

vigataḥ rāgaḥ yasmāt saḥ = vigatarāgaḥ / virāgaḥ ［情熱を失った］
nirgatā ghṛṇā yasya saḥ = nirghṛṇaḥ ［無慈悲な］

6．否定辞をともなう所有複合語【 nañ-bahuvrīhiḥ 】

［存在する］を意味する動詞と否定接頭辞 a または an が所有複合語の（A）の位置にある場合動詞は消え去り否定接頭辞のみ残る場合がある。

avidyamānaḥ putraḥ yasya saḥ = aputraḥ ［子供のいない］（子音の前に a が置かれる場合）

na vidyate antaḥ yasya saḥ = anantaḥ saḥ ［終わりのない］（母音の前に an が置かれる場合）

avidyamānaṃ malaṃ yasya saḥ = avidyamānamalaḥ / amalaḥ ［汚れのない］

7． saha をともなう所有複合語【 saha-bahuvrīhiḥ 】

saha は sa となることもある。名詞は I. 格をとる。

bhāryayā (I.) saha vartate iti = sahabhāryā / sabhāryā ［妻と共に］

putreṇa (I.) saha vartate iti = sahaputraḥ / saputraḥ ［息子と一緒に］

8．数詞をともなう所有複合語【 saṃkhyā-bahuvrīhiḥ 】

[1] upa, āsanna, adūra, adhika 等の語がＡの位置に数詞がＢの位置にある所有複合語【 saṃkhyottara-padaḥ 】

daśānāṃ samīpe ye santi te = upadaśāḥ ［およそ１０］

triṃśataḥ adūrāḥ = adūratriṃśāḥ ［３０前後］

viṃśateḥ āsannaḥ = āsannaviṃśāḥ ［２０近く］

[2] ＡもＢも数詞である場合【 saṃkhyobhaya-padaḥ 】

dvau vā trayo vā = dvitrāḥ (m.) ［２あるいは３］

trayo vā catvāro vā = tricaturāḥ ［３あるいは４］

9．所有複合語と他の複合語との相違点

(1)（ karmadhārayaḥ, prādi-tatpuruṣaḥ, nañ-tatpuruṣaḥ ）との異なり

karmadhāraya, prādi-tatpuruṣa, nañ-tatpuruṣa の場合

Ｂの位置にある名詞は、名詞の意味を保持する。

mahābāhuḥ ［大きな腕］ [karmadhāraya]
pracāryaḥ ［先生の師］ [prādi-tatpuruṣa]
apanthā ［道でないこと（邪道）］ [nañ-tatpuruṣa]

所有複合語の場合

Ｂの位置にある名詞は、名詞の意味を失い形容詞句となり他の名詞を修飾する。

mahābāhuḥ vīraḥ ［大きな腕を持った英雄］ [samānādhikaraṇa-bahuvrīhiḥ]
nirāśā janaḥ ［希望を亡くした人］ [prādi-bahuvrīhiḥ]
apathaḥ deśaḥ ［道のない国］ [nañ-bahuvrīhiḥ] (cf. p.362)

(2) su- と dus- がついた同格限定複合語と所有複合語

● dus- ［悪い、有害な、不正な、劣った、むずかしい］等の意味を表す。

dus- + k-, p- = duṣk-, duṣp-

同格限定複合語の場合

duradhvaḥ ［悪道］
duravasthā ［悪条件］
durjanaḥ ［悪人］
duṣkālaḥ ［悪いとき］

所有複合語の場合

durakṣa ［目の弱い］
duruttara ［答えられない］
durbuddhi ［愚かな］
duścarita ［失礼な］
duṣprajas ［悪い子孫をもつ］

● su- ［善い、正しい、美しい、安易な、非常に］等の意味を表す。

同格限定複合語の場合

sūktiḥ ［名言、良い格言］
sujanaḥ ［善人］
sudinam ［晴天の日］
sunītiḥ ［良き指導］
sumatiḥ ［慈悲の心］

所有複合語の場合

svākāra ［素晴らしい姿の］
supāt ［美しい足を持つ］
sumatiḥ ［非常に賢い］
suvrata ［有徳の］

１０． manas, kāma をともなう所有複合語

Ａの位置に不定詞の語幹をもち、Ｂの位置に

manas ［心］、 kāma ［欲望］が後分にくる所有複合語

tyaktum + kāma = tyaktukāma ［捨てることを望む］

vaktum + manas = vaktumanas ［話そうと思う］

１１． 所有複合語の女性形

a 語幹の名詞の女性形 ā は任意に ī をとる。

[1] Ｂの位置に身体の部分がきて、末尾の母音の前の子音が単子音であるとき名詞の女性形は ā または ī となる。

sukeśaḥ (m.) → sukeśā, sukeśī (f.) ［美しい髪］

[2] ２音節以上の複合語の女性形は ā となる。

sunayanaḥ (m.) → sunayanā (f.)

[3] しかし、 [1] 、 [2] の規則は、次の言葉で終わる所有複合語では、適応されない。

–nāsikā ［鼻］
–udara ［胃、腹］
–oṣṭha ［口唇］
–jaṅghā ［もも］
–danta ［歯］
–karṇa ［耳］
–śṛṅga ［角］
–aṅga ［手足］
–gātra ［肉体］
–kaṇṭha ［喉］
–puccha ［尾］

これらの女性形は ā または ī をとる。

１２． 所有複合語の分類表

bahuvrīhiḥ --

- 【 samānādhikaraṇa–bahuvrīhiḥ 】［同格所有複合語］
  (prāptam udakaṃ yaṃ saḥ = prāptodakaḥ = grāmaḥ)

- 【 vyadhikaraṇa–bahuvrīhiḥ 】［異格所有複合語］
  (cakraṃ pāṇau yasya saḥ = cakrapāṇiḥ = hariḥ)

- 【 saṃkhyā–bahuvrīhiḥ 】［数詞をともなう所有複合語］
  - 【 saṃkhyottara–padaḥ 】
    ［ upa 等の語がＡの位置に、数詞がＢの位置にある所有複合語 ］
    (daśānāṃ samīpe ye santi = upadaśāḥ)
  - 【 saṃkhyobhaya–padaḥ 】
    ［ＡもＢも数詞である場合］
    (dvau vā trayo vā = dvitrāḥ)

- 【 dig–bahuvrīhiḥ 】［連続した２方向の中間方向をしめす複合語］
  (dakṣiṇasyāḥ pūrvasyāś ca diśaḥ antarālam dakṣiṇapūrvā)

- 【 saha–bahuvrīhiḥ 】［ saha をともなう所有複合語］（ saha は任意に sa に変わる）
  (putreṇa saha vartate iti = sahaputraḥ or saputraḥ)

- 【 nañ–bahuvrīhiḥ 】［否定辞をともなう所有複合語］
  (avidyamānaḥ putraḥ yasya saḥ = aputraḥ)

- 【 prādi–bahuvrīhiḥ 】［ pra 等の接頭辞をともなう所有複合語］
  (nirgatā ghṛṇā yasmāt saḥ = nirghṛṇaḥ)
  （Ａの位置の nirgata に於て、接頭辞のみ残り gata は脱落する）

- 【 karmavyatihāra–bahuvrīhiḥ 】
  ［相互依存の行為を示す所有複合語］
  (keśeṣu keśeṣu gṛhītvā idaṃ yuddhaṃ pravṛttam keśākeśi)
  （互いの髪をつかみ合う戦士の決闘）

- 不規則な bahuvrīhiḥ
  (śobhanaṃ prātaḥ yasya saḥ = suprātaḥ)

§ 47 不変化複合語

1. **不変化複合語** pūrva-pada-artha-pradhāno ’vyayībhāvaḥ (Adverbial compound) の概要

不変化複合語（ avyaya 変化しない複合語 avyayībhāva samāsa ）は名詞に結合した不変化詞によって形成された副詞的複合語の一種である。

A＋Bにおいて、Aは不変化詞、Bは名詞で Ac. sg. n. の語形をとり、全体として副詞的に用いられる複合語である。

Aは upasarga （接頭辞）か、または副詞であり、Bの名詞を支配するのである。

しかし、不変化複合語には２つの種類がある。

[1] Aの位置に不変化詞がある場合（avyaya-pūrva-pada）

[2] Aの位置に名詞がある場合（nāma-pūrva-pada）この場合はきわめて稀である。

この複合語は名称が示す通り変化しない複合語であり副詞的役割をはたし、時間、場所、行為に対する詳細な説明を与える。

2. B（後分）の語形変化

(1) 語末の長母音は、短母音になり、語末の a は am になる。

(2) 語末の子音には a が添加される。

-śarad → -śaradam ［秋］
-anas → -anasam
upānah → -upānaham
diś → -diśam ［方向］
-cetas → -cetasam
upaśaradam ［秋に近く］
-manas → -manasam ［心］
himavat → -himavatam
dṛś → -dṛśam
catur → -caturam

(3) (prati, para, sam, anu) ＋ akṣi は akṣa になる。

prati ＋ akṣa → pratyakṣam
para ＋ akṣa → parokṣam (akṣṇoḥ param) ［視野の外で → 眼前に］
sam ＋ akṣa → samakṣam ［眼と一緒に → 眼前に］
anu ＋ akṣa → anvakṣam

(4) –an で終わる男性名詞は、不変化複合語の語末で am になる。

–an で終わる中性名詞は、不変化複合語の語末で –a, –am になる。

adhyātmam = ātmani iti ［アートマン（自我）に関して、自己の中に］

（不変化複合語以外の複合語において）

adhyātmaḥ = adhyātma–vidyā = adhyātmam eva vidyā

［アートマンに関するもの］［精神的な］

(5) 任意に不変化複合語語末において nadī は nadam に giri は giram の形になる。

(upanadam, upanadi) ［川の近くに］ anugiram ［山の上に］

(6) 任意に破裂音で終わる語幹に –a を添えて am とする。

upa–samidham ［薪の近くに］

3．A（前分）の不変化詞

(1) adhi は、 L. 格の意味を伝える。［～の中で］

adhyātmam = ātmani iti ［自己に関して］

adhihari = harau iti ［ハリ神の守護のもとで］ (n.)

(2) anu

● anu ［～の背後に］（ paścāt ）

anuviṣṇu = viṣṇoḥ paścāt ［ヴィシュヌ神の後ろに］ (n.)

● anu ［～に適合する］（ yogyatā ）

anurūpam = rūpasya yogyam ［～にふさわしい］

● anu ［～に沿って］

anugaṅgam = gaṅgām anvāyatam ［ガンジス川に沿って］

gaṅgā (f.) は gaṅga に変化する。

● anu ［～の順序にしたがって］（ krama ）

anukramam = kramaṃ anugatya ［正しい順序で］

(3) apa （除いて） pari bahiḥ （外に）が Ab. 格の名詞とともに用いられる。

bahirvanam = vanāt bahiḥ ［森の外に］

prāggrāmam = prāg grāmāt ［村の中に］

parinagaram = pari nagarāt ［都市の周りに］

(4) abhi と prati は方角の意味を伝える。［〜に向かって］

abhyagni = agniṃ abhi ［火に向かって］ (n.)

pratyagni = agniṃ prati ［火に向かって］ (n.)

prati が［少し］（mātrārthe）を意味する場合が nāmapūrvapadam である。

śākaprati = śākasya leśaḥ ［ほんの少しの野菜］ (n.)

● prati ［〜の前で］

pratyakṣam = akṣṇoḥ samakṣam ［眼前で］

（不変化複合語以外の複合語において）

pratyakṣa = rūpaṃ pramāṇam = pratyakṣa-pramāṇa

ここでは［感覚に関するもの → 直接経験 → 直接知覚］を意味する。

● prati 反復を示す。［〜ごとに］（ vīpsā ）

pratidinam = dine dine = dinam dinam prati ［毎日、日ごとに］

pratyaham = ahani ahani ［毎日］ (Ac.n.) (–aha)

pratyahaḥ ［毎日］ (Ac.n.) (–ahan)

upacarmam (Ac.n.) (–carma) ［皮膚の上に］

upacarma (Ac.n.) (–carman) ［皮膚の上に］

(5) ati は超過の意味を伝える。［〜を越えて］

atisīmam = sīmānaṃ atikramya ［限度を越えて］

atinidram ［睡眠時間を越えて → あまりにも深い睡眠で］

(6) sa （ saha の短縮形として）は同時性と、共通性の意味を伝える。

● sa ［〜と同時に、〜と一緒に］（ yaugapadyam ）

sacakram = cakreṇa yugapat ［車と同時に］

sasmitam = smitena saha = smitena yugapat ［微笑みと共に → ほほえみながら］

● sa ［～と全く同じに、～何らのバランスをくずすことなく］（ sākalya ）

satṛṇam = tṛṇena saha = tṛṇam api aparityajya = tṛṇam api atyaktvā

［一本の草さえも無視することなしに → 全体的に → 広範囲に → 全く区別なく］

(7) yathā ［～の限界を越えないように］（ anativṛtti ）

yathāśakti = saktiṃ anatikramya ［自分の能力に従って → できうる限り］ (n.)

yathāvidhi ［運命に任せて］ (n.)

(8) ā 限度の意味を伝える。［～まで］【 paryantam 】

ājaladhi = jaladheḥ ā ［海まで］ (n.)

āsamudram = samudraṃ yāvat ［海まで］

ājīvanam = jīvanāt paryantam ［命尽きるまで］

āmaraṇam = maraṇāt paryantam, ā maraṇāt ［命尽きるまで］

ābālam = bālāt paryantam ［子供の頃から］

(9) upa ［～の近くに］（ sāmīpya ）

upakṛṣṇam = kṛṣṇasya samīpam ［クリシュナ神の近くに］

upanadam = nadyāḥ samīpam ［川の近くに］

upanadi = nadyāḥ samīpam ［川の近くに］ (n.)

upatīram ［岸辺で］

(10) pāre ［～の対岸に、～を越えて］

pāregaṅgam = gaṅgāyāḥ pāre ［ガンジス川の対岸に］

pāregaṅgāt ［ガンジス川の対岸に］ (Ab.n.)

pāra は pare に変化し、 gaṅgā は gaṅga に変化する。

(11) madhye ［～の中央に］

madhyegaṅgam = gaṅgāyāḥ madhye ［ガンジス川の中央に］

madhyegaṅgāt ［ガンジス川の中央に］ (Ab.n.)

(12) sam ［～の近くに、～の前に］

samakṣam = akṣṇoḥ samīpam ［眼前に］

(13) param ［～の外に］

parokṣam = akṣṇoḥ param ［視界の外に］

(14) nir （～なしに） (abhāva)

nirmakṣikam = makṣikāṇāṃ abhāvaḥ

［ハエのいない → うるさいハエから免れた → 孤独になって］

(15) yāvat ［～できる限り］

yāvacchlokam (acyutapraṇāmāḥ) = yāvantaḥ ślokāḥ tāvantaḥ acyutapraṇāmāḥ

［唱えられる限りの賞讃頌を唱えてハリ神を崇める］

§ 48 動詞複合語 CVI 形式

動詞複合語は、名詞起源動詞と類似している。

1． **cvi 形式の動詞複合語（ bhasmī-kṛ のタイプ）**

【 abhūtatadbhāve cviḥ 】

(1) すべての名詞語幹に語根 √kṛ, √bhū, √as を添えて、

” ～となる、～である、～にする、～となす”の意味を表わす動詞複合語を cvi 形式という。

英語では -- fy, --en と訳される。

名詞語幹末の –a, –ā, –an, –i(in) は –ī になる。

na śuklaḥ = aśuklaḥ

aśuklaḥ śuklaḥ saṃpadyamānaḥ kṛtaḥ śuklīkṛtaḥ (whitened)

aśuklaṃ śuklaṃ karoti = śuklīkaroti ［白くなる］ (whiten)

aśuciṃ śuciṃ karoti = śucīkaroti ［清くなる］

名詞語幹末の –u は –ū と延長される。

alaghuḥ laghuḥ bhavati = laghūbhavati ［軽くなる］

名詞語幹末の –ṛ は –rī となる。

anetā netā bhavati = netrībhavati ［指導者になる］

(2) 副詞または若干の名詞と語根 √gam, √bhū, √dhā, √kṛ, √as が結合して特殊の意味を持つ動詞複合語を作る。

vaśekṛ ［服従させる］ （ vaśe ） ［支配下に］

satkṛ ［飾る、尊敬する］ （ sat ） ［良く、正しく、適当に］

asatkṛ ［冷遇する］ （ asat ） ［不当に、不正に］

alaṃkṛ ［飾る］ （ alam ） ［十分に、適当に］

puraskṛ ［前に置く、尊敬する］ （ puras ） ［前に、前方に］

astaṃgam ［（日が）沈む、停止する、死ぬ］ （ astam ） ［家に、西に］

tirobhū ［姿を消す、隠れる］ （ tiras ） ［横切って、かたわらに］

tiraskṛ ［覆う、隠す、勝る、非難する］

sākṣātkṛ ［～の成果を経験する、目撃する、現前させる］ （ sākṣāt ） ［目前に］

mithyākṛ ［違約する］ （ mithyā ） ［不正に、いつわって］

namaskṛ ［おじぎする、敬礼する］ （ namas ） ［敬礼］

prādurbhū ［明白に現れる］ （ prādur ） ［明白に、現われて、眼に見えて］

āviṣkṛ ［明示する］ （ āvis ） ［眼前に、明白に］

āvirbhū ［現れる、明白となる］

urasikṛ ［実現する］ （ uras ） ［胸］

manasikṛ ［心にとめる、決定する、記憶する］ （ manas ） ［心］ （ manasi ） 〔心に〕

urarīkṛ ［同意する、許す］

urīkṛ ［同意する、許す］

śraddhā ［信頼する、信仰する］

hastekṛ ［娘と結婚する、手に取る］ （ haste ） ［手に］

pāṇaukṛ ［結婚する］ （ pāṇau ） ［手に］

以上の（1）や（2）のように動詞に前接される名詞語幹や副詞などは gati と呼ばれる。

2． gati

動詞複合語を作るために動詞語根の前につけられた cvi の接尾辞をもった名詞語幹

あるいは副詞的語句を gati と呼ぶ。

一方動詞語根の前につけられた接頭辞は upasarga と呼ばれる。

gati も upasarga も常に不変化であり、動詞語根とともに動詞複合語となるとき

絶対分詞においては ya が用いられ tvā は用いられない。

語根が短母音で終わる場合は tya となる。

しかし、否定の接頭辞 a-, an- のついた絶対分詞は、動詞接頭辞と見なされないため、

絶対分詞は tvā の形をとる。

alaṃkṛtya

astaṃgamya

āvirbhūya

しかし alabdhvā である

3． gati **複合語** gati-samāsa (gati-tatpuruṣa)

gati と絶対分詞が混ざり合った複合語である。

tiras, sākṣāt, mithyā, namas, prādus, āvis が動詞 √kṛ と一緒に使われるときは

gati-samāsa であり、 sākṣāt kṛtvā の場合は、 gati-samāsa ではない。

sākṣāt と kṛtvā が独立して使われ、 kṛtvā は単一の絶対分詞と見なされる。

sākṣātkṛtya の場合、

sākṣātkṛtya は複合語としての絶対分詞であり gati-samāsa と見なされる。

4． upapada **複合語** upapada-samāsa (upapada-tatpuruṣa)

第一次接尾辞 (kṛt suffixes) のみをとる動詞語根がある。

このような動詞語根の前に付けられた名詞を upapada と呼ぶ。

これによって作られた複合語を upapada-samāsa と呼ぶ。

語根部は一般に guṇa 化する

kumbhaṃ karoti iti = kumbha-√kṛ-a(ṇ) = kumbhakāraḥ ［壷を作る人］
この場合 kumbham が upapada であり、 kāraḥ は語根名詞である。
kumbhakāraḥ が upapada-samāsa （語根名詞の前に付けられた言葉の複合語）となる。

mālākāraḥ ［花輪を作る人］
sūtrakāraḥ ［経典の作者］

śokaṃ karoti iti = śoka-√kṛ-ṭa = śokakaraḥ ［悲しみを起こす］
yaśaskaraḥ ［栄光を与える、名声をもたらす］
hitakaraḥ ［奉仕をする］

jale carati iti = jala-√car-ṭa = jalacaraḥ ［水中に住む］
vanacaraḥ ［森に住む］
niśācaraḥ ［夜にさまよう］

śatruṃ hanti iti = śatru-√han-ṭa = śatrughnaḥ ［敵を殺す］
pāpaghnaḥ ［罪を殺す］
kṛtaghnaḥ ［功績を無視する］

gṛhe tiṣṭhati iti = gṛha-√sthā-ka = gṛhasthaḥ ［家に住む、在家の］
madhyasthaḥ ［～の中間にある］
vanasthaḥ ［～森に住む］

注意
sukhasya prāptiḥ iti = sukhaprāptiḥ ［幸福の到来］
payasāṃ dharaḥ iti = payodharaḥ ［乳を出すもの＝乳房］［水を運ぶもの＝雲］
これらは G. 格の格限定複合語（ tatpuruṣa ）とされ、 upapada-samāsa ではない。
例えば payodharaḥ の場合 dhara は √dhṛ の活用形 dharati より作られ
√dhṛ ＋ 第１次接尾辞で作られていないために upapada-samāsa と認められない。

第１５章　不変化詞 (indeclinables)

§４９ 語順 (word order)

サンスクリット語の語順は文章のリズム、強調に関して重要である。

修飾語（形容詞、 G. 格）は修飾される語の前に置かれる。

主語は一般に文頭にたち、動詞的述語は文末に置かれる。

１．名詞文 (nominal sentences)

主語と述語名詞との後先は自由であり、広義の名詞二個からなる。

śīghrau aśvau

句としては「二頭の速い馬」であるが、文章として「二頭の馬は、速い」と訳される。

ramaṇīyo bālaḥ ［子供は楽しむ］

性、数の一致は必要ない。

svalpaṃ sukhaṃ krodhaḥ ［怒りは小さな喜びである］

主語が代名詞で述語が名詞相当語句の場合、一般に代名詞は述語の性、数に一致する。

sūryaḥ saḥ ［それは太陽である］

述語が副詞的語句である場合

述語は副詞または L. 格のような名詞相当語句で構成される。

evaṃ sarvadā sukhāni ［喜びは常にこのようだ］

kva devadattaḥ ［デーヴァダッタはどこにいるのか？］

udyāne devadattaḥ ［デーヴァダッタは庭にいます］

サンスクリットの文章は通常述語を文末におく、一般的な語順は次の通り。

主語 → 目的語 → 述語

narau vanaṃ paśyataḥ ［二人の男は、森を見る］

普通の文で特に主語が代名詞の場合、二つ以上の動詞的述語の中間に代名詞が挿入される。

pralapaty eṣa vaidheyaḥ ［この愚か者はむだぐちをきく］

citram etat ［これは絵です］

tad etac citram (tat etat citram) ［これはその絵です］

vinaya(ḥ) eṣa(ḥ) candraguptasya ［これはチャンドラグプタの規律です］

dvitīyam idam āśvāsajananam ［これは第二の生まれ変りである］

balavad(balavat) atrabhavatī paritrastā ［その少女は非常に恐れられている］

強調構文の場合

文頭に置かれる

paśyati tvām ācāryaḥ ［先生はあなたを見る］

dvayam api priyaṃ naḥ ［両方とも私達は好む］

sauhārdam evaṃ paśyati ［友情こそがそのように見るのだ］

rāmas tāvat (rāma tāvat) ［あたかもラーマのように］

rāmo 'pi (rāmaḥ api) ［ラーマもまた］

eva

直前の語を強める。

svalpāny eva-icchāmaḥ ［小さいのを、私たちは求める］

etān eva guṇān icchāmaḥ ［実にこれらの徳を私たちは求める］

devena-eva-etad iṣṭam ［神こそがこれを求めた］

adbhuta(ḥ) eva ［全く意外なことだ］

bāla(ḥ) eva-eṣaḥ ［彼は、本当に子供だ］

sa(ḥ) eva janaḥ ［あれこそは人だ］

tad eva kṣetram ［その同じ大地］

（指示代名詞と eva で同一を表す）

eṣa(ḥ) eva sa(ḥ) brāhmaṇaḥ ［ここにその婆羅門がいる］

eva は名詞文の述語を示す。

2．否定文

na は広く使用され、文あるいは文中の特定の語を否定する。

文を否定するときは文頭あるいは述語動詞または重要な意味をもつ語の前におかれる。

しかし、詩では自由な位置におかれる。

nṛpo dāsān na nindati ［王は、召使い達をとがめない］

(m. sg. N.) (m. pl. Ac.) √nind (3. sg. pres.)

kṛtam, alam, kim は I. 格とともに不必要、禁止を表す。

alaṃ śokena ［悲しむのをやめよ！］

kṛtaṃ kutūhalena ［知りたがるな！］

kim udyānena ramaṇīyena ［心地よい庭は何になるか？］

§50 副詞

(1) 副詞および不変化詞

● 「量」・「程度」の副詞

atīva ［非常に、はるかに］　īṣat ［わずかに、少々、ちょっと］

sakṛt ［ただちに、突然、一度］　punar ［再び］

asakṛt , punaḥ punaḥ , muhuḥ , muhur muhuḥ

［しばしば、たびたび、繰り返して ］

● 「様態」の副詞

iti , evam ［このように、同様に］

prāyaḥ ［だいたい、たいてい、恐らくは］

nānā ［さまざまに］　pṛthak ［別々に］

mṛṣā , mithyā ［誤って、むなしく、無益に］

vṛthā , mudhā ［むなしく］　alam ［十分に］

āśu ［早く、すみやかに］　tūṣṇīm ［静かに］

● 「時間」の副詞

adya ［今日、いま］　śvaḥ ［明日］

hyaḥ ［昨日］　paraśvaḥ ［明後日］

samprati ［いま］　purā ［さきに、以前に］

puraḥ , purastāt , prāk ［以前に、かつて、すでに］

yugapat ［ただちに、すぐに］　sadyaḥ ［今日、同じ日に、ただちに］

param ［のちに、あとで］　anyedyuḥ , paredyuḥ ［他の日に、つぎの日に］

● 「場所」の副詞

iha ［ここで、この世で］　amutra ［そこで、かの世で］

● 多くの強意小辞あるいは、虚辞

vai , ha , sma , nu , uta , vā

［実に、まさに、本当に］などの強意の意味か、特別の意味を持たない虚辞を示す。

kila , khalu ［実に、正に］

疑問詞＋ nu ［一体～？］

eva ［こそ、だけ、のみ］

api ［さえ］

jātu ［恐らく、まったく］

na ～ jātu ［決して～ない］

nanu ［確かに、本当に］

nūnam ［疑いなく、確かに］

aṅga ［どうか、何とぞ］

iva ［まったく、実に、ほとんど、ちょうど］

aha （命令文において）

ha （非難の意を表す）

特例 asti ［さて、実は］

(2) 代名詞の副詞化

tat ［そこに、それゆえ］

idam ［ここに、このように］

kim ［なぜ］

tena (I.) tasmāt (Ab.) ［それゆえ］

atha ［そのとき、そして］

atha kim ［はい］

tāvat ［直ちに］

(3) 数詞の副詞化

dviḥ ［２回］

ekadhā ［一様に］

ekaśaḥ ［一つずつ］

(4) 形容詞の副詞化

形容詞の Ac. sg. n は、副詞として用いられる。 I. 格でも副詞化する。

śīghram calati ［彼は速く動く］

viṣādena ［落胆して］

vacanaiḥ ［口頭で］

kṣipram ［速やかに］

nityam ［常に］

sāmpratam ［今、現在］

satyam / yat satyam ［実に］

parama ［大いに、非常に］

aparam ［さらに］

kevalam ［単に］

svayam ［自分で］

samīpam ［近くに］

ciram ［長いあいだ］

bhūyaḥ ［再び、繰り返し］

avaśyam ［確かに、必然的に］

nirbharam , atyantam , gāḍham , bhṛśam , param
［非常に、大いに、しかしながら］

mṛdu ［柔かく］

sukham ［幸せに］

bahu ［多く］

balavat ［強く］

na kevalam … api ［のみならず…また］

niyatam / niyamam ［確かに、疑いなく］

遠近をあらわす語

dūram ［遠くに］

antikam , samīpam ［近くに、傍に］

(G.) または (Ab.) と共に dūraṃ grāmasya / grāmāt ［村から遠く］

(Ac.) のほか、 (I.) (Ab.) (L.) に用いられる。

方位をあらわす語

prāk ［東方に、前方に］ udak ［上に、北に］

avāk ［南方に、下に］ apāk ［西に、後に］

pratyak ［西方に、後方に］ nyak ［下に］

tiryak ［横切って］ samyak ［正しく］

parāk ［離れて］

(5) 名詞の副詞化

種々の格形は副詞的意味に用いられる。

(Ac.) の副詞化

kāmam ［意のままに、実に、たとえ～としても、確かに、～とはいえ、しかし］

nāma ［～という名で、～と呼ばれる］ vāraṃ vāram ［しばしば、繰り返し］

naktam ［夜に］ sāyam ［夕方に］

(I.) の副詞化

dharmeṇa ［道徳的に、正しく］ dakṣiṇena ［南方に、右に］

uttareṇa ［北に、左に］ vyatirekeṇa ［～なくして］

uccaiḥ ［上に］ nīcaiḥ ［下に］

śanaiḥ , śanaiḥ śanaiḥ , śanakaiḥ ［ゆっくりと、静かに］

cireṇa ［長い間］ acireṇa ［ただちに］

aśeṣeṇa ［残りなく］ divā ［昼間に］

diṣṭyā ［幸いに］ sahasā , añjasā ［すみやかに］

adhunā ［いま］ purā ［むかし、以前に］

(D.) の副詞化

cirāya ［長いあいだ］ arthāya ［～のために］

(Ab.) の副詞化

balāt ［力づくで］

harṣāt ［よろこんで］

dūrāt ［離れて］

cirāt ［長いあいだ］

paścāt ［のちに、あとで］

tat-kṣaṇāt ［その瞬間に］

samantāt ［すべての方面から、あまねく］

akasmāt ［原因（理由）なく、突然に］

(L.) の副詞化

rātrau ［夜に］

dūre ［離れて、遠くに］

prabhāte ［朝に］

prāhṇe ［午前に］

agre ［前に、初めに］

sthāne ［適当に］

eka-rade , sampadi ［ただちに］

antare ［中に］

dakṣiṇe ［南に］

ṛte ［～を除いて］

samīpe , abhyāse ［近くに］

ekānte ［離れて、秘かに］

原因・理由を表す名詞の副詞化

nimittam , nimittena , nimittāt ［～の理由で、～の故に］

kasmāt kāraṇāt ［どのような原因（理由）で］

hetunā , hetoḥ , hetave , hetau ［～の原因（理由）で、～のために］

kaṃ hetum , ko hetuḥ ［どんな原因（理由）で］

yato hetoḥ ［なぜなら］

yena kāraṇena ［なぜなら］

anena hetunā , iti hetoḥ ［この理由で］

kena prayojanena , kasmai prayojanāya , kasmāt prayojanāt

kasya proyojanasya, kasmin prayojane ［どのような原因（理由、動機）で］

(6) 副詞を作る接尾辞の例

［基点］名詞語幹・代名詞語幹基 ＋ -taḥ

itaḥ , ataḥ ［ここから］

tataḥ ［そこから］

kutaḥ ［どこから］

anyataḥ ［他所から］

amutaḥ ［かなたから］

abhitaḥ , paritaḥ ［回って］

ekataḥ ［あるところから］

sarvataḥ ［いたるところから］

āditaḥ ［始めから］

paramārthataḥ ［第一義として］

［場所］名詞語幹・代名詞語基 ＋ −tra

atra ［ここに］ **tatra** ［そこに］
ekatra ［あるところに、1ヶ所に］ **anyatra** ［他所に、〜を除いて］
sarvatra ［いたるところに］ **amutra** ［かなたに］
paratra ［かのところで、かの世で］ **kutra** ［どこに］
pūrvatra ［前世において］

［方法・状態］名詞語幹・代名詞語基 ＋ −thā, −tham

tathā ［そのように］ **sarvathā** ［あらゆる仕方で、完全に、絶対に］
ittham ［このように］ **anyathā** ［他のように、異なって、間違って］
katham ［いかにして］ **vṛthā** ［無益に、不正に］
ittham ［かくのごとく］

［時間］名詞語幹・代名詞語基 ＋ −dā

tadā ［そのとき］ **idānīm** ［今］ **sarvadā** ［常に］
kadā ［いつ］ **nityadā** ［絶えず］ **sadā** ［常に］
anyadā ［他の時に］ **ekadā** ［ある時に、ある日］

［時間］名詞語幹・代名詞語基 −rhi

tarhi ［そのとき、その場合］
〜 **yadā** 〜 **tarhi** ［〜であるとき、そのとき］

［様態］名詞語幹・代名詞語基 ＋ −dhā

ekadhā ［一様に］ **dvidhā** , **dvedhā** ［二様に、二重に、二分して］
tridhā , **tredhā** ［三様に］ **ṣoḍhā** ［六様に］

［類似（ごとく）］名詞語幹・代名詞語基 ＋ vat

tadvat ［そのように］ **yathāvat** ［適正に、真実に］
putravat ［息子のごとく］ **sūryavat** ［太陽のように］
siṃhavat ［ライオンのごとく］ **pūrvavat** ［前のように］

［配分］名詞語幹・代名詞語基 ＋ śas

ekaśaḥ ［1つずつ］ **alpaśaḥ** ［少しずつ］
sarvaśaḥ ［まったく、完全に］ **kramaśaḥ** ［順次に］
mukhyaśaḥ ［主に、主として］ **pādaśaḥ** ［一歩ずつ、漸次に］
nityaśaḥ ［常に］ **prāyaśaḥ** ［概して］

§51 前置詞

1．前置詞

(1) Ac. 格と共に

anu ［～に沿って、～の傍に、～の後に、後ろに、～の下位に、～に劣って
～の結果として、～の方へ、～に対して、～と共に、～に関して、
～ごとに（配分）、～に対応して、～の側に］

abhi ［～の方へ（方向）、～に対して、～の前に、～に関して、～のために、～ごとに（配分）］

upa ［～下位に、～のあとに（追随）］

prati ［～へ、～の方へ、～に向かって、～に対して、～に反対して、～と比べて、～に関して
～の近くに、～の傍に、～に匹敵して、～ごとに（配分）、～に従って、～と同等で］

pari ［～の方に、～の方向で、～ごとに（配分）］

ati ［～より上位に、～を超えて］

(2) Ab. 格と共に

apa , pari ［～を除いて、～をなくして、～から離れて（空間・時間）］

ā ［（空間・時間について）～まで、～から、～離れて、～以来］

prati ［～に代わって（代理）、～の代わりに、～と引き替えに］

(3) L. 格と共に

adhi ［支配、被支配］

upa ［～の上に、～上位に、～に過ぎて］

2．前置詞的副詞

(1) Ac. 格と共に

antarā , antareṇa ［～の間に、～なしに、～を除いて］

antareṇa ［～に関して］

vinā , nānā ［～なしに］

pṛthak ［～を離れて］

samayā , nikaṣā ［～の近くに］

abhitaḥ ［～の両側に、～の周りに］

paritaḥ , sarvataḥ , samantataḥ , samantaḥ , asmantam , samantāt
［～を回って、～の周り中に］

ubhayataḥ ［～の両側に］

uparyupari , **adhyadhi** ［ずっと上に］

adhodhaḥ ［ずっと下に］

uttareṇa ［～の北方に、～の左に］

dakṣiṇena ［～の南方に、～の右に］

yāvat ［～のあいだ、～まで］

(2) I. 格と共に

saha , **samam** , **sākam** , **sārdham** ［～と共に、～と一緒に］

vinā , **pṛthak** , **nānā** ［～なしに］

(3) Ab. 格と共に

purā , **prāk** ［～の前に］

pūrvam ［～の前に］

param , **parataḥ** , **pareṇa** ［～の後に］

ūrdhvam , **anantaram** ［～の後に、～に続いて］

prāk ［～の東に］

dakṣiṇā ［～の南に］

dūram ［～から遠く、～から離れて］

antikam ［～の近くに］

prabhṛti ［～し始めて、～以来ずっと］

ṛte ［～を除いて、～なしに］

anyatra ［～を除いて、～なしに］

arvāk ［～を超えて、～の後に］

ūrdhvam ［～を超えて］

bahiḥ ［～のそとに］

anyatra ［～とは別の所で］

(4) G. 格と共に

upari , **upariṣṭāt** ［～の上に］

adhaḥ , **adhastāt** ［～の下に］

puraḥ , **purataḥ** , **purastāt** ［～の前に（時間・位置）］

paścāt ［～の背後に、～の後から、～の後へ］

uttarāt ［～の北に］

uttareṇa ［～の北に］

purastāt ［～の東に］

dakṣiṇataḥ , **dakṣiṇena** , **dakṣiṇāt** ［～の南に］

dūram ［～から遠くに、～から離れて］

abhimukham , abhimukhe ［〜の方へ、〜の前で、〜の近くに］

sanakṣam , sākṣāt ［〜の面前で、〜に直面して］

pratyakṣam ［〜の前で、〜の目前で、〜の見ているところで］

parokṣam ［〜の居ないところで、〜の見ていないところで］

antaḥ ［〜の中に］

kṛte ［〜のために、〜の理由で］

kāraṇāt ［〜の理由で］

(5) L. 格と共に

antaḥ ［〜の中で、〜の中へ、〜の中央で、〜の間で］

(6) 名詞の前置詞化

(Ac.) (Ab.) (L.) の前置詞化

samīpam , samīpataḥ , samīpe , antikam , antikāt

antike , saṃnidhim saṃnidhau , nikaṭam , nikaṭe

(G.) ［〜の近くに］

sakāśam , sakāśāt (sakāśataḥ) sakāśe (G.)

［〜の近くに、面前に］

abhyāśam (G.)(Ab.) abhyāśāt (Ab.) ［〜の近くに、〜の手近に］

pārśvam , pārśvāt , pārśve (G.) ［〜の近くに、〜の手近に、〜の側に］

pārśvāt ［〜の側から、離れて］

madhyam , madhyāt , madhye (G.) ［〜の中央に、〜の中で、〜の間に］

agre (G.) ［〜の前に、〜の先に、〜の先頭に、〜の始めに、〜の最初に］

(Ac.) (I.) (D.) (Ab.) (L.) の前置詞化

artham , arthena , arthāya , arthāt , arthe (G.)

［〜のために、〜の理由で、〜に代わって］

hetunā , hetoḥ , hetau ［〜の故に、〜の理由で］

dvāreṇa (G.) ［〜によって］

(7) 絶対分詞の前置詞化

ādāya (Ac.) ［〜を取って、〜を以て］

ārabhya (Ab. , Ac.) ［〜から始めて、〜より以来］

muktvā (Ac.) ［〜を除いて］

§52 接続詞

1. 等位接続詞

● ca

［そして、～と、および］

散文では、 A と B → A B ca の形がとられる。

A と B と C → A B C ca の形になる。

また意味を強めるために ca を繰り返し、 A ca B ca = both A and B とする事がある。

この用法は、古典サンスクリットよりもヴェーダでよく使われる。

naraś ca bālāś ca grāmaṃ gacchanti (naraḥ ca bālāḥ ca)
(N.) (N.) (Ac.) √gam

［一人の男と少年達が村へ行く］

naro bālāś ca grāmaṃ gacchanti

二つの文を接続する場合、 ca は第2の文の第2語目に置かれる。

naro grāmaṃ gacchati ,bālāś ca tuṣyati

［一人の男は村に行き、そして少年たちは満足する］

śocati (√śuc) mādyati (√mad) ca ［彼は悲しみ、そして、喜ぶ］

jīvati (√jīv) putraṃ paśyati (√dṛś) ca / jīvati putraṃ ca paśyati

［彼は生き、そして息子を見る］

ca … ca ［…のみならず…もまた、…と同時に、…するや否や、一方では…他方では…］

ca … na ca ［…であっても、しかも］

anyacca , api ca , kiṃca , tathā ca ［さらに、同様に］

● api

［～もまた、さえも、さらに］

na cāpi ［…さえも…ない］

na kevalam … api ［…のみならずまた］

api vā,vāpi ［あるいは…さえも］

api tu ［そうではあるが、なお…］

na … nāpi ［…でもなく…でもない］

● atha

単語の結合（＝ ca ）

新しい文の先頭にあって、先行する文との連繫を保つ

［そして、そこで、さて、しかし、それから、いったい（疑問文）、および、また（文中）］

atha vā ［あるいは］　athavā ［むしろ、それに反して、しかし、実に］

athāpi , atha ca ［さらに］　atha kim ［確かに、そのとおり］

atho ［そしてまた、またそのように］

atha tu ［反対に］

● uta

［そして、も、また、あるいは］

uta … vā , kim … uta ［…か…のいずれか（疑問）］

kimuta ［いわんや、むしろ］

apyuta ［もまた ］

pratyuta ［これに反して］

● tathā

［同様に、また］

並列接続詞の価値を持ち（＝ ca,api ） eva と結合して強化され（ tathaiva ）

api と合わせて（ tathāpi ）［それにもかかわらず］の意味を持つ。

tathaiva ca ［まったく同様に］

● vā

ca に対して［～または～］と訳される接続詞

ācāryeṇa vā śiṣyaiḥ vā gaja(ḥ) eṣa(ḥ) ānītaḥ

［先生か生徒がここに象を連れてきた］

vā … vā ［…であれ…であれ］　na vā ［…（で）もなく…（で）もない］

yadi vā ［さもなければ］　vā na vā ［…か、または…でないか］

yadi vā … vā ［…かまたは…か］　atha vā ［あるいはまた］

kiṃ vā ［もしくは、おそらく…であろう］

● iva

［～の如く］

【 A B iva balavān 】［ A は B のごとく強い］ という形式で用いられる。

しかし、動詞と一緒に使われる時は［いわば、あたかも］と訳され、

［〜のように思われる。〜らしい］の概念を、表現する。

例

vadati-iva → vadatīva　［彼は、話しているように見える］

ācārya(ḥ) iva śiṣyo māṃ pṛcchati　［賢者のように学生は私に尋ねる］

ācāryam iva māṃ śiṣyaḥ pṛcchati　［あたかも私が賢者のように学生は尋ねる］

同等比較の場合［・・・と同じように］

aham iva śūnyam araṇyam　［私のように森はむなしい］

形容詞が、 iva の前に置かれる場合［あたかも、いわば］

vismita iva paśyati (vismitaḥ iva paśyati)　［驚いたように見つめる］

名詞文の述語と一緒に iva が使われる場合　［・・・のようである］

vismita(ḥ) iva paṇḍitaḥ　［賢者は驚いているようだ］

jalam iva sukham　［幸福は水のようである］

paṇḍita(ḥ) iva sa śiṣyaḥ　［あの学生は賢者のように見える］

● tu

［しかし、しかしながら、それに反して、他方では］の意味を表し、文頭に立たない。

api tu , kiṃ tu , paraṃ tu , kāmaṃ (ca) … tu

［それに反して、それにもかかわらず、とはいえ、しかもなお］

na (ca) … api tu　［…ではなくて、むしろ…である］

na tv eva　［決して（全く）…ではない］

bhūyaḥ , kāmam , varam … na tu　［…よりもむしろ］

● hi

［なんとならば、なぜなら…であるから］

原因・理由を説明する接続詞で、文頭には立たない。

単に［例えば、実に］を意味し、時には虚辞として用いられる。

● tat,tena,tasmāt,tataḥ etc.

［それ故に］

2．従属接続詞

● yadi … tadā , cet … tataḥ , cet … tadā

［もし…であれば、そうすれば、その時は］

yadyapi ［たとえ…であっても、…ではあるが］

yadi nāma ［もし本当に…ならば］

yadi (vā) … yadi vā

［…できるのか、または…であるのか］

yadi … vā na vā ［…であるのか、あるいは…でないのか］

atha cet ［しかしながら、もし］

na cet , no cet ［もし…でなければ、さもなければ］

● yathā … tathā , yathā … evam , yathā … ittham , yathā … tadvat

［（あたかも）…のように、そのように、…であるから、それ故に、…するために、…となるように、そのために］

yathā yathā … tathā tathā

［…であるのにしたがってそのように、…であればあるほど、ますます…］

yadvat … tadvat , yadvat … evam

［…であるようにそのように］

● yadā … tadā

［…するとき、そのとき］

● … yāvat ～ tāvat

［…する間その間～、…するまで、それまで］

● yatra … tatra

［…するところ、そのところで］

● iti

元来この言葉は［このように］を意味する。しかし古典サンスクリットでは、この言葉はもっぱらある種の引用を示すような先行する語と文を区別する特別作用に用途が限られ、種々の名詞文の締めくくりに用いられる。

āgacchāma iti vadanti ［「私達は、来ます」と、彼等は言う］

サンスクリットにおいては英語の間接話法のようなものは無い。

punar vadati-iti tiṣṭhanti ［それ以上彼が話しているのを彼等は（聞くのを）やめる］

§５３ 間投詞

１． 単なる呼掛・感激・驚愕など

ayi ［呼掛］ aye,hī ［驚愕］ ā,ām ［想起］ āḥ ［苦痛・怒り］

aho , ahaha , hanta , hā ［喜び・悲しみ］

dhik Ac. または、 G. と共に用いられて、［不満・非難・悲嘆］を表す。

２． 意味ある単語に由来するもの

喜び diṣṭyā ［めでたい、万歳、うれしい］

歓迎 svāgatam ［ようこそ］

挨拶 kuśalaṃ te ［ごきげんよう］ sādhu ［よし、善哉、その通り］ svasti ［幸あれ］

悲嘆・不満 kaṣṭam ［悲しいかな］ alas',hā (dhik) を伴うことがある。

bhoḥ は［呼掛］として女性或いは複数名詞と共にも用いられる。

参考文献

A. Aklujkar.: *SANSKRIT. an easy introduction to an enchanting language* / śvādhyāya Publications

R. ANTOINE : *A SANSKRIT MANUAL* / Xavier Publications

T. EGENES : *Intoroduction to Sanskrit* / Point Loma Publications

D. N. GANDHI : *DHATURUPAKOSA* / Sri Satguru Publications

R. S. BUCKNELL : *Sanskrit Manual A Quick-reference Guide to the Phonology and Grammar of Classical Sanskrit* / Motilal Banarsidass

F. KIELHORN : *A GRAMMAR OF THE SANSKRIT LANGUAGE* / The Chowkhamba Sanskrit Series Office

H. H. WILSON : *SANSKRIT GRAMMAR* / The Chowkhamba Sanskrit Series Office

S. R. BHAT : *MATRICULATION SANSKRIT GRAMMAR* / Karnatak Publishing House

G THIBAUT : *An Elementary SANSKRIT Grammar* / Cosmo Publications

G. L. HART : *A RAPID SANSKRIT METHOD* / Motilal Banarsidass

M. M. DESHPANDE : *A SANSKRIT PRIMER* / UNIVERSITY MICHIGAN

W. D. WHITNEY : *Sanskrit Grammar* / Motilal Banarsidass

D. K. IYENGAR : *NEW MODEL SANSKRIT GRAMMAR* / The Samskrit Education Society

K. F. LEIDECKER : *SANSKRIT ESSENTIALS OF GRAMMAR AND LANGUAGE* / The Adyar Library and Reseach Centre

L. RENOU : *GRAMMAIRE SANSCRITE* / Librairie D'amerique et D'orient

M. COULSON : *SANSKRIT An introduction to this classical language* / David McKaY Company

M. MISHRA : *Sanskrit for Beginners* /

W. H. MAURER : *The Sanskrit Language An Introductory Grammar and Reader* / ROUTLEDGE

J. M. DENTON : *A SANSKRIT GRAMMAR TEXT* /

PARIKSIT DASA : *SANSKRIT GRAMMAR A Concise and Practical Guide* / Rasbihari Lal & Sons

Ｊ．ゴンダ 「サンスクリット語初等文法」 春秋社 1989
辻直四郎 「サンスクリット文法」 岩波全書 1974
菅沼 晃 「新サンスクリットの基礎 」 平河出版社 2007 / 2005 （上・下）
岩本 裕 「サンスクリット文法綱要」 山喜房佛書林 1965
岩本 裕 「サンスクリット文法」 同朋舎 2012
菅沼 晃 「サンスクリットの基礎と実践」 平河出版社 1980
菅沼 晃 「新・サンスクリットの実践」 平河出版社 2012
菅沼 晃 「増補改訂・サンスクリット購読」 平河出版社 1996
齋藤光純「サンスクリット語初等文法摘要」 ノンブル社 2003
湯田 豊 「サンスクリット文法」 大学書林 2007
上村勝彦「サンスクリット語・その形と心」 三省堂 2010
吹田隆道「実習サンスクリット文法」 春秋社 2015
林 隆夫「インドの数学ーゼロの発明」 中公新書 1993

KIYOSHI YOROI : *INDEX to Prof.N.Tsuji's SANSKRIT GRAMMAR* /

記号言語で表わす数字（単語連想式数表記法）

数字１から９と０は非数字言語で表現されることがしばしばある。例えば、目＝２、火＝３、海＝４、矢＝５、というように、通常の単語によって、自然に、あるいは慣習的に連想される数を表わす方法である。まれに同一単語が異なる数値に対応する場合もあるが、曖昧さはほとんど生じない。ただ、特定の宗教あるいは学派独自の連想に基づく場合もある。また、通常の数詞と併用されることもある。それらの意味は数に関する意義を提示する数は、数を暗に意味するような物事の的確な同義語であるという理由で注目に値するであろう。それらの数字は、詩や碑文でよく使われる形式である。
この順序は、最下位（１の位）から高位へと各桁の数を列挙する。

０は次の言葉で表現される

sūnya 空
ākāśa, nabha, abhra, kha 虚空　空間　天空
jalada, megha 雲

１は次の言葉で表現される

soma,indu, śaśin, candra 月の同義語であり、月はただ一つ存在するから
bhū, bhūmi, dhārā 大地と同義語であり、ただひとつの大地が存在するから
ādi 最初は１を示すから
rūpa 形、銭

２は次の言葉で表現される

yama, yamala 双子、対、２を示すから
kara 両手
nayana. netra, akṣi 両目、両眼、日月
bhuja, bāhu 両腕、両肩
pakṣa 両翼、２つの月
　明るい半分（月が満ちていく間・新月から満月にいたる月・白半月） śuklapakṣa と
　暗い半分（月が欠けていく間・満月から新月にいたる月・黒半月） kṛṣṇapakṣa
aśvin, dasra アシュビン双神 （双子の神で自然現象の光と水蒸気を神格化したもので、
　農業や牧畜の神として信仰されてきた）

３は次の言葉で表現される

loka ３界（世界）　（ 天、地、地獄 ）
　(svarga, pṛthivī(martyam), pātāla)

guṇa 原質、3徳（物質原理の3種の構成要素）（純質、動質、暗質）
triguṇa（ sattva, rajas, tamas ）
agni,dahana 3種の聖火（gārhapatya, āhavanīya, dakṣṇāgneya)
pura 3都市 tripura シヴァ神によって殺された悪魔（ tripurāsura ）によって造られた町
（金の都市は天界に、銀の都市は虚空に、鉄の都市は地上に建てられた）
rāma 3人のラーマ
vikrama, viṣṇukrama ヴィシュヌの歩み
puṣkara 聖地プシュカラ

4は次の言葉で表現される

veda 4（リグ・ヴェーダ、ヤジュル・ヴェーダ、サーマ・ヴェーダ、アタルヴァ・ヴェーダ）
（ ṛgveda, yajurveda, sāmaveda, atharvaveda ）
samudra, abdhi, jaladhara 大海（ 大地を取り囲む4つの大海 ）
yuga ユガ（ 世界の創造から破滅にいたるまでの周期は4つのユガと呼ばれる ）
合計12000年
(kṛta-yuga) 4800年間（ tretā-yuga) 3600年間
（ dvāpara-yuga) 2400年間（ kali-yuga ）1200年間
caraṇa 足
kṛta クリタユガ

5は次の言葉で表現される

viṣaya 5の認識される対象（ 色、味、香、触、声 ）
（ rūpa, rasa, gandha, sparśa, śabda ）
iṣu, bāṇa 弓矢（ 愛の神カーマの花でできた5つの矢 ）
（蓮、アショカ樹の花、マンゴー、ジャスミン、青蓮）
(aravinda, aśoka, cūta, navamallikā, nīlotpala)
bhūta 5大元素 （ 空、風、火、水、地 ）
pañca-mahā-bhūta (ākāśa,vāyu, tejas, apa, pṛthvī)
vāyu 5つの体内の風 （呼気、吸気、媒気、上風、等気）
気息という風（空気）は、体内に取り込まれれば5種類に分類される。

呼気とは、（鼻孔から外へ）前進するものであって、鼻端に存在している。
吸気とは、（胸の中に）後退するものであって、排泄器官などの場所に存在する。
媒気とは、すべての方向に行くものであって、全身に存在する。
上風とは、喉頭に存在して、上方に進むもので、（死ぬときに身体から）出で去る風である。
等気とは、身体の中央に存在して、飲食した食物などを消化する作用をなすものである。
（ prāṇa, apāna, vyāna, udāna, samāna ）

akṣa, indriya 感覚器官
artha, tanmātra 5官の対象
pāṇḍava パーンダヴァ（5王子）

6は次の言葉で表現される

ṛtu 6つの季節（春、夏、雨季、秋、冬、涼しい季節）
vasanta, grīṣma, varṣa, śarad, hemanta(hima), śiśira
rasa 6つの味わい（甘み、酸み、塩気、苦み、辛み、渋み）
madhuram, āmlam, lavaṇam, tiktam, kaṭuḥ, kaṣāyaḥ
aṅga 6つの vedāṅga ヴェーダ聖典研究の補助学（ 音声学 śikṣā 祭事学 kalpaḥ
文法学 vyākaraṇam 語源学 niruktam 韻律学 chandas 天文学 jyotiṣam

7は次の言葉で表現される

ṛṣi, muni 7人の聖者（聖仙 ）
(kaśyapaḥ, atriḥ, vasiṣṭhaḥ,
viśvāmitraḥ, gautamaḥ, jamadagniḥ, bharadvājaḥ)
parvata, aga, acala, adri 山と同義語 7大山
(sumeruḥ, kailāsaḥ, malayaḥ, himālayaḥ,
udayācalaḥ, hastācalaḥ, gandhamādanaḥ)
svara 音階

8は次の言葉で表現される

vasu 有名な8 vasu 神群（ āpa, dhara, dhruva, soma,
anila, anala, pratyūṣa, prabhāsa ）
dik, diggaja, gaja 8方向、8方向を支配する8匹の象； 8人の有名な詩人 aṣṭadiggajāḥ
として知られている。
sarpa, nāga, pannaga 8つの有名なヘビ（ ananta, takṣaka, kulika, śankha,
padma, mahāpadma, kārkoṭaka, vāsuki ）
giri 須弥 meru parvata 山の周りにそびえる8つの山峰
anuṣṭubh 8音節を1句（これを pāda という）として、4句からなっている。
そして、2句が1行をつくり、2行で1つの śloka が完成する。
tanu 身体
prakṛti サーンキヤ哲学の原質

9は次の言葉で表現される

graha 9惑星とはインド占星術で使われる9つの惑星 navagraha
（太陽、月、火星、水星、 木星、金星、土星、蝕星、彗星）
(sūryaḥ, candraḥ, mangalaḥ, budhaḥ,
guruḥ, śukraḥ, śaniḥ, rāhuḥ, ketuḥ)

nidhi クベーラ kubera 神（地下に埋蔵されている財宝の守護神）の９つの秘宝
（蓮華・大蓮華・巻貝・マカラ・亀・ジャスミン・スイレン・藍・麝香薔薇）
(padma, mahāpadma, śaṅkha, makara,kacchapa,
mukunda(kunda), nanda(kumud), nīla, kharva)
randhra, chidra 人体の９つの穴（　両目　両耳　２つの鼻孔　口　肛門　尿管　）
aṅka 数字
nanda ナンダ朝

１０は次の言葉で表現される
āśā, kakubh 方角
paṅkti 列

１１は次の言葉で表現される
īśvara, bhava, rudra, śiva ルドラ神　シヴァ神

１２は次の言葉で表現される
arka, ina 太陽
nara 人（＝日時計の針）

１３は次の言葉で表現される
viśva 一切神
atijagati アティジャガティー韻律

１４は次の言葉で表現される
manu マヌ
śakra, surādhipa インドラ神
śarva シャルヴァ神

１５は次の言葉で表現される
tithi, dina 太陰日

１６は次の言葉で表現される
aṣṭi アシュティ韻律

１８は次の言葉で表現される
dhṛti ドゥリティ韻律

２０は次の言葉で表現される
nakha 爪
kṛti クリティ韻律

２１は次の言葉で表現される
mūrchanā 旋律

２４は次の言葉で表現される
jina ジナ
sūkṣmaka 微細なもの

２５は次の言葉で表現される
tattva 原理

２６は次の言葉で表現される
utkṛti ウトクリティ韻律

２７は次の言葉で表現される
ṛkṣa, nakṣatra, bha 月宿

３０は次の言葉で表現される
tithi 太陰日

３２は次の言葉で表現される
danta 歯

33は次の言葉で表現される
amara 神

40は次の言葉で表現される
naraka 奈落、地獄

48は次の言葉で表現される
saṃskāra 儀礼

この表記法は天文学書や数学書や誕生占星術でも多用され、記憶に有利に働いたのかも知れない。位取り表記法を前提として順序は、最下位（1の位）から高位へと各桁の数を列挙する。

वेददिग्गजगुणरसभूत veda – diggaja – guṇa – rasa – bhūta = ५६३८४ 56384
ヴェーダ・方向・ 原質・ 味・ 大元素
4 8 3 6 5

खग्रहग्रहैक kha – graha – graha – eka = १९९० 1990
天空・ 惑星・ 惑星・ 1
0 9 9 1

शून्याम्बराष्टलवणोदषट्क śūnya – ambara – aṣṭa – lavaṇoda – ṣaṭka = ६४८०० 64800
空虚・ 空・ 8・ 海・ 6
0 0 8 4 6

त्रिविषयाङ्कखकृताशा tri – viṣaya – aṅka – kha – kṛta – āśā = १०४०९५३ 1040953
3・ 対象・ 数字・ 空・ クリタユガ・方角
3 5 9 0 4 10

खचतुष्टयरदवेदा: khacatuṣṭaya – rada – vedāḥ = ४३२०००० 4320000
空4つ・ 歯・ ヴェーダ
0000 32 4

नारायनाङ्केन्दुमिताब्द nārāyana – aṅka – indu – mita – abda = 191 年
ナーラーヤナ・数字・ 月・で量られた・ 年
1 9 1

平岡昇修（ひらおかしょうしゅう）　（旧名　昇（のぼる））

1949年	奈良市東大寺に生まれる。
1971年	大谷大学文学部仏教学科卒業。
	インド政府給費留学生として、
1975年	マドラス大学インド哲学科修士課程修了。
現　在	東大寺塔頭　上之坊住職
著　書	≪サンスクリット・トレーニング　I≫
	≪サンスクリット・トレーニング　II≫
	≪サンスクリット・トレーニング　III≫
	≪新・サンスクリット・トレーニング　IV≫
	発音・暗記編 CD 3枚付き
	≪サンスクリット虎の巻≫
	≪初心者のためのサンスクリット辞典≫
	≪初心者のためのサンスクリット文法　I≫CD付き
	≪初心者のためのサンスクリット文法　II≫
	≪改訂新版　初心者のためのサンスクリット辞典≫
	≪耳から覚えるサンスクリット≫CD 3枚付き
	ほかに、インド哲学に関する論文多数。
共著書	≪日本の美術　10≫　第281号。
	≪仏教行事散策≫
	≪仏教の事典≫
現住所	〒630-8211　奈良市雑司町406-1

新　初心者のためのサンスクリット文法 I

2017年2月15日　第1刷発行　　本体価格3300円＋税

著　者　平　岡　昇　修

発行者　浅　地　康　平

発行所　株式会社 山喜房佛書林

〒113-0033
東京都文京区本郷5丁目28-5
電話03（3811）5361
FAX 03（3851）5554

落丁・乱丁本はお取替えいたします。

ISBN　978-4-7963-270-8 C3515